부모와 함께하는
조선시대 역사문화 여행

부모와 함께하는

조선시대
역사문화여행

최정훈 · 오주환 지음

북허브

머리말

"역사는 우리에게 무엇인가?"

우리는 알게 모르게 이 같은 질문에 수없이 다가선다. 지금 이 순간의 소식을 안방에 전해 주는 신문과 방송에서는 하루도 빼놓지 않고 지나간 '역사'를 이야기한다. TV에서는 대하 사극이 인기 있는 드라마로 자리 잡은 지 오래다. 역사책에서 '역사는 과거와 현재의 끊임없는 대화'라고 말하지 않아도 우리는 살면서 역사와 교감을 한다.

그런데 아이러니한 것은 요즘 학생들이 가장 어려워하고 싫어하는 과목이 국사라는 사실이다. 왜 그럴까? 아마도 영화나 드라마에서 보는 것처럼 극적이지도 않고, 잘 외워지지도 않는 연도와 제도, 사람 이름을 시험을 위해 머릿속에 담아야 하기 때문일 것이다. 너무 어렵게 접근해서 역사는 지루하고 고루한 학문이 되었는지도 모른다.

어떻게 하면 역사는 재미있는 과목이 될 수 있을까? 그 시작은 관심에서 출발해야 할 것이다. 조선 시대의 문장가 유한준은 "사랑하면 알게 되고 알면 보인다."고 했다. 이제 역사를 재미없고 딱딱한 주제로 주입하지 말았으면 좋겠다. 역사란 과거의 사실이다. 단절된 과거의 사실이 아닌 현재를 사는 우리와 소통할 수 있는 과거다. "현명한 사람은 역사를 통해 배우고, 그렇지 못한 사람은 경험을 통해 배운다."고 했다. 역사는 과거의 사실로 머무는 것이 아니라 오늘을 사는 우리에게 삶의 교훈을 주는 존재이기도 하다.

이 책은 1999년에 발행한 〈조선왕조 상식여행〉을 보충해서 발간하는 증보판이다. 군이 옛것을 들춰 새로이 선보이는 것은 역사라는 존재가 한순간에 머무르는 것이 아니기 때문이다. 사람이 살아가는 방식은 옛날이나 지금이나 크게 다르지 않다. 그 속에는 누구나 관심을 가지고 재미있게 볼 만한 역사가 넘쳐난다. 역사가 어렵고 재미없다고 투덜대는 사람들이 쉽고 재미있게 다가갈 수 있는 역사에 주의를 기울일 필요가 있다. 그래서 책장에 깊이 꽂혀 있던 책이 2013년에 다시 빛을 보게 된 것이다.

이 책에는 독자들이 가장 친숙하게 느낄 수 있는 조선 시대의 이런저런 이야기를 담았다. 조선 시대는 우리와 가장 가까운 역사이면서 동시에 TV 드라마 등을 통해 낯익은 역사이기도 하다. 조선의 왕에서부터 일반 백성들의 생활 이야기까지 역사는 실로 다양하다. 왕과 사대부, 평민과 천민 등 지배자와 피지배자의 삶의 궤적을 한눈에 파악하면서 부담 없이 읽어 내려갈 수 있도록 책을 꾸몄다.

조선 시대 왕자들은 하루에 몇 시간을 공부했는지, 관리들은 진급하기 쉬웠는지, 한반도에는 없는 코끼리 · 원숭이 같은 외국 동물이 어떻게 조선에 들어오게 되었는지, 또 코끼리가 왜 귀양을 가야 했는지 등 교과서에서는 가르쳐 주지 않는 흥미로운 사건들을 통해 역사와 더욱 가까워지도록 했다.

역사 전문가가 아닌 필자가 감히 조선에 관한 책을 쓰겠다고 나선 것은 바로 이 같은 이유 때문이다. 다만 나름대로 한 가지 원칙을 정했다. "역사는 일방통행이 아니라 쌍방통행이다."라는 믿음이다. 조선의 역사에는 빛과 그림자, 두 가지 영상이 서려 있다는 믿음 말이다.

빛과 긍정의 역사 속에 어김없이 조선 사람들의 근심 어린 표정이 숨어 있었고, 암흑과 부정의 역사 속에도 결코 지나칠 수 없는 실낱같은 희망이 있었다. 이 때문에 역사의 단편을 일반화해 일방적으로 미화하거나 상업주의적인 과대 포장으로 튀기는 일을 경계하고, 역사의 양면을 있는 그대로 들여다보고 싶었다.

우리는 〈조선왕조실록〉의 위대한 기록 정신을 찬양하곤 한다. 목에 칼이 들어와도 쓸 것은 쓴다는 사관들에게도 곡필의 시대가 있었다. 만민의 왕이라는 조선의 국왕에게도 신권의 팽창과 위협에 전전긍긍하던 정치적 고뇌가 있었다. 사대부들의 당쟁은 조선의 몰락을 재촉한 원인이기도 했지만 한편으로 조선 성리학을 훌륭히 꽃피웠으며, 일반 백성들은 신분제 사회의 절망 속에서도 미풍양속을 남겼다.

중국에 대한 사대 외교 속에서도 자존심을 지키려는 노력이 엄연히 살아 있었고, 일본을 왜구라고 얕잡아 보는 가운데 임진왜란과 일제강점기라는 치욕을 맞기도 했다. 봉건 왕정에서는 생각조차 힘든 사법 제도인 삼심제가 있었지만 죄수들의 인권이 보장된 것은 아니었다. 또한 조선의 금산 제도는 소나무를 보호하려는 정책이었지만 결국 지배 계층에게 소나무를 안정적으로 보장해 주는 결과를 낳았다. 그러나 그 덕택에 오늘날 우리는 해안가나 왕릉, 궁궐 주변의 울창한 소나무 숲을 볼 수 있다.

　역사로 고개를 돌리게 되는 것은 바로 이 때문이 아닐까. 역사라는
거울을 통해 선조와 우리 사이에 연결된 끈을 확인하고, 나아가 후손에
게 전 시대와 현 시대의 전철을 대물림해 주지 않기 위해서 말이다.

2013년 7월

최정훈, 오주환

차례

왕의 탄생과 태실
왕의 탯줄은 따로 무덤을 만들었다　　16

왕의 성장과 교육
공부 게을리하면 폐위는 당연지사　　21

왕족 교육
임금에게 떼밀려 억지로 공부　　26

왕의 결혼
덕과 복을 갖춘 두세 살 연상의 여인과 결혼　　32

왕의 즉위식
아라비아 인도 즉위식에 참석　　37

왕의 하루 일과
새벽부터 자정까지 격무의 연속　　44

왕의 수라
하루 두 끼의 식사와 세 차례의 간식　　49

왕의 질병
종기 고치려 거머리까지 이용　　53

왕의 취미 생활
신하들 간섭 피해 몰래 사냥과 격구 즐겨　　58

왕과 왕비의 농사짓기
왕은 밭 갈고 왕비는 누에 치고　　63

왕의 효성
부왕 위해 생두 까고 복어 베고　　66

왕의 죽음과 무덤
풍수지리설에 따라 명당에 위치　　71

왕의 호칭
후대의 평가에 따른 '조祖'와 '종宗'　　82

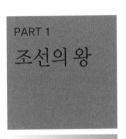

PART 1
조선의 왕

4대 궁궐의 역사
궁궐의 자취를 읽으면 역사가 보인다   88

궁궐의 배치
북악을 등지고 남산을 바라보다   98

정전과 편전
왕의 정치적 고뇌가 깃든 공간   103

왕과 왕비의 침전
각방 생활이 기본, 길일 잡아 합방   107

궁궐의 후원
낚시와 뱃놀이 즐기며 온갖 시름 잊던 곳   111

후궁의 말년
왕이 승하하면 여승이 되어 생을 마감   118

궁녀의 삶
궁녀와 사랑을 나누면 곤장 100대   122

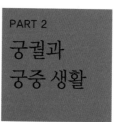

PART 2

궁궐과
궁중 생활

사대부와 과거 제도
과거 시험이 개인과 가문의 운명을 좌우   *132*

성균관 유생
기숙사 생활 하며 매일 시험, 낙제하면 매까지   *141*

성균관 유생의 상소 제도
단식 투쟁, 수업 거부, 동맹휴학까지 불사   *148*

양반 관료 사회
관료의 꽃 '당상관', 살아서 오르면 다행   *153*

관리의 신고식
빚잔치 벌이다 매 맞고 폐인 되기도   *158*

관리의 하루 일과
새벽별 보고 출근, 하루 12시간 근무   *163*

문중 간의 묘지 다툼
임금이 나서야 겨우 해결되다   *168*

농민의 삶
국가의 중추 역할 하면서도 각종 노역에 시달려   *172*

삼정 문란
어린아이, 죽은 자의 몫까지 바치다   *178*

천민의 삶
사람 아닌 사람, 노비의 값은 말 1필   *182*

기생의 삶
노리개로 전락한 예능인의 비애   *188*

PART 3
양반과
서민 생활

사관과 실록
목에 칼이 들어와도 쓸 건 쓴다 196

세종의 여론 정치
팔도 백성에게 물어 조세 정책 결정 203

사가독서
출근하지 말고 독서에 정진하라 208

조선의 충과 효
임금을 섬길 날은 길고 부모에게 보답할 날은 짧다 212

'줄 대기' 금지법
일등 공신과 왕족에게도 성역은 없다 216

관리의 뇌물 비리
뇌물 액수에 따라 곤장형부터 교수형까지 220

대중국 외교
중국 사신이 볼까 두렵다, 모든 것을 숨겨라 225

대일본 외교
왜구 방비 목적으로 형식적인 관계만 유지 231

말과 국방력
말 부족이 임진왜란을 불렀다 238

외국어 교육
우리말을 쓰면 관직을 박탈하고 곤장을 쳐라 243

사법 제도
사형수에게는 재판을 세 번 시행하라 248

임금의 사면령
바닷물이 붉게 변했으니 옥문을 열어라 253

형벌과 고문
"네 죄를 네가 알렸다!" "주리를 틀어라!" 258

조선의 붕당정치
성리학의 흐름과 조선의 당쟁사 266

PART 4
정치·외교
이야기

그린벨트 제도
나무를 보호하고 건축물을 규제하라 282

청계천 준설 공사
21만 5,000명이 일궈 낸 조선 최대의 공사 290

여성의 가발
가발 무게에 짓눌려 목뼈가 부러질 정도 294

강간범의 처벌
피해 여성의 행실에 따라 장형부터 교수형까지 300

차와 다방
술 문화에 밀린 차 문화 305

금은 이야기
중국의 지나친 징발로 세공술 끊겨 311

김치의 변천
200년 전부터 고춧가루 넣은 김치 먹어 316

조선의 외국 동물
일본 사신이 바친 코끼리가 살인죄로 귀양 가다 320

천상열차분야지도
일식과 월식은 왕에게 내린 하늘의 경고 324

세계지도 '혼일강리역대국도지도'
600년 전에 조선 중심의 세계지도 완성 330

화원과 도화서
예술가에서 지리학자, 스파이 노릇까지 334

도자기의 변천
귀족 취향의 청자에서 서민적인 백자로 340

PART 5
사회·문화
이야기

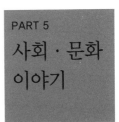

PART **1**

조선의 왕

왕의 탄생과 태실
왕의 탯줄은 따로 무덤을 만들었다
왕의 성장과 교육
공부 게을리하면 폐위는 당연지사
왕족 교육
임금에게 떼밀려 억지로 공부
왕의 결혼
덕과 복을 갖춘 두세 살 연상의 여인과 결혼
왕의 즉위식
아라비아 인도 즉위식에 참석
왕의 하루 일과
새벽부터 자정까지 격무의 연속
왕의 수라
하루 두 끼의 식사와 세 차례의 간식
왕의 질병
종기 고치려 거머리까지 이용
왕의 취미 생활
신하들 간섭 피해 몰래 사냥과 격구 즐겨
왕과 왕비의 농사짓기
왕은 밭 갈고 왕비는 누에 치고
왕의 효성
부왕 위해 앵두 따고 복어 베고
왕의 죽음과 무덤
풍수지리설에 따라 명당에 위치
왕의 호칭
후대의 평가에 따른 '조祖'와 '종宗'

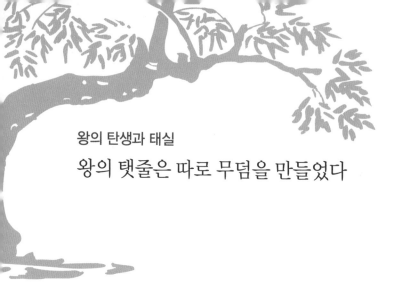

왕의 탄생과 태실

왕의 탯줄은 따로 무덤을 만들었다

"신체발부身體髮膚 수지부모受之父母 불감훼상不敢毀傷 효지시야孝之始也"

공자가 제자인 증자에게 전한, 효도에 관한 내용을 추린 〈효경〉의 첫 장인 '개종명의開宗明義'에 실린 구절이다. '신체와 몸의 털, 피부는 부모에게 받은 것이니 이를 훼손하지 않는 것이 효도의 시작'이라는 뜻이다. 유학을 숭상하고 효를 제일의 윤리로 여긴 조상들이 머리털 하나도 부모에게 받은 것이라 함부로 대하지 않았음을 일컫는 말이다.

이 때문에 조상들은 아기가 태어났을 때 어머니로부터 영양을 공급받은 생명줄인 탯줄도 태아에게 생명력을 부여한 것이라 생각해 함부로 버리지 않고 소중하게 보관했다. 아기의 탯줄을 생명의 근원으로 인식하고, 탯줄을 통해 조상의 음덕이 전해진다고 믿어 신성시하는 관습이 있었다.

왕실의 경우에는 사대부나 평민보다 탯줄을 훨씬 더 소중하게 다뤘다. 탯줄이 국운과 직접 관련이 있다고 믿었기 때문이다. 왕비가 임신을 해 만삭이 다가오면 왕실은 출산 준비로 바빠진다. 출산 예정일이 석 달 앞으로 다가오면 산실청이 설치되고 어의들이 바짝 긴장하면서 비상근무에 돌입한다.

마침내 아기가 태어나면 백자 항아리에 탯줄을 넣어 산실 안에 임시로 보관한다. 이어 생후 7일째가 되면 태를 물로 정갈히 100번 씻어 내는 세태 의식을 거행한다. 물에 씻은 태는 다시 태항아리에 담아 두었다가 명당을 골라 안태했다. 이곳을 '태실'이라고 불렀다. 말하자면 태의 무덤을 조성한 셈이다. 왕실은 탯줄이 왕실의 안녕, 국태민안과 관련 있다고 생각해 왕세자, 왕세손뿐 아니라 대군, 공주, 옹주 등 왕손의 탯줄을 태실에 모셨다.

태를 태실까지 봉송하는 절차와 봉안하는 의식도 매우 까다로웠다. 장소를 선택하고 길일을 정하는 일은 관상감에서 맡았다. 태의 호송과 태실의 조성은 선공감에서 담당했다. 봉송일이 되면 봉송관원을 임명한다. 당상관으로 안태사(왕실 사람들의 태를 태실에 묻는 일을 위임받은 관리)를 정해 안태봉송의 책임을 맡게 했다. 배태관(왕자나 공주의 태를 묻을 때 태를 가지고 가는 관리)을 임명해 태를 봉송하는 도중에 일어날지도 모르는 불의의 사태에 대비하고, 전향관과 주시관(시간을 알리는 일을 맡은 임시직 관리)이 안태사와 배태관의 업무를 보좌하게 했다. 이와는 별도로 당하관으로 감동관을 뽑아 공사를 감독시키고, 선정된 태실이 길지인지 상토관을 파견하여 재차 확인했다.

태실 조성이 끝나면 토지신에게 보호를 기원하는 고후토제, 태신안위제, 사후토제 등의 제례를 지낸다. 태실 주위에는 금표를 세워 채석, 벌목, 농사, 가축 사육 등을 금지시켰다. 금표를 세우는 범위는 신분에 따라 차이가 있었다. 왕은 300보(540m), 대군은 200보(360m), 기타 왕자와 공주는 100보(180m)로 정했다. 태실 출입을 엄격히 통제한 만큼 이를 어기면 국법에 따라 엄벌에 처했음은 물론이다. 관할구역의 관원은 춘추로 태실을 순행하여 이상 유무를 확인한 뒤 보고해야 했다.

처음 태실을 조성할 때는 장식이 호화롭지 않다. 그러나 탯줄의 주인이 왕으로 즉위하면 태봉으로 봉해져 태실이 담긴 태항아리를 꺼내고 태실 안팎의 장식을 새로 꾸몄다. 태실을 태봉으로 가봉하면 태실의 내

▲ 세종 대 왕자 태실. 수양대군을 비롯한 세종의 적서 열일곱 왕자와 왕손 단종의 탯줄, 태반을 안장하였다.

세종대 왕자 태실과 서삼릉

경북 성주군 월항면 인촌리 태봉 정상에 위치한 세종대 왕자 태실은 우리 나라에서 가장 규모가 큰 태실이다. 조선 세종 20~24년(1438~1442)에 조성되어 현재 19기의 태실이 남아 있다. 수양대군을 비롯한 세종의 적서 열일곱 왕자 와 왕손 단종의 탯줄과 태반을 안장했다.

태실은 조선 왕조 태실의 의궤에 따라 지상에 석실을 만들고 그 속에 분청 사기로 된 태항아리를 묻었다. 그 위는 기단석, 중동석, 개첨석으로 이뤄져 있 다. 전체 19기의 태실 중 14기는 조성 당시의 모습을 유지하고 있으나 5기는 그렇지 못하다. 이유인즉 수양대군이 단종을 쫓아내고 왕위에 오른 후 자신 을 반대한 동생 금성대군, 한남군, 영풍군, 화의군과 계유정난 때 죽은 안평대 군의 태, 장태비 등의 태실이 파헤쳐져 산 아래 던져진 것을 1975년에 기단석 을 찾아서 복원했다.

서울 근교에서 태실을 찾아볼 수 있는 곳은 경기도 고양시 원당동에 위치 한 서삼릉이다. 서삼릉은 중종, 인종, 철종과 그 왕비의 능이 들어선 곳이다. 현재 경내에는 20대 경종과 4대 헌종, 예종의 아들 인성대군 등 왕, 왕자, 공 주의 태실 54기가 안치되어 있다.

태실은 원래 전국 각지의 명산에 분산·봉안되어 있었다. 그러나 일제가 조선의 민족정기를 훼손할 목적으로 전국 각지의 태실을 파내 제멋대로 서삼 릉 경내에 안치한 뒤 일자형 담장을 둘렀다. 담장은 1996년 철거되고 현재 54기의 태비석이 그대로 세워져 있다.

1996년 문화재청이 몇 기의 태실을 표본 삼아 발굴한 결과, 헌종의 태항아 리는 2개의 백자 항아리로 몸체에 4개의 고리가 달려 있었다. 그리고 뚜껑에 는 손잡이가 달렸으며, 비단으로 감쌌던 흔적이 남아 있다.

부와 주위에 석물을 추가로 시설했다. 주인공의 생년월일과 이름, 태가 안장된 날 등의 기록이 담긴 지석을 태항아리와 함께 묻고, 태실 밖에도 표석과 비석 등을 세워 왕실의 태실 위치를 백성들에게 알렸다.

〈조선왕조실록〉을 보면 태조 때부터 태실을 조성했음을 알 수 있다.

"이제 장차 길한 날을 가리어 태를 봉할 것이오니, 바라건대 태실도 감을 설치하여 길지를 택하도록 하소서."

〈조선왕조실록〉 세종 1년조 기사에 나타난 대로 태실 조성을 관장하는 임시 관청을 두었을 만큼 정성을 다해 태를 봉안했다.

일반적으로 탯줄을 담는 백자 항아리는 '태옹'이라 하여 큰 항아리와 작은 항아리로 나뉜다. 작은 항아리에 탯줄을 넣은 뒤 이를 다시 큰 항아리에 담아 이중으로 봉하는 것이 일반적이었다.

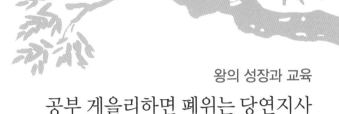

왕의 성장과 교육
공부 게을리하면 폐위는 당연지사

　지도자가 되어 한 나라를 이끌어 간다는 것은 결코 쉬운 일이 아니다. 조선 시대의 왕위는 아버지에서 아들로 세습이 된다고는 하지만 왕위를 그냥 물려받는 것은 아니었다. 왕으로서 국정을 이끌어 갈 자격을 갖춰야 지도자가 될 수 있었다.

　조선 시대 세자가 왕이 되기 위해서는 선행 조건이 필요했다. 그중에서도 왕으로서의 덕목을 갖추기 위한 교육이 매우 중요했다. 이렇다 보니 세자를 향한 왕과 왕비의 교육열과 정성은 실로 대단했다.

　왕실에서는 임금이나 세자의 첫아들인 원자가 태어남과 동시에 보양청을 설치해 보호와 양육을 담당하게 했다. 원자는 나라의 근본으로 성군이 되고 안 되고는 평소 쌓은 교양에서 비롯된다고 생각했기 때문이다. 어려서부터 바른 말과 바른 일을 보고 들으며 자라야 왕위에 오른 뒤에도 저절로 인의예지의 덕이 몸에 배고, 이로써 나라를 다스려야 국가가 태평하다고 믿었다.

3~4세가 되면 유치원에 해당하는 강학청에서 〈효경〉, 〈소학〉, 〈동몽선습〉 등을 가르쳤다. 강학청은 세자 책봉 전 조기 교육을 위한 임시 기구로 원자가 글을 배우기 시작할 무렵 설치된다. 원자는 강학청에서 매일 아침(조강), 점심(주강), 저녁(석강) 45분 정도씩 정규적으로 수업을 받았다. 보충학습도 받았다. 낮 시간의 보충학습을 소대, 밤의 보충학습을 야대라고 했다.

수업 방식은 스승이 가르치는 대로 한문의 음과 뜻을 따라 외우는 것이었다. 어린 왕세자가 유학의 심오한 원리를 이해하기란 불가능해서다. 한마디로 암기 교육이었던 셈이다. 암기를 중요하게 여겼던 이유는 경전을 외우지 못하면 이해하지 못하고, 이해하지 못하면 실천하지 못한다고 생각했기 때문이다.

원자가 15세쯤 되었을 때, 조정의 대신들은 원자의 나이와 학문 수준이 세자로서 손색이 없다고 생각되면 왕에게 세자로 책봉할 것을 요청한다. 그러면 왕이 결정하여 봄철 좋은 날을 택해 책봉례를 행한다. 세자 책봉례는 왕이 원자를 세자로 책봉한다는 공식 임명서를 수여하는 의식이다. 〈국조오례의〉에 따르면 책봉식 장소는 대궐 정전의 뜨락이다.

신하들이 지켜보는 가운데 왕은 세자에게 죽책문, 교명문, 세자인을 차례로 전한다. 죽책문은 책봉을 공식화하는 임명장, 교명문은 훈계문이며, 세자인은 세자의 권위를 상징하는 도장이다. 조정의 백관을 모아놓고 책봉례를 거행한 후 바로 종묘에 이 사실을 고하고 팔도에 알린

▲ 왕세자의 성균관 입학례 모습. 책봉받은 세자는 성균관에 가서 공자에게 절하고, 스승이 될 박사에게 제자의 예를 갖춘다. 그러나 실제로 성균관에 입학한 것은 아니다.

다. 조상과 만백성에게 세자의 임명을 선포하는 것이다.

책봉받은 세자는 성균관 입학례를 행한다. 길일을 잡아 성균관에 가서 공자에게 절을 하고, 스승이 될 박사에게 제자의 예를 갖춘다. 실제로 성균관에 입학하는 것은 아니었지만 그럼에도 이를 입학례라고 하는 이유는 세자가 유학도임을 만천하에 강조하기 위함이다.

웅장한 선율을 연주하는 취타대를 앞세우고 세자의 행렬은 성균관 대성전으로 향한다. 이곳에서 유학 선현에 대한 예를 마친 왕세자는 입학식을 치르기 위해 명륜당으로 자리를 옮긴다. 다음 왕의 자리에 오를 존엄한 신분의 왕세자지만 당대 최고의 박사를 사부로 모시기 위해 "왕세자 아무개는 학업받기를 원합니다. 재차 청합니다." 하고 세 번 가르침을 청하는 삼고초려의 예를 올린다. 박사가 수락하면 왕세자가 박사에게 폐백을 드린다. 사제의 인연을 맺은 왕세자는 스승에게 검소한 예물로 고마움을 전한다. 예물이라야 베 다섯 필과 감주 한 병, 건어포가 전부다. 폐백이 끝난 후 왕세자는 스승이 강의하는 〈논어〉를 따라 읽고 뜻을 풀이하는 수업 의식을 진행한다. 이때 왕세자에게는 책상이 제공되지 않는다. 스승 앞에서 무릎을 꿇고 앉아 바닥에 놓인 책을 읽어야 했다.

성균관 입학례를 마친 왕세자는 세자시강원에서 본격적으로 임금으로서 갖춰야 할 덕목을 배웠다. 시강원에 소속된 20명의 스승이 교육을 전담했다. 정 1품부터 7품까지 조선의 최고 석학 20명이 오직 왕세자 한 명을 가르쳤다. 정 1품 영의정이 왕세자의 사로 임명되었고, 좌의정이나 우의정 중 한 명이 부가 되었다.

세자는 〈효경〉, 〈논어〉, 〈맹자〉, 〈중용〉, 〈대학〉, 〈주역〉, 〈예기〉, 〈춘추좌전〉 등 유교의 옛 경전을 익혔다. 스승이 교재의 음과 뜻을 풀어 주고 그 문장의 의미를 해설하며, 세자는 이를 따라 읽고 의문 사항이 있으면 질문을 했다. 수업은 전날 배운 내용을 확인하기 위해 책을 덮고 외우는 것으로 시작되었다. 배운 것을 제대로 외우지 못하면 호된 질책은 물론이고 수업 진도를 나갈 수 없었다. 또 매달 두 차례씩 그동안 배운 내용을 20명의 스승 앞에서 복습하는 시험도 치렀다. 이를 회강이라 한다.

배움의 목적은 부모에게 효도하고 형제와 우애하는 효제의 도리를 깨쳐 몸에 익히기 위함이었다. 그래서 왕세자는 유교 경전을 공부하기에 앞서 매일 아침 어른께 문안 올리는 것으로 하루를 시작했다. 왕세자는 아침마다 왕의 수라상을 미리 살피는 시선을 빼먹지 않았다. 만약 왕이나 왕비, 대비 등이 병환 중이라면 약을 먼저 맛보는 시탕을 해야 했다. 시선과 시탕을 마친 이후에야 조강이 시작되었다.

왕세자는 제왕으로서의 덕목을 갖추기 위해 공부를 게을리해서는 안 되었지만, 만일 공부를 게을리하면 처벌도 감수해야 했다. 태종의 왕세자인 양녕대군은 공부를 게을리하여 세자의 자리에서 폐위당하기까지 했다.

태종은 양녕대군이 공부를 게을리하자 세자의 공부 시간, 학습 방법에 대해 시시콜콜 간섭을 했다. 그래도 말을 듣지 않자 양녕대군을 보좌하는 내시들이 세자의 마음을 방탕하게 한다 하여 곤장 30대씩을 때리기도 했다. 태종 17년에는 세자가 스스로 반성하며 종묘와 주상 앞에 반성문을 올리기도 했지만, 급기야 왕세자의 자리에서 폐위당하고 동생인 충녕대군(세종)에게 세자의 자리를 물려줘야 했다.

왕과 황제, 세자와 태자

중국에서는 전통적으로 국왕을 일컬어 하늘의 제왕임을 상징하는 천자 또는 황제라 하고, 한 지역의 자치권을 부여받은 봉건 제후국의 왕과 구분했다. 우리나라의 경우 삼국 시대까지 황제라는 칭호 대신 대왕이라는 칭호를 사용함으로써 민족적 자존 의식을 표현했다. 그러다가 고려 말 원나라의 간섭을 받게 되면서 왕이라는 칭호를 사용하기 시작했다. 조선 시대에 들어서는 묘호까지도 중국으로부터 제수받았지만 실제로는 사용하지 않고 독자적으로 왕의 이름을 붙여 자존심을 지켰다.

국왕의 적장자를 가리키는 칭호도 고려 전기까지는 태자라고 하다가 원나라의 간섭을 받은 고려 후기부터는 격하되어 세자라는 말로 굳어졌다.

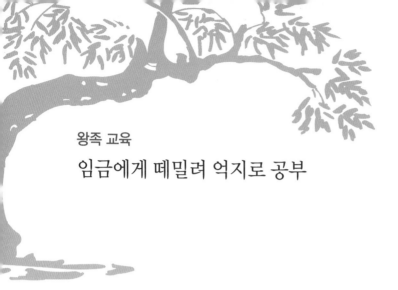

왕족 교육
임금에게 떼밀려 억지로 공부

조선 시대에 자녀를 가장 많이 둔 왕은 3대 태종이다. 그는 12명의 부인 사이에서 12남 17녀를 두었다. 이 외에도 정종 15남 8녀, 세종 18남 4녀 등 조선의 왕들은 대부분 자녀를 많이 낳았다. 한편으로 단종(6대), 인종(12대), 경종(20대), 순종(27대) 등과 같이 후손이 없는 왕도 있었다.

왕이 아무리 많은 왕자와 공주를 두었다 하더라도 그중에서 세자로 책봉되어 제왕 수업을 받는 것은 오직 한 사람뿐이었다. 만 가지 업무가 모두 왕 중심으로 이루어졌기에 나머지 왕자와 공주들은 왕실 내에서나 정치·사회적으로나 특별히 하는 일 없이 생을 마치기 일쑤였다.

그렇다 보니 학문에 뜻을 두지 못한 채 왕실 법도를 어기는 일은 물론 온갖 방탕한 생활을 즐기는 왕족이 생겨나기도 했다. 이를 보다 못한 세종은 1428년(세종 10년) 왕족의 품성을 함양시킬 평생교육이 절실하다고 느껴 왕족 교육 기관인 종학宗學을 설립했다.

고려 시대에도 제왕자부諸王子府라 불리는 기관에서 왕세자를 제외한 왕자들의 교육을 포함한 일을 담당하기도 했다. 그러나 이는 일시적으로 보이는 것일 뿐, 고려 시대의 종친은 국가의 정규 교육에서 제외되어 있었다. 조선은 성리학을 이념으로 건국되었고, 성리학을 기반으로 이에 적합한 혁신을 단행했다. 태종은 왕권 강화에 힘쓰면서도 관제를 고려적 관제에서 조선적 관제로 이행하는 기틀을 마련했다. 뒤를 이은 세종은 선왕의 치적을 바탕으로 모든 문물제도를 정비했다. 그중 하나가 왕실 교육을 위한 기관인 종학을 설치한 일이다.

예조는 세종 9년(1427)에 당송唐宋의 제도에 따라 종친의 자제가 여덟 살이 되면 모두 종학에 입학시켜 유교의 교양을 쌓게 하자는 건의를 올렸고, 세종이 이를 받아들여 다음 해에 종학을 설립했다. 세종도 세자를 제외한 수양대군, 안평대군, 임영대군 등 자신의 왕자들을 종학에 보내 모범을 보였다.

종학 창설 당시 교관은 종 3품·4품·5품·6품 각 1인으로 정했다. 직제는 송나라 제도에 따라 종학관을 박사라 칭하고, 모두 성균관 관원으로 겸임하게 했다. 입학하는 종친의 수가 늘어나게 되자 점차 증원해 1443년에는 10인에 이르렀다. 사성(종 3품)·직강(정 5품)·주부(종 6품) 각 1인, 사예(정 4품) 2인을 증설하고 품계에 따라 인물을 선정하여 보충했다.

종학은 왕족을 위한 교육이라는 분명한 목적이 있었음에도 처음부터 침체 상태를 벗어나지 못했다. 그 이유는 왕족에게는 공부를 해야 할 특별한 동기가 없었던 탓이다. 가장 중요한 이유는 세종 때 제도 정비에 따른 종친의 사환 금지다. 사환 금지란 벼슬살이를 금지한다는 뜻이다. 결국 학문을 익혀도 벼슬에 나가 정치에 참여할 수 없으니 공부할 필요가 없었던 셈이다. 게다가 학문이 낮다고 해서 먹고사는 데 지장이 있는 것도 아니었다. 상황이 이렇다 보니 종친의 학구열이 높지 않았다. 임금이 종학에 나가 공부하라고 하니 등교는 했지만 공부가 제대로 될 리 없었다. 하루 일과표는 물론 교과 과정 자체가 지옥이 아니었을까.

세종 12년 3월, 예조에서 정한 종학의 일과에 따른 교육 방법은 다음과 같다.

"종친은 날마다 해가 돋으면 모이고, 신시가 되면 파한다. 출석하고 아니하였음을 상고해 10일마다 한 차례씩 위에 아뢸 것. 강고 소리가 울리면 각기 읽은 글을 돌려 가며 청강하게 할 것. 각 재와 종친은 행례와 청강과 문의를 제외하고는 각기 본재에서 차서대로 단정히 앉아서 학업을 익힌다. 떠들면서 드나들지 말 것. 날마다 글을 배울 때에는 반드시 외우게 되기까지 전에 수업한 것을 명백히 이해한 뒤에 다시 아랫글을 수업하게 한다. 읽기를 마치고 나면 또한 이와 같이 할 것. 읽는 글에 따라서 날마다 치부하되, 통하고 통하지 못한 것을 기록해 10일마다 한 번씩 위에 아뢸 것. 날마다 앞서 다섯 번 배운 것을 이어 통독하고 첨대를 뽑아서 읽는 것을 고사하여 능하고 능하지 못한 것을 기록해 월말에 가서 위에 아뢸 것. 날마다 글 읽은 여가에 글씨 쓰는 것을 겸하여 익히게 할 것."

수업 시간은 오전 9시부터 오후 5시까지인데, 수업은 각기 읽은 바의 글을 돌려 가며 청강하게 하고, 본재에서는 차서대로 앉아서 떠들지 않고 공부하며, 글을 배울 때는 전에 배운 내용을 완전하게 이해한 뒤에야 다음 공부를 할 수 있도록 했다. 글 읽는 중간에 글씨 쓰는 것도 익혀야 했다. 학업에 대한 진척 정도는 10일, 한 달 간격으로 기록해 보고하도록 했으니 학습을 게을리할 수 없었다.

이는 어디까지나 종학을 설립·운영하고 교육을 담당한 이들의 생각이었다. 종친에게는 고역도 이런 고역이 없었을 것이다. 더욱이 종학에서 50세까지 공부해야 했으니 그 고충이야 가히 미루어 짐작할 수 있다. 물론 학업 성취도에 따라 일정한 수준에 오르면 방학이라 해서 종학을 떠날 수도 있었다. 그러나 방학의 혜택을 받는 이는 극소수에 불과했고 대부분 50세까지 종학에 머물러 있다가 방학을 했으니 조기 졸업이란 그림의 떡이었다.

종친의 학업 성취도가 어느 정도였는지 〈조선왕조실록〉의 기록을 통해 가늠할 수 있다. 세종 21년 4월, 종학에서 보고한 내용은 다음과 같다.

"연소한 대군과 제군이 궐내에서 공부할 때 전 5일간 수업받은 일과를 다 외우지 못하옵는데, 혹 그중에 자주 대내에 들어가므로 고강하기 어려웠고, 비록 대내에 들어가지 않을 때라도 강문할 제 구두도 떼지 못하며, 읽은 바 글 중에서 한 편을 읽어 끝마치거든 이로 하여금 4, 5일을 한하여 숙독케 하여도 역시 기한 내에 잘 외우지 못하며, 혹 7, 8일에 이르거나 혹 10여 일에 이르러서 천연 폐업하는 일이 있사옵니다. 청하건대 이제부터는 종학 입학 시례에 의하며 월말마다 종부시로 하여금 읽은 날수 및 통, 불통과 숙독하는 기한 뒤에 폐업한 일수를 조사해 갖추어 기록하여 이로써 아뢰게 하옵소서."

학업 성취도만 낮은 것이 아니었다. 하기 싫은 공부를 해야 하는 종친이 온갖 핑계로 요리조리 수업을 빼먹거나 학교에서 심한 장난을 치는 일이 비일비재했다. 왕족의 이런 철없는 행동을 두고 신하들은 가시 돋친 목소리로 꾸짖었다.

"온녕군(태종의 3남)과 혜령군(태종의 5남)이 종학에 나와서 서로 장난을 치는데, 온녕군이 먼저 시작을 거니 혜령군이 잇따라서 발로 온녕의 손을 차고 옷깃을 잡아 흔들어 찢었사옵니다. 모두 예의를 잃고 방자하니 주상께서 옳고 그름을 가리어 처벌하소서." 〈세종실록〉

장난만이 아니었다. 병을 핑계로 무단결석을 하고 온천에 놀러 다니거나 사냥을 다니기 일쑤였다. 이를 전해 들은 세종이 오죽했으면 마흔이 넘은 왕족에게도 종학 참가를 종용했을까.

"대군(조선 시대 정궁의 몸에서 태어난 적실 왕자) 이하 여러 군들이 종학에 나가 배우고 있으나 날마다 장난만 일삼고 학문에는 부지런하지 않다. 하루에 읽는 것이 10여 자에 불과하며 세월만 허비하고 있으니, 지금부터 대군 이하는 나이에 관계없이 종학에 나가도록 하라." 〈세종실록〉

세종의 이 같은 각별한 관심에도 종학은 처음부터 지리멸렬했다. 정종의 아들로 세종과는 사촌지간인 순평군은 마흔이 넘도록 글자를 모르는 일자무식이었으니 왕실의 체면이 이만저만이 아니었다. 세종의 명에 따라 성균관 관원이 따라붙어 가르치고 가르쳤지만 죽을 때까지 경전 하나를 제대로 못 읽었다. 오죽했으면 병석에서 유언으로 "이제 종학에 다니지 않아도 되니 속이 다 시원하다."는 말을 남겼을까.

종학은 학업에 대한 동기 유발, 즉 왕족의 벼슬살이가 보장되지 않고는 성공을 거둘 수 없었다. 사실 종친이 벼슬에 나가지 못하도록 한 것은 고려 시대부터 내려오던 제도다. 그러나 조선을 건국한 태조는 '종친불임이사宗親不任以事'의 원칙을 깨고 종친에게 사환을 허용했다. 새로운 왕조의 탄생과 기틀 유지를 위해 종친에게 사환을 허용하고 나니 오히려 왕권 강화를 저해하는 요소로 작용했다. 태조의 뒤를 이은 정종은 사병을 혁파하고 사환을 금지했다.

성종대인 1474년에 입법화된 〈경국대전〉에 종친 사환 금지가 법으로 규정될 때까지 종친의 사환 금지는 일관되게 지켜지지 못했다. 왕들이 왕권 강화와 국정 운영을 위해 임의로 종친의 사환을 허용했기 때문이다. 태종은 조사의의 난을 계기로 비태조계 종친에게 사환을 허용했고, 단종의 왕위를 찬탈한 세조도 태조계 종친을 측근 세력으로 양성해 훈신을 견제했다.

세조는 관직 제도를 개혁해 종친의 관직 등용을 허용함으로써 종학의 기능을 더욱 강화했다. 교관으로 도선(정 4품), 전훈(정 5품), 사회(정 6품) 등 전임관을 두어 획기적인 발전이 기대되었다. 하지만 그뿐이었다. 세조대를 지나면서 정권을 장악한 훈구 세력과 정희왕후 윤씨(세조의 비)에게 종친은 큰 부담이었다. 결국 이들은 종친을 견제하기 위해 군사를 관장하는 종친을 내치고 측근으로 갈았다. 어린 나이에 즉위한 성종의 왕권을 공고히 하기 위한 조처이자, 자신들의 정국 장악력을 높이기 위해 취한 방법이었다.

〈경국대전〉에 "종학관은 정 4품인 도선 1인, 정 5품인 전훈 1인, 정 6품인 사회 2인으로 구성하되, 성균관의 사성 이하 전적 이상이 이를 겸한다."는 내용과 함께 종친의 사환 금지가 명문화되면서 종학은 유명무실한 기관으로 전락했다. 그 뒤 종학은 설치와 폐쇄를 거듭하다가 영조 때 결국 폐지되었다.

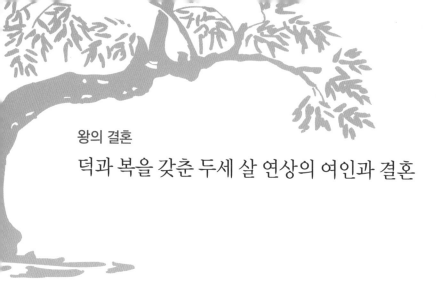

왕의 결혼

덕과 복을 갖춘 두세 살 연상의 여인과 결혼

"간택한다."

왕의 배우자를 전국에 알려 신중하게 가려 뽑는다는 의미다. 조선 시대 왕실의 혼인은 왕가의 번영과 관련된 중대사이기에 혼인의 예를 맺는 배우자의 선택 과정이 까다롭기 그지없었다. 왕의 정실인 왕비, 후실인 후궁은 물론 왕자녀의 배우자를 선택하고 혼례를 치르는 의식은 법과 의례서에 따라 정해져 있었다.

왕실은 유교 경전을 참조하여 〈국조오례의〉라는 왕실 의례서를 만들어 혼례의 절차를 명문화했다. 혼례를 치를 때는 임시 관청인 가례도감을 설치하여 진행했다. 조선의 국모가 될 왕비를 뽑는 일은 실로 신중하고 절차가 복잡했다. 그러나 대부분의 경우 겉으로 드러난 형식과는 달리 그 이면에는 왕실과 대신들 주변의 정치적 암투와 관련 깊은 정략결혼이 지배적이었다.

개국 초기 때만 해도 중매혼이 일반적이었다. 소문이 괜찮은 처녀들의 집으로 상궁을 보내 혼인의 뜻을 전하고 됨됨이를 살펴본 후에 가장 훌륭한 처녀를 가려 뽑는 방식이었다. 사위가 될 부마의 경우에는 감찰(관리의 비위 규찰, 의전 감독 등을 맡은 사헌부 관리)을 보내 요모조모 뜯어보고 낙점을 했다.

이후 왕손의 배우자를 뽑는 절차가 바뀌게 된 계기가 있었다. 태종이 공주를 시집보내기 위해 춘천 부사 이속에게 혼인 의사를 밝혔다가 무안을 당한 사건이다.

태종이 이속의 아들을 부마로 삼고 싶어 중신아비를 보냈다. 그런데 이속은 "짚신 짜는 데는 지푸라기가 제격"이라며 심드렁하게 대답했다. 이는 서로 신분이 어울리는 가정끼리 결혼을 해야 한다는 말로, 아들을 왕실에 장가보낼 수 없다는 완곡한 거절의 뜻이었다. 태종이 노발대발했음은 당연지사다. 태종은 즉시 이속을 서민으로 강등시키고 이속의 아들에게 금혼령을 내려 앙갚음을 했다.

이 사건 이후로 왕비나 부마 등 왕실의 배우자를 결정할 때는 전국에 적령기 처녀나 총각의 금혼령을 내리고 왕실이 직접 나서서 가려 뽑는 간택 제도가 뿌리내렸다.

〈조선왕조실록〉에 나타난 간택의 첫 사례는 세종 21년(1439) 3월과 4월 세종의 후궁 소생인 의창군과 한남군의 배우자 선발이었다.

"양반 가문의 처녀 26명을 사정전에 모이게 하여 임금이 친히 나서 간택하였으니 장차 의창군을 장가들이기 위함이었다."

왕비 간택 절차는 금혼령을 내리는 것으로 시작되었다. 전국에 금혼령이 내려지면 양반은 물론 서민들까지도 결혼을 할 수 없었다. 이어 양반 가문들 스스로 조상의 이름과 신붓감의 이름이 적힌 단자를 왕실에 제출하라는 명령인 봉단령이 내려졌다.

신붓감의 자격은 이씨가 아닌 양반 가문으로 부모가 모두 생존하고 왕세자보다 두세 살 연상인 처녀였다. 외가 쪽으로는 일정 촌수 밖의 가문으로 제한했다. 선발 기준은 원칙적으로는 명문가의 후손이지만 아비의 지위가 높지 않아야 했다. 이는 다분히 외척의 발호를 의식한 것이다. 용모는 국모로서의 덕과 복을 갖춰 어질고 인자한 빛이 도는 얼굴이 후한 점수를 받았다. 조신한 행동거지도 빼놓을 수 없었다.

신붓감의 이름이 적힌 처녀 단자가 왕실에 접수되면 의정부 관리들이 심사에 들어간다.

"각 도에서 선발한 처녀가 서울에 도착했다. 경상도 6인, 전라도 4인, 충청도 3인, 개성 12인, 경기도 4인, 황해도 1인 등이었다. 부모의 삼년상을 치르고 있거나 외동딸로 형제가 없는 이들은 돌려보내고 모두 7인을 뽑았다."

〈조선왕조실록〉에 나타난 초간택 장면이다. 간택은 초간택, 재간택, 삼간택 등 3단계의 엄정한 심사를 거친다. 초간택에서 5~7명을 선발하고 재간택에서는 3명, 마지막 삼간택에서는 최종 신붓감을 뽑는 것이 상례였다.

간택일에 처자들이 궁궐로 들어오면 큰 마루에 다과상을 차리고 행동거지의 정숙함을 꼼꼼히 관찰했다. 왕과 왕비는 발을 드리운 안쪽에서 장차 세자빈이 될 처자들을 꼼꼼히 들여다봤다. 면전에서 실제로 점수를 매기는 쪽은 궁궐의 노상궁들이었다. 이 자리에는 신랑이 참석치 않는 게 관례였다. 그러나 24대 왕인 헌종은 자신의 왕비 간택 때 꼭 신붓감을 봐야겠다고 우겨 이례적으로 간택에 참여했다고 알려진다.

삼간택에서 최종적으로 간택된 처자는 집으로 돌아가지 않고 곧바로 별궁으로 들어가 왕비로서의 교양과 궁궐에서의 예의범절, 말씨 등을 50여 일간 집중적으로 교육받으면서 가례를 치르는 날까지 기거했다.

간택의 원칙적 과정은 이러했지만 실제로는 왕권 주변의 권력 다툼과 밀접한 관련이 있었다. 간택은 왕비를 탄생시키는 과정으로 왕권에

양반가에서 왕비 간택을 기피하다

양반이 자신의 딸을 궁궐에 들여보낸다는 것은 가문의 앞날을 보장받는 일이었다. 하지만 정치적 의도를 품지 않은 대부분의 양반들은 간택 과정에 참여하는 것을 몹시 기피했다. 간택 과정에 참여하는 것이 경제적으로 큰 부담이 되었기 때문이다. 세 차례에 걸친 간택 의례에 참여하기 위해 매번 딸의 옷차림은 물론 유모와 몸종의 옷차림에도 신경을 써야 했으며, 궁궐을 오가는 가마도 장만해야 했다. 더욱이 왕비가 될 경우, 후일 궁궐 내의 권력 투쟁에 휘말려 들어 오히려 가문이 멸하는 상황이 올 수도 있다는 점을 걱정했다. 이 때문에 왕비 간택에 앞서 전국에 내려지는 금혼령 이전에 서둘러 딸을 결혼시키는 경우가 많았다.

버금가는 권력을 획득하는 것이었기에 다분히 정치적일 수밖에 없었다. 조선 시대의 당쟁은 어느 가문, 어느 당파에서 왕비를 탄생시키느냐에 따라 결판이 났다고 해도 과언이 아니다.

실제로 조선 중기 이후에는 간택 제도가 더욱 정치적으로 흘렀다. 조선 후기 당파인 노론은 아예 '국혼을 놓치지 않는다'는 명제를 제일의 당론으로 삼았을 정도다. 조선 후기 외척에 의한 세도 정치도 결국 간택 제도의 폐단에 따른 것이었다.

이에 선조 때의 유학자 이이는 왕실의 왕자나 공주 한 사람 때문에 수많은 양반 가문의 처녀, 총각들이 갖은 불편을 감수하게 되는 간택 제도의 모순을 지적하면서 조선 초기의 중매혼으로 돌아가야 한다고 주장했다.

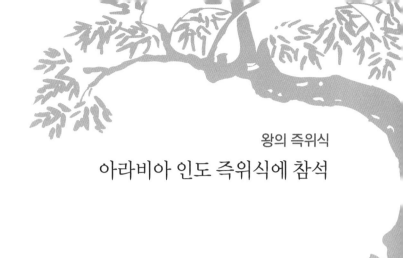

아라비아 인도 즉위식에 참석

"나라에 임금이 있는 것은 위로는 사직을 받들고 아래로는 백성을 편안하게 하는 것입니다."

조선에서 왕은 사회를 지탱하는 구심점이었다. 왕의 죽음은 사회 전체에 혼란을 가져와, 구심점을 잃은 순간 대궐과 조선 팔도는 슬픔에 잠겼다. 한 시대가 막을 내린 것이다. 그렇다고 언제까지 슬픔과 혼란 속에서 헤맬 수만은 없는 노릇이었다. 오늘 태양이 지는 것은 내일 떠오르는 새로운 태양을 맞기 위함이듯, 왕의 죽음은 새로운 왕의 시작을 알리는 서곡이었다.

군주 국가인 조선에서 왕의 자리는 단절될 수 없었다. 부왕이 세상을 떠나면 왕세자가 왕위를 이어야 한다. 그러나 왕세자의 즉위식은 곧바로 열리지 않았다. 유학의 최고 덕목인 효를 실천해야 했기 때문이다. 유학의 가르침에 따라 조선 시대에는 부모님이 돌아가시면 삼년상을 치르는 것이 정해진 관습이었다. 아들이 부모님의 무덤 곁에 움막을 짓고 3년간 시묘살이를 하는 것이 자식의 도리이며 효의 실천이었다.

그럼 왕의 경우는 어떠했을까? 백성에게 귀감이 되어야 하는 왕으로서 3년간 시묘살이를 하는 것은 당연한 일이었다. 그러나 이는 원론적일 뿐 현실적으로는 그렇게 할 수가 없었다. 효를 실천하기 위해 3년씩이나 나라의 정치를 신경 쓰지 않을 수는 없었기 때문이다. 부모에 대한 자식의 도리를 다하는 것도 중요하지만 만백성의 어버이로서 나라의 안위를 책임져야 했던 것이다.

왕세자의 즉위식은 부왕이 승하한 지 6일 후인 성복일에 행해졌다. 성복이란 상을 당한 뒤에 정식으로 상복을 입는 것을 말한다. 일반인들은 3일 만에 성복을 하지만, 왕실에서는 왕이 다시 살아날 것을 감안해 6일 만에 성복을 했다.

즉위식이란 왕세자가 왕실의 상징인 옥새를 받고 왕의 의자인 용상에 올라가 앉기까지의 의식 절차다. 왕세자를 왕으로 임명하는 권한은 대비에게 있었다. 대비는 죽은 왕의 아내 혹은 어머니이자 새로운 왕의 어머니나 할머니로, 왕실의 최고 어른인 대비에게 옥새를 물려줄 권한을 부여했다.

선왕의 시신을 모신 빈전 동쪽에 왕세자가 머물 천막을 치고 유언장과 옥새, 여러 가지 의장물을 설치하여 새 왕에게 건네줄 준비를 한다. 왕세자는 천막에 들어가 입고 있던 상복을 벗고 예복인 면복으로 갈아입은 후 빈전 뜰로 나간다. 선왕의 유언장과 옥새를 받아 각각 영의정

▲ 경복궁 근정전. 국정을 수행하는 의식 외에도 왕의 즉위식, 왕세자 책봉 의식 등 왕실의 주요 의식, 관리 임용식 등이 정전에서 치러졌다.

과 좌의정에게 전하고 다시 천막으로 돌아간다. 그리고 천막에서 나와 붉은 양산과 푸른 부채를 든 이들에게 둘러싸여 가마를 타고 용상이 설치된 정전으로 향한다.

즉위식은 대궐의 중심 공간인 정전에서 행해진다. 정전의 너른 뜨락에 단을 조성하고 용상을 설치한다. 뜨락에는 원상(왕을 대신해서 국정을 총괄하는 임시 직책), 승지(승정원에서 왕명의 출납을 담당) 순으로 앉는다. 그 뒤로 사관이 붉은 비단 예복을 입고 동쪽을 향해 앉고, 홍문관(궁중의 경서, 사적, 문서를 관리하고 왕을 자문하던 기관) 관리가 다음에 앉는다. 왕세자의 교육을 담당하는 시강원 관료들은 서쪽을 향해 앉는다. 이어 왕세자를 호위하는 익위사, 병조 순으로 앉아 즉위식이 거행되기를 기다린다.

뜨락에서 용상까지는 계단으로 되어 있다. 계단은 왼쪽과 오른쪽에 2개가 있는데, 좌계라고 하는 왼쪽 계단은 손님이 사용하고, 조계라고 하는 오른쪽 계단은 주인이 사용한다. 왕세자는 오른쪽 계단을 통해 단에 올라가 용상에 앉는다.

왕세자가 용상에 정좌하는 순간 새로운 왕이 탄생하게 된다. 마침내 새 시대가 도래한 것이다. 대소 신료들은 네 번 절하고 왕을 향해 '천세'를 외친다. 천세는 왕조의 운명이 천년만년토록 번영하라는 뜻이다. 중국에서는 천자의 나라이기 때문에 만세라 했지만 제후국을 자청한 조선은 한 단계 낮춰서 천세라 외쳤다.

어좌에 오른 왕은 즉위교서를 반포한다. 오늘날의 대통령 취임사인 셈이다. 태종에 이어 1418년 8월 10일 즉위한 세종의 즉위교서를 살펴보자.

"삼가 생각하건대, 태조께서 홍업(나라를 세우는 큰일)을 이룩하시고 부왕 전하께서 큰 사업을 이어받으시었다. 근자에 오랜 병환으로 말미암아 정치를 하시기에 힘이 부치서서 나에게 왕위를 계승케 하시었다. 나는 학문이 얕고 거칠며 나이가 어리어 경력이 없으므로 여러 차례 사양하였으나 윤허를 얻지 못하였다. 이에 영락 16년 무술 8월 10일에 경복궁 근정전에서 위에 나아가 백관의 조하(조정에 나아가 임금에게 하례하는 일. '조의진하'의 준말)를 받고, 부왕을 상왕으로 높이고 모후를 대비로 높이었다. 일체의 제도는 모두 태조와 우리 부왕께서 이루어 놓으신 법도를 따라 할 것이며, 아무런 변경이 없을 것이다. 이 거룩한 의례에 부쳐서 마땅히 너그러이 사면하는 영을 선포하노라."

즉위교서를 반포하는 것으로 즉위식의 모든 절차는 끝이 난다. 취임사는 대체로 선왕에 대한 찬사와 자신에 대한 겸손, 사면령 순으로 엮어 오늘날과 크게 다르지 않았다.

세종의 경우처럼 부왕이 살아 있을 때는 즉위식이 끝나면 곧바로 업무를 시작하나, 부왕의 죽음으로 왕위를 잇는 경우에는 즉위 이후에도

26일간은 업무를 보지 않았다. 상주로서 상을 치르는 데 전념해야 했기 때문이다. 나라의 대소사는 원상으로 임명된 2~3명의 원로대신들이 맡아 처리했다.

세종의 즉위식에는 아라비아의 외국인도 참석했다.

"임금이 근정전에 나오니 여러 신하들이 하례를 올리고, 성균관 학생과 회회 노인과 승도들도 모두 참여하였다."

'회회回回'는 아라비아 인을 지칭하는 한자식 표기이며, 그 나라는 대식국이라는 이름으로 알려졌다. 12세기 이후 중국 원나라에서 이슬람교를 회회교로 개칭한 후, 회회는 아라비아 인을 지칭하는 용어로 사용되었다. 회회 노인은 아랍의 회교 성직자다. 이들이 당시에 왕의 즉위식 같은 국가의 중요한 행사에 참석했다는 것은 조선과 아라비아 간에 친밀한 외교 관계가 있었음을 나타낸다. 즉위식 당일에는 참석하지 못했지만 유구국(오늘날 일본 오키나와) 국왕도 사신을 보내 청자기와 향을 선물했다.

즉위식은 왕실의 슬픔과 기쁨이 교차하는 의식인 만큼 예법이 엄중했다. 그러나 실록에는 예법을 제대로 갖추지 않고 즉위식을 치른 왕도 보인다. 연산군의 폭정을 진압하고 반정으로 왕위에 오른 중종이 그렇다.

연산군한테 옥새를 건네받은 중종은 곧바로 경복궁 근정전에서 즉위식을 거행했다. 왕실의 예법에 따르면 즉위식에서 왕은 곤룡포를 입고 머리에는 면류관을 써야 한다. 중종은 곤룡포는 입었지만 면류관 대신 사무용인 익선관을 쓰고 즉위식을 올렸다. 워낙 갑작스레 치러진 즉위식이었던 탓에 복장을 제대로 갖출 여유가 없었던 것이다.

왕이 되는 데는 나이 제한이 없었다. 조선은 태조에서 순종까지 27대의 왕이 재위했는데, 이들이 즉위식을 치른 나이는 부왕의 생존 기간이

| 조선 시대 왕의 즉위년 |

왕	출생 연도	즉위 연도	즉위 시 나이	즉위 장소	재위 기간
태조	1335	1392	57세	수창궁	6년 2개월
정종	1357	1398	42세	경복궁 근정전	2년 2개월
태종	1367	1400	34세	수창궁	17년 10개월
세종	1397	1418	22세	경복궁 근정전	31년 6개월
문종	1414	1450	37세	동별궁 빈전	2년 3개월
단종	1441	1452	12세	경복궁 근정문	3년 2개월
세조	1417	1455	39세	경복궁 근정전	13년 3개월
예종	1450	1468	19세	수강궁(창경궁) 중문	1년 2개월
성종	1457	1469	13세	경복궁 근정문	25년 1개월
연산군	1476	1494	19세	창덕궁 인정전	11년 9개월
중종	1488	1506	18세	경복궁 근정전	39년 2개월
인종	1515	1544	30세	창경궁 명정전	9개월
명종	1534	1545	12세	경복궁 근정전	22년
선조	1552	1567	16세	경복궁 근정전	40년 7개월
광해군	1575	1608	34세	정릉동 행궁(창덕궁) 서청	15년 1개월
인조	1595	1623	28세	경운궁(덕수궁)	26년 2개월
효종	1619	1649	31세	창덕궁 인정전	10년
현종	1641	1659	19세	창덕궁 인정전	15년 3개월
숙종	1661	1674	14세	창덕궁 인정전	45년 10개월
경종	1688	1720	33세	경덕궁(경희궁)	4년 2개월
영조	1694	1724	31세	창덕궁 인정전	51년 7개월
정조	1752	1776	25세	경희궁 숭정문	24년 3개월
순조	1790	1800	11세	창덕궁 인정전	34년 7개월
헌종	1827	1834	7세	경희궁 숭정문	14년 7개월
철종	1831	1849	19세	창덕궁 인정전	14년 6개월
고종	1852	1863	11세	창덕궁 인정전	43년 7개월
순종	1874	1907	33세	원구단	3년 1개월

나 재위 기간에 따라 모두 달랐다. 역대 왕 중에서 가장 어린 나이에 즉
위한 왕은 헌종이다. 헌종은 불과 일곱 살에 왕위에 올랐으며, 순조와
고종은 열한 살에 즉위했다. 반대로 가장 늦게 즉위한 왕은 태조다. 태
조는 조선을 건국하고 57세에 왕위에 올랐으며, 그 뒤를 이은 정종도 42
세라는 늦은 나이에 즉위했다.

'王왕'의 어원

문자가 생기기 전에 왕의 상징은 도끼였다. 도끼는 노동과 전쟁의 도구로 선
사 시대 이래 최고 권력자의 상징이었다. 한자의 초기 형태인 상형문자가 생기
면서 도끼날과 도낏자루의 형상을 본떠 '王'이라는 글자가 만들어졌다. 가정
내의 최고 권력자인 아버지를 나타내는 '父부'도 도끼에서 따온 상형문자다.

한편 중국의 유학자들은 '王'의 어원을 하늘天 · 땅地 · 사람人을 상징하는
'석 삼三'과 '뚫을 곤丨'의 조합으로 간주했다. 즉, 왕은 하늘 · 땅 · 사람, 즉
우주를 꿰뚫는 초월적인 존재라고 인식했다.

왕실의 상징 '일월오악도日月五嶽圖'

일월오악도는 옥새와 함께 왕실의 대표적인 상징물이다. 해와 달, 곤륜산을
소재로 해서 그려진 병풍으로 정전과 편전 등 임금이 앉는 용상의 뒤편에 설치
했다. 이 병풍에는 다섯 봉우리의 곤륜산을 중심으로 하늘의 좌우에는 붉은 해
와 하얀 달이 떠 있다. 해와 달은 왕과 왕비를, 곤륜산은 중국 도교에서 말하는
신성한 산을 상징하는 것으로 왕실의 존엄성을 나타낸다.

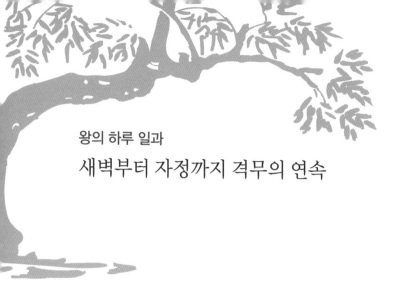

왕의 하루 일과
새벽부터 자정까지 격무의 연속

　하늘과 동격이었던 조선의 왕은 하루 몇 시간이나 잠을 잘 수 있었을까? 왕에 따라 차이는 있으나 많이 자야 6시간, 대개는 5시간 내외였다. 왕이 처리해야 하는 집무가 만 가지나 될 정도로 많다 하여 '만기'라 불렸으니 마음껏 자고 싶어도 그럴 수가 없었다. 만민의 모범을 보여야 할 제왕이었기에 우리가 생각하는 것처럼 편하고 재미있는 시간을 보내는 것은 꿈같은 일이었다. 아침 조회, 국정 업무 보고받기, 회의 주재, 신료 접견 등과 같은 공식적인 업무 외에도 하루 세 차례 유학 공부를 해야 했으니 그야말로 눈코 뜰 새 없이 바빴다.

　왕의 기상 시간은 해 뜨기 전인 새벽 5시 전후였다. 자릿조반이라 하여 죽 같은 것으로 요기를 하며, 이어 의관을 정제하고 왕대비전이나 대비전에 문안인사를 끝낸 뒤 하루 일과를 시작한다. 직접 문안을 가지 못할 때는 내시를 대신 보내 인사를 올린다.

해가 뜨기 시작하는 아침나절에는 경연이라 하여 유학의 경서를 교육받았다. 경연에는 홍문관 관원과 의정부 대신들이 참여했다. 경연은 왕이 유학의 이상 정치를 실현할 수 있도록 도와주는 강의 시간이었지만, 실제로는 왕권의 행사를 규제하는 기능을 가졌다. 간혹 경전의 해석을 놓고 왕과 신하 간에 토론이 벌어졌는데, 단순한 이론 대립이기보다는 정치적 토론으로 발전하는 경우가 대부분이었다. 경연은 아침(조강), 점심(주강), 저녁(석강)에 걸쳐 세 차례나 치러졌으니 왕의 고충을 짐작하고도 남음이 있다. 조강은 국정 운영에 필수적인 것이기보다는 의례적인 측면이 커서 왕이 아침에 공부를 하는 일은 드물었다.

〈조선왕조실록〉 태종 1년(1401)의 기사를 보면 권근이 왕에게 경연의 중요성을 아뢰는 대목이 보인다.

"경연에 부지런해야 합니다. 제왕의 도는 학문으로 밝아지고 제왕의 정치는 학문으로 넓어지는 것입니다. 전하께서 즉위하신 뒤 비록 경연을 베풀었으나 쉬는 날이 많았습니다. 학문하는 뜻이 너무 가벼운 것 아닙니까. 날마다 경연에 납시어 마음을 비우고 뜻을 공손히 해 하루라도 빼먹지 마십시오."

경연은 왕이 하고 싶으면 하고 하기 싫으면 안 하는 사안이 아니었던 것이다. 때로는 왕의 사생활을 역사에 기록해야 한다는 청천벽력 같은 순간도 맞아야 했다.

중종 14년(1520) 아침 경연 때의 일이다. 경연청의 관리 김안국이 중국 경전을 인용하면서 느닷없이 침전 안에 여자 사관을 두어 임금의 거동과 언행을 기록하자는 주장의 논지를 폈다. 말하자면 사관의 눈길이 닿지 않는 사생활을 기록해야 한다는 주장이었다.

"이 책에는 태후와 신종이 말한 일을 매우 상세히 기록했는데 이는 침전의 일이라 사관으로서는 기록할 수 없었을 테니 반드시 여자 사관이 기록했을 것입니다. 예로부터 여자 사관은 침전 안에서 임금의 거동과 언행을 모두 다 기록했으므로 바깥 사람들이 그 일을 알 수 있는 것이며, 역사책에 기록함으로써 뒷날의 왕이 그것을 보고 선악을 판단하는 것입니다."

이 말에 대해 중종은 글에 능한 여자가 있겠느냐, 선악을 판단하는 정직한 사관을 뽑는 것이 가능하겠느냐는 등의 이유를 들어 계속 거절하다가 신하들이 뜻을 굽히지 않자 마지막 강수를 띄웠다.

"어진 사람을 천거하는 것이 신하의 임무인데, 요즘 신하들은 어진 사람 천거하는 도리를 제대로 못하는 것 같다."

은근히 대신들의 허물을 강조해 위기를 모면한 것이다.

왕은 아침 경연이 끝나면 수라를 들고, 식사가 끝나면 아침 조회를 열어 대신들의 알현을 받았다. 조회에는 문무백관이 모두 참여하는 조참(정식 조회)과 매일 시행하는 상참(약식 조회)이 있다. 조회가 끝나면 각 부서별로 돌아 가며 국정 현안을 보고받는다. 업무 보고는 편전에서 이뤄진다. 중앙과 지방에서 올라온 공문서, 상소문, 탄원서 등을 승지가 미리 검토하고, 왕이 알 수 있도록 정리하여 보고한다. 국정 현안을 보고받고 나면 점심때다. 왕은 간단히 국수나 다과로 낮것(점심 식사)을 들고 주강에 들어가 공부를 한다.

왕은 숨을 돌리기도 전에 이임, 승진 등으로 지방이나 중앙으로 파견

왕의 하루 시간표

오전 5시 : 기상. 기상 직후 죽 한 사발 정도의 간단한 식사.

오전 6시 : 6품관 이상의 관리들과 정식 조회(조참, 매월 5·11·21·25일).
조회가 없는 날은 상참(약식 조회). 당상관으로부터 여러 보고를
듣고 아침 경연인 조강, 아침 식사, 식사 전후로 왕실 어른들을 찾
아 문안 인사를 함.

정오 : 현안이 있을 경우 해당 관리를 불러 논의. 낮 경연 시간.

오후 3시 : 상소 검토 등의 일상 집무. 한가한 날은 이 시간을 이용하여 사냥,
활쏘기, 격구 등의 체력 단련.

오후 7시 : 저녁 경연 시간. 휴식 및 독서.

오후 11시 : 취침.

왕에게도 휴일이 있었을까?

하루 24시간이 모자랄 정도로 격무에 시달리던 왕에게도 휴일은 달콤한
날이었다. 입춘, 경칩, 청명 등 세시 풍속상의 명절에는 왕도 일에서 해방되어
휴식을 취했다. 또한 영의정, 좌의정, 우의정 등 정 1품 이상의 관리가 죽으면
3일간, 정 2품 이상의 관리가 죽으면 2일간을 쉬었다.

되는 관리들을 만나 여러 가지 당부를 전해야 한다. 이쯤이면 오후 3~
4시경. 대궐을 지키는 야간 호위병의 명단을 점검하고 암구호를 정해
준다. 잠시 휴식을 취했다가 다시 석강에 들어가 학습을 한다.

이것으로 하루 일과가 끝나지 않는다. 저녁 수라를 받고 잠시 쉬다가
다시 낮에 처리하지 못한 밀린 업무를 본다. 잠자리에 들기 전에는 왕

대비전이나 대비전에 저녁 문안 인사를 드려야 한다. 그런 후에야 하루의 공식적인 일과가 끝나고 침전으로 향한다. 잠자리에 들기 전 밤 9시부터 자정 가까이 2~3시간 정도 자신만의 한가로운 시간을 가질 수 있었다. 이 시간에야 왕은 조용히 독서를 하거나 왕비나 후궁의 침소를 찾을 수 있었다.

모든 왕들이 이 같은 하루를 보낸 것은 아니다. 연산군은 "나의 학문이 이미 이루어졌으니, 경연에 나가더라도 어찌 더 배울 것이 있겠는가."라며 경연 제도를 아예 무시하고 제멋대로 하루를 즐겼다. 이 외에도 왕들이 경연을 하루에 한 번만 하거나 며칠에 한 번씩 하는 경우도 빈번했다.

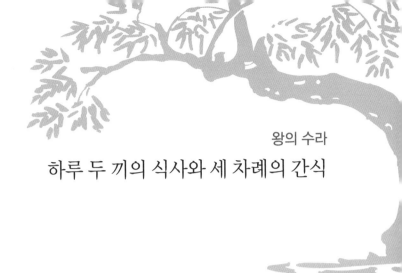

왕의 수라
하루 두 끼의 식사와 세 차례의 간식

왕의 일상생활 중 가장 중요했던 것은 건강 유지에 필수적인 세 끼의 식사라고 할 수 있다. 밥과 국이 기본이지만 질과 가짓수에서 왕의 식사는 일반적인 밥상과 차별화되었다. 이 때문에 왕실에서는 수라 상차림을 매우 중히 여겨, 사옹원 관리들이 신선하고 품질 좋은 어류, 채소, 육류 등을 공급하면 소주방에 소속된 궁녀들이 정성껏 음식을 만들어 올렸다.

왕의 식사는 조수라(아침), 주수라(점심), 석수라(저녁)의 세 끼 식사와 새벽녘 자리에서 일어나자마자 드는 자릿조반, 오후 늦게 먹는 낮것, 밤 늦은 시각에 먹는 밤참 등 간식으로 구분되었다. 간식은 죽이나 식혜, 다과류가 일반적이었다.

▶ 수라상차림. 왕이 먹는 아침과
저녁 수라는 기본 음식 외에 열
두 가지 반찬을 올리는 12첩 반
상이 원칙이었다.

수라상은 왕의 식성에 따라 종류와 양이 달랐다. 그러나 수라상을 차
리는 기본 법식은 유지되었다. 수라는 기본 음식 외에 열두 가지 반찬
을 올리는 12첩 반상이 원칙이었다. 12첩 반상은 왕과 왕비만 받을 수
있었고, 양반은 9첩 반상이나 7첩, 5첩, 3첩 반상을 이용했다. 기본적인
음식은 국, 김치, 장류, 찌개, 갈비찜, 전골류 등이다. 반찬은 도라지, 호
박, 숙주나물 등 삼색 나물과 무생채, 구이, 조림, 산적, 자반, 젓갈, 육
회, 생선회, 편육 등이다.

왕과 왕비는 각각 자신의 처소에서, 세자는 동궁에서 식사를 했다.
왕이 식사할 때는 큰방상궁 등 4명의 궁녀가 그 모습을 지켜봤다. 이들
은 왕이 수라를 들기 전에 먼저 음식 맛을 보는 역할을 했다. 혹시 음식
에 들어갔을지도 모를 독성 물질을 가려내기 위함이었다. 궁중어로
'기미를 본다'고 해 음식 맛을 보는 상궁을 기미상궁이라 부르기도 했
다. 큰방상궁이 조그만 그릇에다 밥과 반찬을 골고루 덜어 왕이 보는
앞에서 시식을 하고 나머지 궁녀들에게도 맛을 보게 했다고 전해진다.

왕실의 잔칫상

수라상 외에 왕의 식사로 대전어상이라는 것이 있다. 이는 왕실 연회나 외국 사신을 맞이하기 위해 차리는 잔칫상이다. 수라상과는 비교할 수도 없을 정도로 산해진미를 이용해 화려하게 차렸는데, 상다리가 휘어질 정도로 가짓수가 다양했다. 정조의 어머니 혜경궁 홍씨의 회갑연을 기록한 의궤인 〈원행을묘정리의궤〉에는 대전어상이 어떠했는지 자세히 기록되어 있다. 1척 5촌(약 45cm) 높이로 음식을 쌓아 올린 그릇의 수가 70개였으며, 5촌(약 15cm) 높이로 쌓아 올린 음식이 열두 가지였다. 궁중 연회에서 음식을 높게 쌓는 풍습은 민간에도 전해져 오늘날 돌이나 칠순 등 잔칫상에 음식을 높게 쌓는 모습을 볼 수 있다.

영조가 개발한 음식 '탕평채'

조선 후기에 영조는 시파와 벽파의 당쟁이 격화되자 당파 간 화합과 균형을 꾀하는 탕평책을 실시했다. 영조는 각 당파가 화합하도록 자주 술자리를 마련했는데, 이때 술상에 자신이 고안한 새로운 안주를 내놓았다. 녹두묵, 고기볶음, 미나리, 김 등을 주재료로 한 무침 안주였다. 영조는 술자리에서 대신들에게 네 가지 색깔의 각기 다른 음식이 화합해 맛있는 무침 안주가 되는 것을 보여 주며 탕평책의 중요성을 일깨웠던 것이다. 탕평채는 이 일화에서 이름이 붙은 음식이다.

산해진미를 즐기는 경우가 대부분이었지만 왕 자신의 인생관에 따라 수라상에 오르는 반찬이 달랐다. 산해진미를 즐긴 왕이 있는가 하면 반대로 검소함을 몸소 실천한 현주도 있었다. 〈계축일기〉를 보면 연산군은 날고기를 좋아해 하루에 소 7마리를 잡게 하기도 했다. 반면 정조는 아침 및 저녁 수라에 반찬 서너 가지만 놓게 했다. 그마저도 작은 접시에 담도록 했다. 어머니 혜경궁 홍씨가 아들의 건강이 염려되어 너무 지나친 것 아니냐고 핀잔을 주면 "검소함을 숭상하는 것은 재물을 아끼고자 함이 아니라 복을 기르고자 함입니다."라고 겸손하게 말할 만큼 수라상마저 알뜰히 한 군주였다.

수라상은 왕의 효성을 상징하기도 했다.

"왕은 성품이 지극히 효성이 있어 상왕께 드릴 약을 맛보고 수라상을 보살피는 일을 반드시 몸소 친히 하셨다." 〈문종실록〉

세종의 장남인 문종은 자신이 병약함에도 병중에 있는 아버지 세종의 수라상을 몸소 챙기는 지극한 효성을 보여, 세상을 떠난 후에도 사가의 칭송이 자자했다.

종기 고치려 거머리까지 이용

사계절 산해진미를 먹고 24시간 어의와 궁녀들에 둘러싸여 극진한 보살핌을 받은 왕들은 얼마나 오래 살았을까? 아이러니하게도 조선 왕들의 평균 수명은 46세에 불과하다. 환갑을 넘긴 왕이라야 태조(74세), 정종(63세), 숙종(60세), 영조(83세), 고종(67세) 정도다. 불혹을 넘기지 못한 왕도 11명이나 된다.

장수를 했을 것만 같은 왕들이 오래 살지 못한 이유는 무엇일까? 과도한 스트레스와 운동 부족, 영양 과다가 그 원인이다. 왕들의 사인은 고혈압, 당뇨병, 중풍 등이 일반적이다. 상당수의 왕들을 재위 기간 내내 괴롭힌 질병은 단연 종기다. 종기 때문에 몇 개월 동안 문 밖 출입을 못하고 누워 지낸 경우가 허다했다. 중국 사신을 영접하지 못해 외교적인 문제가 발생한 적도 있었다. 어의에게 종기는 반드시 극복해야 할 질병이었다. 탕제는 물론이고 몸에 바르는 고약, 온천욕을 비롯해 심지어 거머리를 이용하기도 했다.

〈조선왕조실록〉에는 왕이 종기 때문에 온갖 고생을 하는 장면이 수백여 건 나올 정도다. 조선의 왕 중 가장 뛰어난 업적을 올린 세종대왕은 재위 기간 내내 각종 질병을 앓았다. 특히 종기로 고생해 온천을 자주 찾았다. 세종의 말을 들어 보자.

"등에 난 종기로 아픈 것이 오래다. 마음대로 돌아눕지도 못하여 그 고통을 참을 수가 없다. 몇 사람이 일러 주어 온천에서 목욕하였더니 과연 효험이 있었다. 또 소갈증(목이 심하게 말라서 물을 마셔도 오줌이 적게 나오는 병, 즉 당뇨병)이 있어 열서너 해가 되었다. 지난봄 무술 훈련을 한 뒤에는 왼쪽 눈이 아파 안막(각막)을 가리는 데 이르고, 오른쪽 눈도 어두워서 한 걸음 사이에서도 사람이 있는 것만 알겠고 정확히 누구인지를 모르겠다. 한 가지 병이 나으면 또 다른 병이 생기니 나의 노쇠함이 심하구나."

1439년 세종의 나이 42세 때의 병력이다. 그가 즉위 때부터 앓아 온 질병은 등창, 당뇨병, 안질, 전립선염 등 한두 가지가 아니었다. 과도한 업무로 병이 더욱 악화되어 결국 1442년 건강상의 이유로 세자에게 섭정을 하도록 했다. 세종은 병치레를 계속하다 1450년 2월, 54세의 나이로 세상을 등졌다.

세종의 장남 문종도 종기로 고생하기는 마찬가지였다.

"세자가 지난해 10월 12일 등에 종기가 났는데, 길이가 한 자가량 되고 넓이가 5, 6치나 되는 것이 12월에 이르러서야 곪아 터졌다. 그 뿌리의 크기가 엄지손가락만 한 것이 6개나 나왔다. 12월 19일에 허리 사이에 종기가 났는데 그 형체가 둥글고 지름이 5, 6치나 된다. 아직 걷거나 손님을 접대하는 것은 생사에도 관계된다."

문종은 악성 종기에 시달리다 아버지 사후 2년 만인 1452년 세상을 떠났다.

중종 역시 재위 기간 내내 종기로 고생했다. 그는 어의의 충고에 따라 사람의 피를 빨아 먹는 거머리로 치료를 받기도 했다. 거머리 치료법으로 어느 정도 효험을 보았는지 중종은 어의에게 이렇게 털어놓았다.

"요즘 계속해 약을 먹었으나 아직 낫지 않고 나쁜 진물이 나오는 속에 고름이 섞여 나오기도 하기에 거머리로 시험해 보았더니, 살이 단단하고 도독해진 곳이 삭아서 편편해졌다."

중종은 1534년 종기 때문에 6개월여 동안을 정무를 보지 못한 채 방에서 누워만 지내기도 했다.

이 밖에도 효종, 숙종, 정조가 종기에 시달렸다. 효종은 즉위 10년째인 1659년 5월 4일, 귀에 난 종기 때문에 침을 맞다가 운명했다. 이날 사고는 신가귀가 침을 놓다가 일어난 일종의 의료 사고였다.

신가귀는 무인 출신으로 어의가 아니었지만 평소 침술에 일가견이 있어 왕의 부름에 침을 들었다. 다른 의관이 경솔하게 침을 놓아서는 안 된다고 만류했으나, 신가귀는 "종기의 독이 얼굴로 흘러내리면서 또한 농증을 이루려 하니 반드시 침을 놓아 나쁜 피를 뽑아 낸 연후에야 효과를 거둘 수 있습니다."라고 주장했다. 이에 1658년 낙상으로 볼기에 종기가 났을 때 신가귀에게 침을 놓게 해 효과를 본 적이 있는 효종이 침을 놓게 한 것이다. 그러나 침구멍으로 피가 그치지 않았다. 처음에는 농즙 한 숟가락 정도가 나오더니 검붉은 피가 샘솟듯이 쏟아져 나왔다. 결국 효종은 출혈 과다로 숨을 거두었고, 신가귀는 현종 즉위 후 교수형을 당했다.

왜 조선의 왕들은 종기에 시달렸을까? 현대적 관점에서 본다면 가장 큰 이유는 운동 부족과 과도한 스트레스가 아니었나 싶다. 왕은 세수도 궁녀가 대신 해 줄 만큼 몸을 움직일 일이 거의 없었다. 특별한 일이 없는 한 하루 종일 궁궐을 지키며 업무를 봐야 했다. 고작해야 편전과 침전 정도를 오갈 뿐이었다. 정치적 스트레스도 한몫했다. 왕의 모든 행동은 유교적 정치 이념에 부합해야 했으며, 그렇지 않으면 여러 신하들의 따끔한 충고를 감수해야 했다. 종기가 생겨 온천을 가려고 해도 왕의 어가 행렬이 민폐를 끼친다고 신하들이 만류하면 갈 수 없었다. 가뭄, 홍수 등 인력으로는 어찌할 수 없는 천재지변조차 왕의 부덕으로 여겨졌던 시대다. 과도한 스트레스에 운동 부족이 겹쳤으니 혈액 순환이 원활할 리 만무했고, 악성 종기는 물론 고혈압이나 당뇨병 등의 퇴행성 질환으로 고생할 수밖에 없었다.

중국의 진시황제가 불사약, 불로초를 구하려 몸부림쳤지만 고작 49세에 생을 마쳤듯이, 조선의 왕들이 천수를 누리면서 왕위를 보존하기에는 인생이 너무 파란만장했다.

왕과 왕비의 진맥법

조선 시대 내의원에 소속된 어의들은 24시간을 대기하며 왕의 건강 상태를 점검했다. 날마다 매우틀에서 나온 변을 직접 가져다 건강을 점검했을 정도다. 왕의 경우, 병이 나면 직접 진맥을 보아 침을 놓거나 한약을 처방했다. 반면 왕비는 평상시에는 여자 의사(의녀)의 보살핌을 받았다. 그러나 병이 깊으면 어의의 치료를 받았는데, 이때는 외간 남자의 얼굴을 쳐다볼 수 없다는 이유로 기이한 진맥법을 썼다.

왕비가 병이 들어 어의가 침전 안으로 들어가는 경우, 얼굴을 보지 못하도록 방 한가운데에 장막을 드리웠다. 그리고 왕비의 손목에 비단실을 묶은 뒤이 실을 장막 밖으로 내보내면 어의가 실 끝을 통해 맥을 짚었다. 이런 방법으로 병을 고치기가 어렵자 조선 후기에는 천으로 손을 감싸 간신히 맥 짚을자리만 내놓은 상태에서 진맥을 했다.

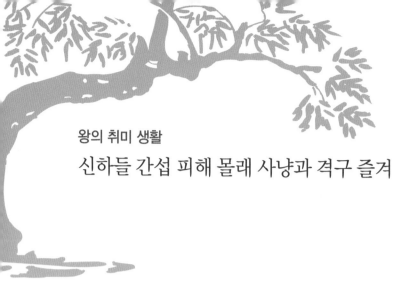

왕의 취미 생활

신하들 간섭 피해 몰래 사냥과 격구 즐겨

아침 일찍 일어나서 저녁 늦게까지 격무에 시달리는 왕. 그들의 하루 일과는 현대인의 바쁜 생활과 다를 바 없었다. 다람쥐 쳇바퀴 돌 듯 매일 반복되는 일상과 자신의 일거수일투족에 대한 사람들의 관심. 아무리 만인지상으로 존경받는 왕이라도 견뎌 내기가 쉽지는 않았을 것이다. 왕도 사람인 이상 잠시나마 국정을 잊고 자신만을 위한 시간과 취미를 가지고 싶어 했다. 조선의 왕들은 스트레스를 풀기 위해 어떤 취미 활동을 했을까?

왕이 즐기던 레저로 격구가 있다. 〈조선왕조실록〉 세종 3년조 기사에 "일기가 추워서 교외에는 나갈 수 없으므로 궁 안에서 격구 놀이를 하였는데 이듬해 봄에 이르러서야 그쳤다."고 할 만큼 일부 왕들은 격구를 즐겼다. 격구는 옛날부터 무관과 민간에서 하던 무예의 한 가지다. 말을 탄 채 숟가락처럼 생긴 막대기로 공을 쳐서 상대방 문에 넣는 놀이다. 봉으로 공을 친다고 해서 '격봉'이라고도 했으며, 민간에서는 '공치기' 또는 '장치기'라 불렸다. 또한 중국에서는 '타구'라는 이름으로 행해졌다.

왕실에서 행하는 격구는 두 가지 종류가 있었다. 말을 탄 채 막대로 공을 치는 경기와 숟가락 모양의 공채로 공을 구멍에 넣는 놀이다. 전자는 오늘날의 폴로와 비슷한 경기인 기마 격구이며, 후자는 골프와 유사한 형태다.

기마 격구는 중국 북방 민족인 요나라와 금나라 사람들이 즐겼고, 신라 최치원이 당나라에 머물 때도 크게 유행했다고 전한다. 하지만 언제부터 시작되었는지 정확한 기원은 알 수 없다. 발해의 사신이 일본에 가서 격구를 했다는 기록도 있다. 〈고려사〉에 태조 1년(918) 상주 적수인 아자개가 투항하고 싶다는 의사를 표시해 왔을 때 그를 맞이한 환영식 연습을 격구장에서 했다는 기록으로 보아 삼국 시대에 이미 이 놀이를 받아들였던 것으로 생각된다. 고려 의종 이후에는 차차 국가적인 오락 행사가 되었으며, 궁중에서는 단오절에 격구 경기를 성대하게 벌였다.

조선의 역대 왕 중에서 기마 격구를 가장 좋아한 왕은 2대 정종이다. 그는 거의 매일 격구를 즐겼는데, 이를 보다 못한 신하들이 수차례 그만두기를 청했다. 그러나 신하들의 만류에도 불구하고 온갖 핑계를 대며 격구를 멈추지 않았다. 정종이 구실로 삼은 것은 자신의 건강 문제였다.

"과인이 병이 있어 수족이 저리고 아프니, 때때로 격구를 하여 몸을 움직여서 기운을 통하게 하려고 한다."

조선을 건국한 태조 이성계는 무관 출신이다. 무인의 가문이다 보니 집 안에서 글 읽기보다 산을 타고 말을 달리는 것이 익숙했을 것이다. 그런 집안에서 태어난 정종이 궁 안에 들어앉았으니 쇠약해지고 병이 생기는 것도 당연하다.

세종은 격구를 무예 습득을 위한 군사 훈련의 하나로 인식하여 널리 행하도록 했다. 그는 "격구를 잘하는 사람이라야 말타기와 활쏘기를 잘할 수 있으며, 창과 검술도 능란하게 된다."고 했다. 그러나 임진왜란 이후 화약을 사용하는 병기가 등장하면서 17세기 중반 이후 기마 격구는 자취를 감추게 되었다.

골프 형태의 격구도 고려 말에 우리나라에 들어와 널리 유행했는데, 편을 나눠 승부를 겨루는 식의 개인전과 단체전으로 행해졌다. 채는 손바닥만 한 크기의 숟가락 모양으로, 골프채와 비슷하지만 크기는 훨씬 작았던 것 같다. 물소 가죽과 두꺼운 대나무를 사용해 만들었는데, 공을 치는 부분에는 물소 가죽을 얇게 혹은 두텁게 대서 공의 속도를 조절할 수 있었다. 공은 마노석이나 나무를 깎아 만들었는데 크기는 달걀만 했다. 공을 넣는 구멍인 와아는 땅을 주발처럼 파서 만들었다. 구멍은 전각 사이나 섬돌 위 또는 평지에 여러 개를 만들었다. 공을 치는 사람은 구멍의 위치나 거리에 따라 꿇어앉거나 서서 구멍을 향해 채로 공을 쳤다. 공이 구멍에 들어가면 점수를 얻게 되는데, 여러 개의 구멍을 이동하며 얻은 점수를 합산해 승부를 낸다.

이 밖에도 왕들이 관심을 가진 취미는 사냥이다. 무인 출신인 태종은 사냥을 매우 즐겨 해 신하들로부터 여러 차례 핀잔을 들었다. 사간원의 상소를 보자.

"요즘 몰래 밖으로 행차하시는 일 때문에 상소를 드렸으나 윤허를 받지 못하였습니다. 지난번에도 교외에 행차하셨다가 사냥을 즐기셨습니다. 옛 성왕은 봄에는 농사를 살피셨고 가을에는 추수하는 것을 살피는 등 백성을 위하는 일이 아닌 것이 없었습니다. 이제 전하가 교외에 나가심은 백성의 일을 위한 것입니까? 사냥을 위한 것입니까? 엎드려 바라건대, 단정히 구중궁궐에 계시면서 덕정을 닦고 밝혀서 만세를 다행하게 하소서."

이에 대해 태종은 "간관이 이 따위 일에 대해 상소를 올리는 것은 무엇 때문인가? 이는 자신의 명예를 높이고 내 허물을 드러내려는 것이 아닌가."라며 짜증을 냈다.

유교적 질서가 자리 잡히고 문치주의가 확립되면서 왕들의 취미 생활에도 변화가 나타났다.

"태양은 만물과 함께할 수 없고, 임금은 그 장단을 신하와 겨룰 수 없다."

바야흐로 왕은 모든 행동을 예법에 따라 실천해야 했다. 왕이 야외로 나가 여가 활동을 하기가 어려워졌음은 물론이다. 활동성이 많은 취미 대신 독서와 명상이 권장되었다. 궁 안에서 유교 경전을 읽고 명상을 하는 것은 심신을 다스리는 데 도움이 된다 하여 신하들이 가장 추천하는 취미였다. 이 외에는 신하들로부터 "아니 되옵니다." 소리를 듣기 십상이었다.

전하와 폐하

'전하'는 신하가 공적인 자리에서 왕에게 쓰는 존칭어. 중국의 황제나 황후에 대한 존칭으로 사용된 '폐하'보다 한 단계 격이 낮은 칭호다. 전하 외에 왕에 대한 존칭으로 '마마'가 있다. 마마는 사적인 자리에서 쓰이는 존칭으로, 전하보다 보편적으로 많이 사용되었다.

비와 빈

비는 왕비를 말한다. 간택에 의해 국혼을 치르고 왕의 정실부인이 된 여인이다. 빈은 비보다 한 단계 낮아, 왕의 승은을 입은 후궁을 말한다. 이들은 내명부에 소속되어 정 1품에서 종 4품까지 품계를 받았다. 또한 빈궁은 왕세자의 아내를 말한다. 비나 빈궁은 왕실의 직계가족으로 품계를 초월한 신분이었다.

마누라와 마마는 같은 말

흔히 중년 이상 된 아내를 마누라라고 부른다. 마누라는 조선 시대에 왕실에서 사용하던 궁중 용어. 왕이나 왕비, 대비 등을 부를 때 사용하던 존칭 대명사였다. 마누라는 조선 중기까지 마마와 별 차이 없이 함께 사용되다 후기에 마마보다 한 단계 낮은 칭호가 되었다.

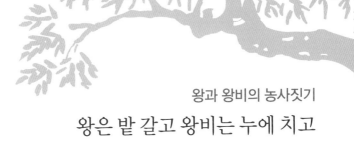

왕은 밭 갈고 왕비는 누에 치고

"농자천하지대본야農者天下之大本也"

조선은 경제적으로는 농업을 기반으로 한 봉건 사회였던 만큼 한 해 농사의 성공 여부에 관심이 쏠렸다. 한 해 농사가 대풍을 이뤄야만 정치적 안정을 구가할 수 있었으므로 풍년을 염원하는 왕의 정성이 지극했다. 가뭄이 들거나 홍수가 나면 왕이 친히 나서 기우제 또는 비를 멈춰 달라는 기청제를 지냈다. 기상이변이 발생하면 수라상의 음식을 간소히 하는 왕도 있었다.

"장맛비가 너무 많이 내리니 내가 매우 염려하고 있다. 수라상의 음식 가짓수를 줄이고 음악을 중지하게 하라."

〈세조실록〉에 나타난 세조의 마음가짐을 보면 한 해 농사가 얼마나

▲ 선농단. 조선의 왕은 해마다 풍년을 기원하며 친히 밭을 갈던 친경례를 행했는데, 그 의식에 앞서 제사를 지내던 곳이 선농단이다.

중요한 관심사였는지를 가늠해 볼 수 있다.

조선의 왕은 농사에 있어서도 백성들에게 모범을 보여야 했다. 만물이 소생하는 경칩이 지나면, 농사짓는 법을 가르쳤다고 전해지는 고대 중국의 전설적인 제왕인 신농씨와 후직씨를 모시는 제사를 선농단에서 지냈다. 선농제가 끝나면 선농단 남쪽에 마련된 밭에서 백성들에게 농사일의 소중함을 알리고 농업을 권장하기 위해 왕이 몸소 밭을 갈고 씨를 뿌리는 행사를 가졌다. 이를 친경례라 했다. 검은 소 두 마리에 쟁기를 달아 밭을 갈고 난 뒤에는 왕세자, 신하, 농부들이 순서대로 밭을 갈았다. 친경례는 습의라 하여 예행연습을 치렀다. 〈친경의궤〉를 만들어 교본이 정한 절차에 따라 엄격하게 진행된 이 행사는 왕이 농민들에게 위로주를 돌리며 잔치를 베푸는 것으로 끝이 났다.

태종 때 시작된 친경 의식은 1909년 순종이 마지막 행사를 치렀다. 일제 강점 이후에는 폐지되었다가 광복 후 정부가 권농일을 제정, 대통령이 참여하는 민관 합동 행사의 형태로 남아 있다.

왕이 농사의 모범을 보였다면 왕비는 누에 농사의 모범을 보였다. 왕비는 직접 누에를 치고 고치를 거두는 친잠례를 행했다. 이 역시 백성들에게 양잠의 중요성을 인식시키고 널리 장려하고자 마련한 행사였다. 누에를 길러 실을 뽑아 방적하는 일은 농사와 함께 생산 활동 중 으뜸에 속했다. 친잠에 관한 기록은 태종 11년부터 보이나 실제로 본격화된 것은 성종 2년(1471) 왕궁 후원에 선잠단을 쌓으면서부터다.

왕비는 매년 3월 누에의 신으로 알려진 서릉씨의 신위를 모시고 제사를 지낸 다음, 제단 남쪽에 뽕나무를 심어 세자빈과 함께 직접 뽕잎을 따서 누에를 먹였다. 그 뒤에는 누에고치를 거두고 실을 뽑았다.

왕실에서 밭을 갈고 누에를 친 것은 백성들에게 모범을 보이기 위한 형식적인 행사로 그쳤지만 백성들에게 미치는 영향은 실로 대단해 정치적 안정을 이루는 데도 큰 몫을 했다.

선농단에서 유래된 설렁탕

우리 고유의 음식인 설렁탕이 선농단 제사에서 비롯되었다는 설이 있다. 〈조선요리사〉에는 이렇게 전한다.

"세종이 선농단에서 친경할 때 갑자기 심한 비가 내려서 한 걸음을 옮기지 못할 형편에다 배고픔을 못 견디어 친경 때 쓰던 소를 잡아 맹물에 넣고 끓여서 먹으니 설렁탕이 되었다."

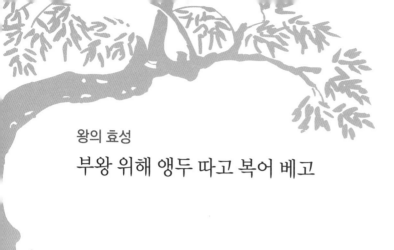

왕의 효성
부왕 위해 앵두 따고 복어 베고

주자학을 지도 이념으로 삼은 조선은 주자학의 도덕 체계인 삼강오
륜을 널리 보급하고 교육시키는 데 힘을 쏟았다. 임금과 신하, 아버지
와 자식, 남편과 아내 사이에 마땅히 지켜야 할 도리를 말하는 세 가지
기본 강령인 삼강과 구체적인 다섯 가지 실천 덕목을 말하는 오륜은 조
선 시대의 기본적인 사회 윤리로 뿌리내렸다.

삼강
군위신강君爲臣綱 : 임금과 신하
부위자강父爲子綱 : 아버지와 자식
부위부강夫爲婦綱 : 남편과 아내

오륜

부자유친父子有親 : 부모는 자녀에게 인자하고 자녀는 부모에게 존경
과 섬김을 다한다.

군신유의君臣有義 : 임금과 신하의 도리는 의리에 있다.

부부유별夫婦有別 : 남편과 아내는 분별 있게 각자 자기의 본분을 다
한다.

장유유서長幼有序 : 어른과 어린이 사이에는 차례와 질서가 있어야
한다.

붕우유신朋友有信 : 친구 사이에는 의리를 지켜야 한다.

조선 사회는 중국의 오륜 사상을 받아들이면서 부자유친의 관계, 즉 효의 윤리를 다섯 가지 덕목 중 으뜸으로 꼽았다. 효자, 충신, 열녀 등의 행적을 그림으로 표현한 〈삼강행실도〉 등을 보면 효자 – 충신 – 열녀의 순으로 내용이 엮여 있다. 이는 효가 조선 시대 정치적·사회적 질서의 근본적인 규범으로 인식되고 있었음을 시사한다.

"요순의 도는 부모에 대한 효도와 형제간의 우애일 따름이다."

조선은 맹자의 말대로 제왕의 도리 중 효의 도리를 근본 중의 근본으로 보았다. 이 때문에 공자와 그의 제자 증삼이 문답한 것 중 효도에 관한 내용만을 추린 책인 〈효경〉이 제왕학의 첫걸음으로 여겨져 왕세자가 반드시 숙지해야 할 필수 과목이었다.

왕이 아침저녁으로 상왕은 물론 대비나 대왕대비에게 문안 인사를 올리고 수라상을 몸소 돌본 것도 효를 실천하기 위한 왕실의 규범이었다. 이를 소홀히 할 경우, 왕은 신하들의 매서운 질책을 각오해야 했다.

조선의 왕 중에서 역사에 길이 남을 효자 중의 효자로 칭송받는 왕이 몇 있다. 세종의 장남으로 와병 중인 아버지를 대신해 8년간 섭정을 했던 문종이 대표적인 효자로 꼽힌다. 세자 시절의 과중한 업무 때문에, 즉위한 지 2년 3개월 만인 1452년 39세의 나이로 세상을 뜬 문종의 묘지문을 보자.

"왕은 효성이 지극해 세종이 드실 약을 맛보고 수라상을 보살피는 일을 반드시 몸소 친히 하셨습니다. 밤이 이슥하도록 옆에 계시면서 물러가라고 명령하시지 않으면 물러나지 않았습니다. 여러 신하들이 모두 통곡하여 목이 쉬니, 소리가 궁정에 진동하여 스스로 그치지 아니했으며, 거리의 백성도 슬퍼서 울부짖지 않는 사람이 없었습니다."

문종의 죽음을 접한 백성이 세종대왕의 장례 때보다 더 슬퍼했다고 사관이 적었을 만큼 그의 효성은 지극했다. 세자 시절부터 문종은 병석에 누운 아버지를 위해 밤늦도록 병수발을 마다하지 않고 아침과 저녁 수라상도 몸소 챙겼을 정도였다. 아버지의 건강에 도움이 되는 것이라면 두 팔을 걷어붙였다. 정원에 앵두나무를 심은 뒤 정성스럽게 가꿔 앵두를 따 올리는가 하면, 복어를 직접 칼로 베어 내 아버지의 수라상에 올리기도 했다. 그럴 때면 세종은 아들의 효성에 감동하여 제왕의 신분을 잊은 채 눈물을 펑펑 쏟았다.

조선의 역대 왕 중 재위 기간이 8개월 보름으로 가장 짧았던 인종의 효성도 극진하기 이를 데 없었다. 인종은 재위 기간이 짧았으나 지극한 효성과 우애, 인자한 성품으로 당대에는 성군으로 추앙받은 인물이다. 그는 1515년 중종과 장경왕후 사이에서 맏아들로 태어나 여섯 살 때 세자로 책봉된 뒤 25년간 세자로 있다가 1544년 중종이 승하하자 왕위에 올랐다.

그의 성품을 사관은 이렇게 적었다.

"침착하고 고요하고 말이 적으며, 공손하고 검약하여 욕심이 없었다."

친어머니인 장경왕후 윤씨가 그를 낳은 지 일주일 만에 삶을 마감하여 인종은 계모인 문정왕후 윤씨 손에서 자랐다. 문정왕후는 자신의 아들 경원대군(명종)을 왕위에 올릴 욕심에 세자 시절부터 인종을 몹시 싫어했다. 인종이 왕이 된 뒤에도 숱하게 마음고생을 시켰다. 뒷날 인종이 후사 없이 세상을 뜨고 명종이 어린 나이에 즉위하자 을사사화를 일으켜 인종의 외가를 제거할 만큼 좋지 않은 감정을 품었다. 이런 푸대접에도 인종은 친어머니에게 못 다한 효를 다하기 위해 문정왕후를 극진히 모셨다. 문안 인사는 물론이고 수라상 돌보는 일을 하루도 빼먹지 않았다.

아버지 중종의 병환이 위독했을 때는 잠자리에서도 옷을 벗지 않고 음식을 들지 않을 만큼 정성으로 섬겼다. 겨울철에는 매서운 찬바람을 맞으며 마당 한가운데에 서서 저녁부터 새벽까지 치성을 드렸다. 이러한 아들의 정성에도 불구하고 중종은 숨을 거두고 말았다. 아버지가 죽자 그는 엿새 동안 미음 한술 뜨지 않았고 다섯 달 동안 울음을 그치지 않았다. 아버지의 죽음에 슬퍼하던 그도 시름시름 앓다가 아버지가 죽은 지 8개월 만에 결국 세상을 등지고 말았다.

인종은 숨을 거두기 전까지도 효를 실천했다.

"내가 또 이 지경에 이르러 효를 끝까지 실천하지 못하니 내가 죽거든 반드시 부모의 능 곁에 묻고, 내 장례는 소박하게 하도록 힘써 달라."

그가 죽고 난 뒤 어진 임금, 즉 인종이라는 묘호가 붙었다. 효릉(서삼
릉의 하나)이라는 능 이름이 붙은 것도 깊은 효심을 후세에 길이 전하기
위함이었다.

내시는 어떻게 선발했을까?

대전, 왕비전, 세자궁, 빈궁 등에서 일하는 거세된 남자는 내관, 환관, 화자
등으로 불렸다. 이들은 내시부에 소속되었으며 그 수가 50여 명에 이르렀다.
이들은 잔심부름을 맡아 하고 수라상을 챙기기도 했다. 하지만 왕과 왕비의
측근에 있었기 때문에 경제적 이권에 개입하여 부를 쌓았으며, 정치 세력과
결탁하여 영향력을 행사하기도 했다.

내시를 선발할 때는 각 도에 명을 내려 15세 전후의 양민 청년 중에서 선발
했다. 대개 우연한 사고로 남성 기능을 잃었거나 선천적으로 남성 기능이 없
는 경우 내시가 되었다. 드물게는 가난을 면하기 위해 부모가 고의적으로 거
세하거나 국가가 죄인 중에서 강제로 거세를 시켜 선발된 경우도 있었다. 조
정에서는 내시의 가계 단절을 감안해 양자를 들이도록 배려하기도 했으며,
처첩을 거느린 내시도 있었다.

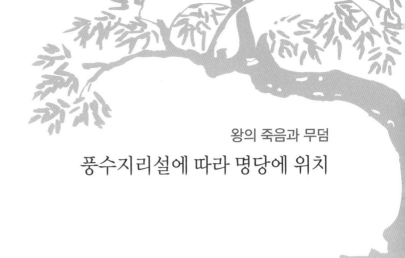

왕의 죽음과 무덤
풍수지리설에 따라 명당에 위치

　명당의 지세와 아름드리 수목이 함께 어우러진 왕릉은 도심 속 공원
이기도 하여 사람들의 발길을 붙든다. 조금만 관찰력이 있는 사람이라
면 조선 시대의 왕릉이 대부분 서울을 중심으로 크게 벗어나지 않는다
는 것을 알아차렸을 것이다. 왕릉은 풍수가 좋은 명당 중의 명당자리에
위치한다는데, 그렇다면 우리나라의 명당자리는 모두 서울 근교에 있
다는 것일까? 그 답은 의외로 간단하다.

　《경국대전》에 "능역은 한양성 서대문 밖 100리 안에 두어야 한다."
고 왕릉의 위치를 법으로 규정했다. 오늘날 수많은 왕릉이 서울 또는
서울 근교에 위치하게 된 이유다. 굳이 도성 밖 100리라고 한정한 이유
가 궁금하다. 아마도 후대 왕들이 선왕의 능을 참배하려면 거리가 가까

워야 행차가 편리하기 때문이 아니었을까. 왕릉의 대부분이 서울과 구리, 고양, 파주 등 경기 북부 지역에 분포하는 것이 중요한 증거다. 태종의 헌릉, 성종의 선릉, 중종의 정릉, 순조의 인릉 등 한강 이남에 조성된 왕릉은 상대적으로 적다. 한강이 가로막고 있어 뱃길을 이용하는 데 부담이 컸기 때문이다. 동구릉이나 서오릉처럼 왕실의 무덤이 집중적으로 조성된 것도 명당이라는 이유 외에, 선왕의 무덤 곁에 함께 잠들고 싶어 하는 후대 왕들의 바람이 반영된 것이다.

법으로 명문화했음에도 모든 왕릉이 한양성 100리 이내에 위치한 것은 아니다. 세종대왕의 능인 영릉과 효종의 능인 영릉, 단종의 능인 장릉이 대표적이다. 세종대왕의 능은 원래 광주 대모산 기슭에 있었으나 터가 좋지 않다고 해서 명당인 지금의 여주로 옮기게 되었다. 효종의 능 역시 처음에는 태조가 잠들어 있는 건원릉 서쪽에 있었다. 그러나 석물에 틈이 생겨 무덤에 물이 찬다고 해서 현종 14년(1673) 여주 영릉 동쪽으로 옮겼다. 천장 중에 확인된 바로는 원래의 능에 누수가 없었다고 한다. 또한 강원도 영월의 장릉은 단종이 세조에 의해 왕위에서 쫓겨나 영월로 유배 간 뒤 사약을 받고 죽었기 때문에 불가피하게 현지에서 장례를 치르고 조성된 것이다.

새롭게 왕위를 이을 왕은 부왕의 죽음 앞에 예를 다하는 것이 도리 중의 도리였다. 따라서 최고의 길지에 능을 조성해야 했다. 이는 효의 윤리이기도 했지만 국가의 번영과도 관련이 깊다고 여겼다.

왕이 승하하면 국장을 담당할 임시 기구인 도감이 설치된다. 장례는 빈전도감, 국장도감, 산릉도감에서 준비하는데, 보통 3~5개월에 이르는 국장 기간 동안 세 기관에서 제사와 장례, 왕릉 택지 선정에서 축조

▲ 선릉. 조선 9대 성종(1457~1494)의 능. 성종은 25년간 재위하면서 조선을 안정적 기반 위에 올려놓은 성군이다. 법령을 정리해 조선의 기본 법전인 〈경국대전〉을 반포했고, 〈경국대전〉 시행 후에는 새로 제정된 법령을 수집, 〈대전속록〉을 편찬해 조선 통치의 근간이 되는 법제를 완성했다.

▼ 정릉. 조선 11대 중종(1488~1544)의 능. 선릉 옆에 조성되어 있다. 중종 홀로 묻혀 있어 조선 왕릉 중 몇 안 되는 단릉 형식을 취하고 있다.

까지 나누어 담당한다.

빈전도감은 왕의 옥체를 안치한 빈소의 제사와 호위를 담당하며, 수의와 홑이불 등 각종 물품을 준비한다. 1명의 당상관과 1명의 당하관으

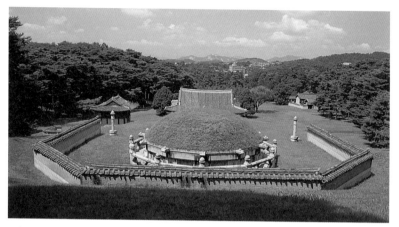

▲ 홍릉. 조선 26대 고종(1852~1919)의 능. 명나라 태조 효릉의 능 제도를 본떠 이전의 조선 왕릉과 형식, 상설에 큰 차이가 난다. 능 아래에는 정자각 대신 커다란 침전이 있으며, 기린, 코끼리, 사자 등의 석수가 늘어서 있다.

로 구성되는데 조금은 한가한 직무라 할 수 있다.

국장도감은 왕의 장례에 관한 업무를 담당하는데, 관과 상여 등에 해당되는 재궁, 거여, 그리고 부장품을 준비한다. 궁궐에서 왕릉까지 이르는 발인 행렬을 책임지며 예조판서와 호조판서, 기술 관리청인 선공감과 4명의 당하관에 기술직 관원으로 구성된다.

산릉도감은 왕릉 축조를 책임졌다. 왕릉 현장에서 토목공사, 석물 조성, 건축물 조영 등 가장 힘든 역사를 담당했다. 공조판서, 선공감, 당하관 2명 및 여러 명의 기술직 관원들로 10명 안팎이었다. 실제 현장에서 부역하는 인원은 건원릉의 경우 한 달 이상 6,000명(충청도 3,500명, 황해도 2,000명, 강원도 500명)이 동원되었다.

왕의 시신은 왕릉에 안장될 때까지 영침에 눕혀 있다. 왕릉의 생기를 받기 전에 시신이 부패하면 안 되기 때문에 선공감은 공조의 주관으로 유해 보관 장치를 만든다. 이를 설빙이라 하는데, 빈소로 사용하는 방 가운데에 대나무 평상과 대나무 그물을 짜 시신을 모셔 놓고 동빙고에 서 가져온 얼음으로 주위를 둘러쌓는다. 이때 습기를 방지하려고 습기를 잘 빨아들이는 미역을 사용한다. 수개월의 국장 기간 동안 교체된 미역은 산더미를 이루었고, 처분되어야 할 미역이 암암리 시중에서 싼 값으로 팔렸기에 "국상 중 미역 값"이라는 속담이 생기기도 했다.

국장 진행에서 가장 중요하게 여긴 것은 왕릉의 택지다. 능지는 미리 정해 놓는 것이 아니라, 상을 당하면 그때마다 풍수지리에 밝은 지관을 보내 최고의 명당자리를 찾도록 했다. 승하한 날부터 보통 보름이 지나면 왕릉 택지를 보러 다녔다. 대신들이 풍수지관들과 함께 한양 주변 100리 안팎을 돌아다니며 풍수가 좋은 곳을 찾았다.

풍수설에서 말하는 명당 중의 명당이란 큰 산과 물이 있는 배산임수의 지형에 지맥이 흐르다가 멈춘 곳이다. 북쪽에 내룡이라 하여 곧 주산이 있고, 주산에서 좌우로 청룡, 백호가 뻗어 있어야 좋은 자리다. 묘역 안에 시내가 흐르는데 물이 동쪽으로 흘러 모아지는 곳이면 더욱 좋다. 묏자리 맞은편에 안산이라 하여 낮고 작은 산과 더 먼 곳에 보다 높은 조산이 있어야 한다. 이러한 명당에 지맥이 닿아 생기가 집중되는 곳을 혈이라 하는데 혈이 최고의 묏자리다. 풍수에 의하면 이런 곳이라야 시신이 직접 땅에 접해 그 생기를 얻을 수 있다고 한다.

명당을 고르면 마지막으로 토질 검사를 한다. 관이 들어설 땅은 물기가 없으면서도 너무 건조하지 않아야 하며, 흙은 입자가 곱고 윤이 나야 이상적이다. 이 같은 까다로운 조건이 만족되어야 비로소 왕의 무덤 자리로 정했다.

조선 시대에는 풍수지리설을 지나치게 중시한 나머지, 이미 조성된 능이라도 새로운 풍수설이 나와 불길하다 하면 능을 다른 곳으로 옮기는 등 폐단도 적지 않았다. 온갖 정성을 다해 조성한 능은 고쳐서 다시 장사 지내지 않는 것이 원칙이었다. 그러나 만에 하나라도 땅에 묻힌 왕의 시신이 편안치 못할 것이라는 걱정이 들면 능을 옮기지 않을 수 없었다.

중종의 계비인 문정왕후는 서삼릉 내에 장경왕후와 함께 모셔졌던 중종의 능을 풍수상의 이유를 들어 선릉 옆으로 옮기고 자신이 그 곁에 묻히고자 했다. 그러나 새로운 능의 지대가 낮아 장마철이면 흙을 다시 쌓아야 했으므로 뜻을 이루지 못하고 서울 공릉동의 태릉에 안장되었다.

〈조선왕조실록〉에는 왕릉을 옮기자는 신하들의 상소가 간혹 보인다.

"(능의 지세가 좋지 못하여) 아마 땅에 묻히신 선왕의 육신도 불안할 것이며, 하늘에 계신 영혼도 전하에게 기대하는 바가 있을 것입니다."

천재지변으로 능이 파괴되어 복구가 불가능한 경우, 새로 왕이나 왕비를 합장할 때에도 왕릉을 옮겼다. 조선의 역대 왕릉 중 13기가 본래의 자리에서 다른 곳으로 옮겨졌는데, 이 중 8기가 풍수지리설에 의한 것이었다.

왕릉을 옮긴 대표적인 예는 세종대왕과 소헌왕후 심씨의 합장릉인 영릉이다. 처음에는 효심이 지극했던 세종대왕이 아버지인 태종의 곁에 묻히기를 원해서 헌릉 옆에 능을 조성했으나 예종 원년(1469)에 지금의 여주로 옮겨졌다. 그런데 왜 세종대왕의 무덤을 옮겼을까?

장례를 지낸 뒤로 문종이 재위 2년 만에 승하하고, 그 아들인 단종은 숙부인 수양대군에게 왕위를 찬탈당한 뒤 영월로 유배당해 비참하게 죽음을 맞았다. 또한 세조의 장자였던 의경세자마저 요절하고 말았다. 조정의 대신들은 대모산의 헌인릉과 함께 있는 영릉의 지세가 불길한 탓으로 여겼다. 세조 때 천장해야 한다는 의견이 있었으나 실천에 옮기지 못하다가 예종이 즉위하면서 영릉의 천장 문제가 본격화되었다. 노사신, 임원준, 서거정 등을 파견해 자리를 물색하여 찾아낸 곳이 지금의 영릉이다. 여주의 영릉은 조선의 왕릉 중 풍수학적으로 가장 뛰어난 곳이라고 한다. 당시 사가들은 영릉을 여주로 이장했기 때문에 조선 왕조가 100년 더 연장되었다는 '영릉가백년'이라는 설을 내놓기도 했다.

영릉의 천장과 관련해서 재미있는 일화가 전한다. 어느 날 지관과 정승들이 능을 옮길 곳을 찾으러 나섰는데, 지금의 영릉 부근에 이르자 소나기가 퍼부었다. 비를 피할 곳을 찾는데 연기가 피어오르는 곳이 있어 가 보니 재실이 있었고, 비도 멎었다고 한다. 그 위에 올라가 보니 천하 명당이었는데, 원래 이곳은 세조 때 대제학을 지낸 이계전과 우의정을 지낸 이인손의 묏자리였다고 한다.

전하는 이야기에 의하면 지관이 광주 이씨들에게 묏자리를 잡아 줄 때, "이 자리는 금시발복의 명당으로 고관대작이 속출할 것이니 남의 눈에 띄지 않도록 재실이나 묘막을 짓지 말고, 쉽게 건너지 못하도록 근처 개울에 돌다리를 만들지 말라."고 당부했다고 한다. 이계전 또한 죽으면서 자기 묘 주위에 재실이나 다리를 놓지 말라고 유언을 남겼는데, 후손들이 재실과 돌다리를 놓았고, 후손인 광주 이씨들이 묘에 제사를 지내기 위해 음식을 하던 연기가 일행을 이끈 것이다. 결국 그들은 왕에게 천하의 명당을 양보하고 조상의 묘를 다른 곳으로 옮겨야만 했다.

| 조선의 왕릉 |

지역	지구	왕릉 수	묘호 및 능호	소재지
서울	정릉	1	1대 태조 왕비(신덕왕후) 정릉	성북구 정릉동
	헌인릉	2	3대 태종 헌릉, 23대 순조 인릉	서초구 내곡동
	선정릉	2	9대 성종 선릉, 11대 중종 정릉	강남구 삼성동
	태강릉	2	11대 중종 왕비(문정왕후) 태릉 13대 명종 강릉	노원구 공릉동
	의릉	1	20대 경종 의릉	성북구 석관동
경기도	동구릉	9	1대 태조 건원릉, 5대 문종 현릉 14대 선조 목릉 16대 인조 왕비(장렬왕후) 휘릉 18대 현종 숭릉 20대 경종 왕비(단의왕후) 혜릉 21대 영조 원릉, 24대 헌종 경릉 추존 문조(24대 헌종 부) 수릉	구리시 인창동
	홍유릉	2	26대 고종황제 홍릉 27대 순종황제 유릉	남양주시 금곡동
	광릉	2	7대 세조 광릉	남양주시 진접읍
	사릉	1	6대 단종 왕비(정순왕후) 사릉	남양주시 진건읍
	영녕릉	2	4대 세종 영릉, 17대 효종 영릉	여주군 능서면
	서오릉	5	8대 예종 창릉 추존 덕종(9대 성종 부) 경릉 19대 숙종 명릉 19대 숙종 왕비(인경왕후) 익릉 21대 영조 왕비(정성왕후) 홍릉	고양시 용두동
	서삼릉	3	11대 중종 왕비(장경왕후) 희릉 12대 인종 효릉, 25대 철종 예릉	고양시 원당동
	온릉	1	11대 중종 왕비(단경왕후) 온릉	양주군 장흥면
	파주 삼릉	3	8대 예종 왕비(장순왕후) 공릉 9대 성종 왕비(공혜왕후) 순릉 추존 진종(22대 정조 양부) 영릉	파주시 조리읍
	파주 장릉	1	16대 인조 장릉	파주시 탄현면
	김포 장릉	1	추존 원종(16대 인조 부) 장릉	김포시 풍무동
	융건릉	2	사도세자(22대 정조 부) 융릉 22대 정조 건릉	화성시 태안읍
강원도	장릉	1	6대 단종	영월군 영월읍

＊북한(개성시) 소재 조선 왕릉인 1대 신의왕후 제릉, 2대 정종의 후릉은 세계 문화유산에서 제외됨. 10대 연산군, 15대 광해군의 무덤도 포함되지 않음.

조선 왕릉의 구조

조선 시대에는 모두 44기의 왕릉이 조성되었고, 이 중 40기가 유네스코 세계 문화유산에 등재되었다. 폐위된 10대 연산군과 15대 광해군의 무덤은 왕릉이 아니라 강등된 묘이기 때문에 세계 문화유산에 포함되지 않는다. 태조의 비 신의왕후의 제릉과 2대 정종의 후릉 등 2기는 북한에 있어 세계 문화유산 등재에서 제외되었다.

조선 왕릉을 탐방하기 전에 알아 둬야 할 것이 있다. 바로 왕릉의 공간 구성이다. 조선의 왕릉은 지형 조건, 시대적 배경 등에 따라 저마다 다른 특색을 지니면서도 모두 일정한 형식을 유지한다. 왕릉의 기본 형식만 알고 있다면 조선 왕릉 어디를 가도 어렵지 않게 탐방을 할 수 있다.

조선 왕릉은 죽은 자와 산 자가 만나는 공간인 정자각을 중심으로 3단계의 공간으로 구성된다. 재실 등이 있는 진입 구간은 산 자의 공간, 홍살문을 지나 정자각과 수복방, 수라간이 배치된 곳은 왕의 혼백과 참배자가 만나는 성과 속의 공간, 언덕 위 봉분은 성역의 공간이다.

능역에 들어가면 명당수를 가로지르는 금천교를 건너야 한다. 왕의 혼령이 머무는 신성한 영역을 속세의 영역과 구분하는 것이다. 여기에는 청결한 마음으로 왕에게 나아가라는 의미가 숨어 있다. 금천교를 건너면 능원이 신성한 장소임을 알리는 홍살문이 있다. 문 위 화살 모양의 살대는 법도의 곧고 바름, 나라의 위엄을 상징한다.

홍살문 오른쪽에 벽돌을 네모반듯한 모양으로 깐 배위가 있다. 왕이 제사를 지내러 올 때 여기에서 절을 하고 들어갔다. 홍살문에서 정자각까지 얇고 넓적한 돌을 2단으로 길게 깔았는데 이를 참도(제사하러 가는 길)라 한다. 높은 길은 선왕의 혼령만 출입할 수 있는 신도, 낮은 길은 왕이 출입하는 어도다. 참도를 따라 올라가면 왼쪽에 제사 음식을 준비하던 수라간, 오른쪽에 수릉관(능을 지키는 관리)이나 수복(청소하는 일을 맡아 보던 일종의 관노비)이 거처하던 수복방이 있다.

참도가 끝나는 길 전면에 정자각이 있다. 제례 때 제물을 차리고 제사를 드리던 건물이다. 위에서 보면 건물의 형태가 '丁정'자와 같아 정자각이라 부른다. 우리나라에서는 왕릉에만 보이는 독특한 건물이다. 중국의 묘사, 일본의 신사와 유사하다. 정자각에 오를 때는 동입서출이라 해서 반드시 동쪽 계단으로 올라갔다가 제사가 끝난 뒤에 서쪽 계단으로 내려온다. 동쪽은 해가 솟는 곳으로 소생과 부흥을, 해가 지는 서쪽은 소멸을 상징하기 때문이다.

자세히 살펴보면 동쪽과 서쪽 계단에는 차이가 있다. 동쪽 계단은 2개인데 서쪽 계단은 하나이다. 참도를 누가 이용하는지 생각해 보면 금방 이해할 수 있다. 혼령과 제사를 지낼 사람이 함께 걸어와서 각자 정해진 계단으로 정자각에 오른다. 제사가 끝나면 혼령은 능에 남고 제사 지낸 사람만 정자각에서 내려가게 되니 왼쪽에는 내려갈 계단만 있으면 되는 것이다.

정자각 왼쪽에는 왕릉의 묘비를 세워 둔 비각, 오른쪽 뒤에는 축문을 태워 묻는 예감이 있다.

정자각 뒤에 능이 있는데, 정자각에서 바로 보이지 않고 잔디가 깔린 작은 언덕 위에 조성되었다. 이 언덕을 강이라 한다. 왕이 살아 있을 때처럼 죽어서도 높은 권좌에 올랐음을 상징하는 것이다. 강은 풍수지리상으로도 의미가 크다. 풍수지리에서는 땅속을 흐르는 기가 흙을 몸으로 삼는다고 한다. 그래서 강은 대부분 자연 그대로 삼고 일부만 흙을 보충해서 조성한다. 인위적으로 흙을 쌓아 강을 조성하면 생기가 통하지 않는다고 생각해서다. 강은 기가 모인 곳이고, 기가 발하는 지점을 혈이라 하는데, 능을 혈 위에 조성했다. 강 위의 혈에 왕릉이 있어야 기를 많이 받으리라 생각한 것이다. 강은 사초지라고도 부르며, 조선 왕릉에서만 볼 수 있는 특징이다.

강 위에는 왕이 잠들어 있는 능(봉분)이 있고, 주위에 석물이 조성되어 있다. 봉분에는 아랫부분을 돌로 감싸고 있는 병풍석이 보인다. 병풍석은 능을 웅장하고 화려하게 보이도록 하고, 좋지 않은 기를 누르기 위해서 왕릉에만 만들었다.

봉분 주위에는 울타리처럼 난간석을 둘렀다. 난간석 밖으로는 왕을 지키는 영물인 석호와 석양 두 쌍을 좌우로 놓았다. 석호는 능을 지키는 수호신이고, 석양은 사악한 것을 물리친다는 의미와 함께 명복을 비는 뜻을 담고 있다. 왕의 자리에 오르지 못한 추존 왕릉(실제 왕이 아니었으나 후대에 추존한 왕의 능)은 석호와 석양을 한 쌍으로 줄여 왕릉과 차별을 두었다. 봉분 주위로는 무덤의 기가 흩어져 나가지 못하도록 앞면만 터 놓은 담장, 즉 곡장曲牆을 둘렀다.

무덤 앞에는 제물을 차려 놓는 상석이 놓이고, 그 좌우로 망주석이 세워졌다. 멀리서 능을 쉽게 알아볼 수 있도록 한 표시다. 그 뒤로 문인석과 무인석이 각각 한 쌍씩 서로 마주 보며 서 있다. 왕이 살아 있을 때처럼 왕을 보호하고 왕에게 경배하는 형태로 왕의 권위를 살려 주는 장식적인 의미다. 문치주의를 내세웠던 조선의 특성상 무인석보다 문인석이 무덤 가까이 위치한다. 무인석은 왕과 왕비의 무덤이 아니면 세울 수 없다. 무인석을 세운다는 것은 그 사람이 군대를 지휘한다는 뜻이기 때문에 오직 왕만이 세울 수 있었다. 일반 백성이 무덤에 무인석을 만들면 반란 행위로 보고 사형에 처해진다. 문인석과 무인석 뒤에는 석마를 두었다. 문인석 사이 가운데에는 팔각형으로 된 장명등을 두었다.

왕비는 왕의 유언을 듣지 못한다

조선 시대에는 왕의 죽음과 관련해서 매우 중요한 원칙이 하나 있었다. 그것은 왕의 유언의 중요성 때문에 절대로 왕비나 후궁의 품에서 임종을 맞지 않는다는 것이다. 만약 여인이 왕의 유언을 날조하게 되면 왕실이 큰 혼란에 휩싸일지도 모르기 때문이다. 왕의 임종을 지키고 유언을 듣는 사람은 왕세자와 대신들이었다.

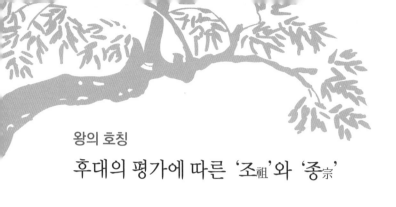

후대의 평가에 따른 '조祖'와 '종宗'

"태정태세문단세…"

27명이나 되는 조선 왕의 계보는 우리에게 너무나 익숙하다. 이렇게 부르는 명칭 뒤에 '조'나 '종'을 붙이면 몇 대 어떤 왕인지 초등학생도 쉽게 알 수 있다. 우리가 부르는 이런 명칭은 정작 왕 본인들은 살아생전에 들어 보지도 못한 것이다. 왜냐하면 죽은 이후에 붙은 명칭이기 때문이다.

세종대왕의 본래 이름은 이도다. 즉위 전에는 이름이 불리다가 즉위 후에는 세종도 이도도 아닌 전하, 주상으로 불렸다. 존귀한 신분이기에 이름을 함부로 부를 수도 없었고, 살아 있을 때는 세종이라는 묘호도 없었기 때문이다.

우리가 알고 있는 태조, 태종, 성종, 연산군 등의 이름은 왕이 죽은 후 종묘에 신위를 모실 때 드리는 이름으로, 이를 묘호라 한다. 묘호는 왕의 재위 시 행적에 대한 평가인 동시에 추모의 뜻을 담고 있다. 묘호는 다음에 즉위하는 왕과 신하들이 짓는다. 조선 왕 중 조가 붙은 임금은 7명, 종이 붙은 임금은 18명인데, 조와 종은 어떤 차이가 있을까?

조, 종을 달리 붙인 것은 중국 경서 〈예기〉에 따른 것이다.

"공이 있는 자는 조가 되고, 덕이 있는 자는 종이 된다."

일반적으로 창업을 일으킨 왕과 중단된 나라의 정통성을 다시 회복시킨 왕, 전쟁을 겪으며 공이 많은 왕에게는 조를, 왕위를 정통으로 계승한 왕과 덕이 많고 나라를 평안하게 다스린 왕에게는 종을 붙였다. 이를테면 태조는 조선 왕조를 건국한 초대 왕에 대한 칭호로 사용되었고, 세조는 계유정난으로 조카인 단종의 왕위를 빼앗았지만 쇠약했던 왕권을 회복해서 조 자 묘호를 받았다. 선조와 인조는 임진왜란과 병자호란이라는 국난을 잘 극복해서 조 자 묘호를 받았다. 또한 세종이나 성종 등 성군으로 추앙받은 임금은 종 자 묘호를 받았다. 이들 왕의 업적이 뛰어난데 왜 조가 아닐까 하는 의구심이 생기는데, 세종이나 성종의 업적이 백성을 위한 것이 많았기 때문에 종을 붙인 것이다.

반정으로 왕위에 올랐지만 종자가 붙은 임금도 있다. 중종은 연산군의 폭정을 바로잡고 왕조를 다시 중흥시킨 공을 세웠다. 그의 아들 인종은 즉위 후에 아버지의 묘호를 조로 칭하려고 했다. 그러나 신하들이 "선왕이 비록 중흥의 공이 있기는 하나 성종의 직계로 왕위를 계승하였으므로 조로 하기보다는 종이 마땅합니다."라고 반대해 중종으로 칭하게 되었다.

조와 종을 엄밀히 구분하기는 힘들다. 그러나 왕들의 의식 속에 종보다 조가 격이 높다는 선입견이 자리하여 종에서 조로 뒤바꾼 경우가 몇 차례 있다. 14대 선조도 당초에는 묘호가 선종이었으나 광해군 8년에 선조로 바뀌었다. 이를 두고 조정에서는 "조나 종은 하등 좋고 나쁜 차이가 없는 것이니 본래대로 선종으로 복귀시킴이 옳다."고 반대하기도 했다.

조선 후기로 올수록 왕들은 조와 종에 품격의 차이가 있다고 믿었다. 선조 외에도 영조, 정조, 순조 등도 처음에는 종으로 묘호가 붙었다가 후대의 왕들이 조로 묘호를 바꾼 경우다. 한편으로 조나 종의 묘호를 받지 못하고 '군'으로 불린 경우도 있다. 연산군과 광해군이 바로 그 주인공이다. 이들은 왕위에 올랐지만 반정에 의해 축출됨으로써 왕자에게나 붙이는 군의 호칭에 머물러야 했다.

연산군은 어머니 폐비 윤씨의 죽음과 관련된 비밀을 알고 난 후 폭정을 일삼아 중종반정으로 왕의 자리에서 쫓겨났고, 광해군은 형제를 죽이고 인목대비를 내쫓아 패륜의 이미지를 가진 데다 병자호란 때 취한 실리 외교가 명나라와의 의리를 지키지 않았다는 신하들의 반발을 사 인조반정으로 쫓겨났다. 군으로 불리는 것은 종묘에 이름을 올릴 수 없음을 뜻하기도 하지만, 후대에 왕으로서 인정받지 못했음을 의미한다.

임금은 죽은 후 공적에 따라 묘호가 달라지지만, 왕자는 누구의 아들이냐에 따라 대군이나 군으로 달리 불렸다. 유학에 입각한 조선 사회에서 적자와 서자는 마땅히 정해진 품계가 있다고 생각했다. 대군과 군의 차이는 바로 적서 차별에서 비롯된 것이다.

"즉위한 군주의 적비의 여러 아들을 대군으로 봉하고, 빈의 아들을 군으로 봉하고, 궁인의 아들을 원윤으로 봉한다." 〈태종실록〉

〈경국대전〉에도 왕비 소생의 왕자를 대군, 후궁 소생의 왕자를 군으로 칭한다고 규정해 놓고 있다. 딸도 마찬가지였다. 왕비가 낳은 딸을 공주, 후궁이 낳은 딸을 옹주라 불러 차이를 두었다. 공주는 중국에서 사용하기 시작했지만, 우리나라도 삼국 시대 이전부터 공주라는 말을 사용했다. 조선 초기에는 제도가 미비해 공주라는 말 이외에 왕녀, 궁주, 옹주 등 여러 가지로 불렸다. 왕의 후궁이나 종친의 딸 등도 옹주라 칭했다. 성종 대에 〈경국대전〉 '외명부조'에 제도화하여 왕의 정실이 낳은 딸을 공주, 후궁이 낳은 딸을 옹주로 정착시켰다.

세자도 정실인 세자빈 이외에 후궁을 둘 수 있었다. 세자의 후궁 가운데 제일 높은 지위는 양제라 불렀다. 후궁의 소생은 아들의 경우 군, 딸은 현주라 했다.

추존 왕은 누구?

추존 왕은 실제로 왕위에 오르지는 못했지만 죽은 뒤에 묘호가 내려진 왕이다. 조선 시대의 추존 왕은 모두 9명이다. 이들은 종묘에 신위를 모셔 왕위에 오른 왕과 똑같이 대우받았다. 태조 이성계의 선조 4대와 왕위에 오르지 못한 채 요절한 세자, 반정으로 왕위에 오른 왕의 아버지들이 추존 왕으로 봉해졌다. 이성계의 조상인 목조, 익조, 노조, 휜고를 비롯해 유적한 세조의 큰아들 덕종, 영조의 아들 진종과 장조, 순조의 큰아들 익종, 인조의 아버지 원종 등이다.

PART 2

궁궐과
궁중 생활

4대 궁궐의 역사
궁궐의 자취를 읽으면 역사가 보인다

궁궐의 배치
북악을 등지고 남산을 바라보다

정전과 편전
왕의 정치적 고뇌가 깃든 공간

왕과 왕비의 침전
각방 생활이 기본, 길일 잡아 합방

궁궐의 후원
낚시와 뱃놀이 즐기며 온갖 시름 잊던 곳

후궁의 말년
왕이 승하하면 여승이 되어 생을 마감

궁녀의 삶
궁녀와 사랑을 나누면 곤장 100대

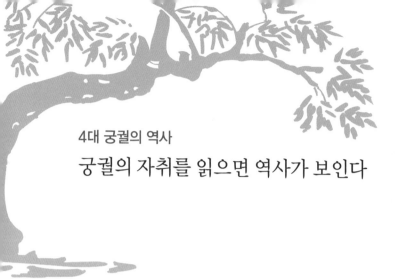

4대 궁궐의 역사
궁궐의 자취를 읽으면 역사가 보인다

"북악이 뒤에 드높아 궁궐이 빛을 더하고, 남봉이 앞에 치솟았는데 성곽이 사방으로 둘렀다."

세종 때 조선에 온 명나라 사신 예겸이 말한 당시 서울의 모습이다.

조선을 건국한 태조 이성계는 고려의 수도 개경이 지력을 다했다고 보고, 북악을 주산으로 남산을 안산으로 하는 한양을 새 왕조의 도읍지로 정했다. 경복궁은 조선의 건국과 함께 창건된 정궁으로, 태조 3년 (1394) 신도궁궐조성도감을 열어 창건을 시작하여 이듬해인 1395년에 완공했다. 완공 당시 궁궐의 규모는 390여 칸으로 그리 크지 않았으며, 도성의 북쪽에 있다 하여 북궐이라고도 불렀다.

궁의 이름은 낙성식 때 태조의 명으로 정도전이 지었다. 〈시경〉에 있

는 "이미 술에 취하고 덕에 배가 부르니 군자 만년에 복이 빛나리라旣醉
以酒 旣飽以德 君子萬年 介爾景福"라는 구절 중 끝에 있는 두 글자를 따서 지은
것이다. '경복景福'은 '길이길이 크게 복을 누린다'는 의미로, 새로 세운
왕조의 번영을 기원하는 뜻이 담겼다.

정궁이기는 하나 경복궁은 오래 사용되지 않았다. 정종이 즉위하면
서 개경으로 도읍을 옮겨 궁을 비우게 되었다. 태종 때 다시 한양으로
돌아왔지만 경복궁으로 들어가지 않고 새로 창덕궁을 지어 그곳에 기
거했다. 경복궁은 세종 9년(1427)에야 정궁으로 다시 사용되었다. 세종
은 경회루 남쪽에 시각을 알리는 보루각을 세우고 궁 서북 모퉁이에 천
문 관측 시설인 간의대를 마련했다. 강녕전 서쪽에는 흠경각을 짓고 그
안에 시각과 사계절을 나타내는 옥루기를 설치했다.

그러나 1592년 발발한 임진왜란 때 경복궁의 건물이 모두 불에 타 버
렸다. 창덕궁, 창경궁 등 다른 궁궐도 화재를 피해 가지는 못했다. 전쟁
이 끝나고 선조가 환도했지만, 왕은 정릉동 구 월산대군의 집에 임시 어
소를 정해 기거했다.

경복궁의 복구에 대해서는 임진왜란 직후부터 계속 논의가 되었으
나 실제 복구는 이뤄지지 않았다. 1606년에 궁궐 영건도감을 설치하고
광화문과 근정전 등 주요 건물을 먼저 지으려 했다. 그러나 일부 대신
들 사이에서 1~2년 안에 끝낼 수 있는 작은 공사가 아니므로 훗날 복구
를 시작하자는 의견이 팽배해 실행에 옮기지 못했다. 경복궁이 길하지
않다는 의견도 복구가 지연된 이유다. 단종이 숙부인 수양대군에게 왕
위를 찬탈당한 것도 경복궁에서 일어난 일이고, 중종 때는 조광조가 기
묘사화로 사정전 뜰에서 왕의 친국을 받고 사약을 받은 일이 있었다.

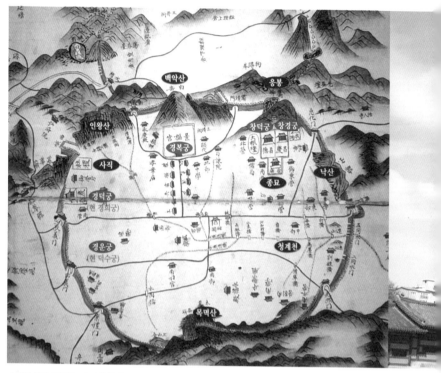

▲ 조선 시대 한양의 모습. 경복궁을 중심으로 여러 궁궐과 종묘, 사직의 위치가 잘 드러나 있다.

광해군이 경복궁 중건의 뜻을 내비쳤으나 이마저도 실행에 옮겨지지 못했다.

　폐허로 남아 있던 경복궁이 정전으로 부상한 것은 1867년 대원군이 중건하면서다. 대원군은 외척의 발호와 외세의 침략으로 실추된 왕실의 위상을 확립하고, 시들어 가는 조선 왕조를 부흥시키려는 의도로 경복궁 중건에 전력을 다했다. 고종 2년(1865) 4월에 공사가 시작되어 1868년 7월에 왕이 창덕궁에서 경복궁으로 이어했다. 〈조선왕조실록〉은 경복궁으로 이어하는 고종의 심정을 이렇게 전한다.

　"법궁을 영건한 지 겨우 40달가량밖에 되지 않는데 지금 벌써 이어하

▲ 경복궁 근정전. 정전은 국정을 수행하는 장소이기도 하지만 왕의 즉위식, 왕세자 책봉식 등 왕실의 주요 의식, 관리 임용식이 치러진 곳이기도 하다.

게 되었다. 300년 동안 미처 하지 못하던 일을 이렇게 완공하였으니, 그 기쁘고 다행한 마음을 이루 다 말할 수 있겠는가? 아직도 공사를 끝내지 못한 곳이 있으니 영건도감을 철파시킬 필요는 없다.”

경복궁 중건 작업이 완전히 끝난 것은 영건도감이 해체된 1872년이었으니, 경복궁을 중건하기까지 약 7년의 시간이 걸렸다. 공사에 들어간 비용만도 천문학적인 액수였다. 영건도감의 회계부에 적힌 바에 따르면, “내하(공식적인 하사 이외에 특별한 일이 있을 경우에 임금이 관청이나 신하에게 돈이나 물품을 내려 주는 것)한 돈이 11만 냥, 단목이 5,000근, 백반이 3,000근이다. 선파인(전주 이씨 중에서 왕실에서 갈려 나온 파에 속한 사람들)이 원납(자원하여 재물을 바침)한 돈이 34만 913냥 6전이고, 각 가의 사람이 원납한 돈이 727만 7,780냥 4전 3푼에 백미가 824석이다. 총계하여 돈은 783만 8,694냥 3푼이고 백미는 824석이며, 단목은 5,000근이고 백반은 3,000근이었다."

대원군은 중건에 필요한 공사비를 원납전이라는 화폐를 발행하여 모금하거나 반강제적으로 징수했기 때문에 백성들이 받은 고통은 이루 말할 수 없었다.

경복궁이 완공되었으나 조선 왕조의 운명을 되돌려놓기에는 이미 때가 늦었다. 외국 열강의 세력 다툼 속에서 1895년에는 고종의 왕비 명성황후가 경복궁 침전에서 일본 낭인들에게 시해되는 끔찍한 사건이 벌어졌다. 그 이듬해에는 을미사변으로 국민의 대일 감정이 악화된 틈을 이용해 친러파인 이범진 등이 고종을 러시아 공사관으로 데려간, 이른바 아관파천을 일으켜 경복궁은 결국 주인을 잃은 채 빈 궁궐이 되었다.

임진왜란 때 경복궁, 창덕궁, 창경궁이 모두 소실되었다. 왜군이 불사른 일도 있었지만 백성들에 의한 방화도 여러 차례 있었다. 왜군이 북상하자 선조와 대신들은 의주로 피난길에 올랐다. 이에 화가 난 백성들은 궁궐 창고에 불을 질러 물건을 약탈하고, 노비들은 노비 문서가 있는 장례원과 형조를 불태웠다. 〈조선왕조실록〉에는 백성들이 세 궁궐에 불을 질렀으며, 이때의 화재로 춘추관에 보관되었던 실록과 〈승정원일기〉가 불탔다고 전한다.

임진왜란 이후 다시 지어진 궁궐은 경복궁이 아닌 창덕궁이었다. 전란의 소용돌이 속에서 서울의 궁궐이 모두 소실되었는데, 광해군이 경복궁보다 먼저 재건함으로써 창덕궁이 역사의 무대로 본격 등장하기 시작했다. 창덕궁은 원래 태종이 1405년 한양으로 재천도하면서 이궁으로 창건되었다. 한양 도성의 동쪽에 있다고 해서 동관대궐 또는 동궐로도 불렸다. 창덕궁은 임진왜란 이후부터 경복궁이 중건된 조선 말기까지 300여 년간 보선의 정궁 역할을 했다.

창덕궁을 새로 지은 것은 풍수설에 따른 일이었다. 경복궁의 지세를 문제 삼았지만 이는 표면적인 이유일 뿐 실제로는 정치적인 배경이 크게 작용했다. 경복궁은 태종이 권좌에 오르기 위해 방석, 방번 등 이복형제들과 정치적 동지인 정도전 등 개국공신들을 제거한 살육의 현장이었기 때문이다.

한편 창덕궁에서는 크고 작은 사건이 끊이지 않았다. 광해군 15년(1623)에 일어난 인조반정이 대표적이다. 이 사건으로 창덕궁의 대부분이 소실되었다. 실록은 이렇게 전한다.

"왕(광해군)이 이미 숨은 뒤에 군사들이 궁궐에 들어왔다. 궁중은 텅비어 사람이 없었고, 왕을 찾기 위해 뒤졌으나 못 찾았다. 이때 횃불을 잘못 버려 궁전이 잇달아 불탔다. 금화도감의 군사들로 하여금 불을 끄게 하였으나 인정전만 남고 모두 탔다."

인조를 중심으로 한 반정군에 의해 잿더미가 된 창덕궁은 이후 인조 25년(1647)에 중건되었다. 이후 효종, 현종, 영조가 창덕궁에서 즉위식을 치르는 등 정궁으로 사용되었다.

조선 왕조에는 경복궁과 창덕궁 이외에도 창경궁, 덕수궁, 경희궁 등의 이궁이 있었다. 창경궁은 창덕궁과 담 하나를 사이에 두고 붙어 있는데, 도성 내의 동쪽에 있어 창덕궁과 함께 동궐이라고도 불렸다. 본래는 고려의 수강궁 터였다고 한다. 태종이 머물면서 수강궁이라 이름 붙었고, 성종이 1483년에 수강궁을 정비하면서 별궁으로 탄생했다. 세조의 비 정희왕후 윤씨, 덕종의 비 소혜왕후 한씨, 예종의 계비 안순왕후 한씨를 모시기 위해 지은 일종의 대비궁이었다.

창경궁은 조선 초기에는 궁궐로 활용되지 못하다가 임진왜란 이후 창덕궁이 정궁 역할을 하면서 창덕궁의 부속 궁궐로 활용되기 시작했다. 주로 왕대비나 대비, 후궁이 기거했으며, 왕실의 제사를 지냈다. 〈궁궐지〉에 따르면 "창덕궁 전체의 건물은 1,731칸이며 창경궁은 2,379칸"이라고 할 정도로 규모가 방대했다. 하지만 여러 차례의 화재로 소실과 재건을 반복했다.

큰 화재는 인조 때와 순조 때 발생했다. 인조 때의 화재는 이괄의 난으로 빚어진 것이었다. 난군이 궁의 내전에 불을 질러 통명전, 경춘전, 환경전 등 내전의 대부분이 소실되었다. 인조 11년(1633)에 재건할 당시, 광해군이 창건해 놓고 사용하지 않던 인왕산 아래 인경궁의 건물을 철거해 그 재목으로 지었다. 순조 3년(1803)에는 실화로 인정전 등 대부분이 소실되었다.

별궁으로 덕수궁(경운궁)이 있다. 처음에는 성종의 형인 월산대군의 집이었는데, 임진왜란으로 궁궐이 모두 불타자 의주로 피난 갔던 선조가 한양으로 돌아와서 이곳을 임시 거처로 사용하면서 궁으로 격상되었다. 덕수궁은 고종이 1896년 경복궁에서 러시아 공사관으로 피신(아관파천)하면서 역사의 수면 위로 떠올랐다. 정치적으로 가장 혼란스러운 시기에 조선의 중심이 된 것이다. 이때야 비로소 궁내에 정전인 중화전을 비롯한 건물들이 세워지기 시작해 궁궐의 면모를 갖추게 되었다.

고종은 일제의 강압에 의해 황제의 자리를 아들 순종에게 물려주고, 1919년 덕수궁의 침전인 함녕전에서 쓸쓸히 최후를 맞았다. 순종도 창덕궁에 머물다 친일파의 등쌀에 밀려 나라를 넘겨주고 폐위당한 뒤 1926년 한 많은 일생을 마쳤다.

정조의 즉위식이 거행되었던 경희궁은 정원군(인조의 아버지인 원종)의 사저가 있던 곳이다. 광해군은 임진왜란 후 재건된 창덕궁으로 들어가기를 꺼리고, 인왕산 아래 길지에 인경궁을 창건했다. 그러던 중 정원군의 옛집에 왕기가 서렸다는 풍수설을 믿고 집을 빼앗아 궁을 세우고 경덕궁이라 했다. 그러나 광해군은 궁에 입거하지 못하고 인조반정으로 왕위에서 쫓겨났다. 왕위는 정원군의 장남인 인조에게로 이어졌다. 인조가 즉위한 해에 창덕궁과 창경궁이 불에 타 소실되자 경덕궁으로 이어해 정사를 보았다.

경덕궁을 경희궁으로 이름을 고친 것은 영조 36년(1760)의 일이다. 인조의 아버지 원종(추존 왕) 시호가 경덕으로 궁궐의 이름과 같아 이를 피하기 위해서였다.

경복궁, 창덕궁, 창경궁, 덕수궁, 경희궁 등 서울의 5대 궁궐은 27대 왕 519년의 사직을 이은 조선 왕조의 영욕성쇠가 그대로 서려 있는 역사적 공간이면서 조선의 철학과 이념, 예술적 심미안이 투영되어 있는 정신의 공간이기도 하다.

일제에 의한 조선 궁궐의 수난

1910년 나라의 주권을 일본에 빼앗기자 조선의 궁궐은 모진 수난을 당했다. 일본인들은 경복궁의 전, 당, 누각 등 4천여 칸에 달하는 궁궐 건축물을 헐어서 민간에 팔았다.

1917년에는 창덕궁의 내전에서 발생한 대화재를 핑계 삼아 교태전, 강녕전 등 10여 개의 전각을 제멋대로 철거해 창덕궁의 대조전, 희정당을 복원하는 데 필요한 재목으로 썼다. 이때 궁전 안에는 근정전, 사정전, 수정전, 천추전, 집옥재, 경회루 등과 근정문, 홍례문, 신무문, 동십자각 등만 남았다. 정문인 광화문도 건춘문 북쪽으로 이건했다. 급기야는 조선의 정기를 끊으려는 목적으로 근정전 앞에 조선총독부 청사를 지었다. 자선당 자리에는 석조 건물이 들어서고 건청궁 자리에는 미술관을 지어 경복궁의 웅장한 모습이 사라지고 말았다.

창덕궁도 수난을 피해 가지는 못했다. 일제는 1912년 인정전과 후원을 일반인들에게 개방했다. 박물관화, 공원화함으로써 궁궐의 위엄을 격하시킨 것이다. 1917년 대조전을 비롯한 주변 건물을 태우는 큰불이 났을 때 창덕궁의 형태나 규모, 내부 양식이 이전과 다르게 바뀌는 복구가 이루어졌다. 일제강점기에 복구가 이뤄지면서 경복궁 내전 건물을 뜯어다 다시 지었는데, 한국식을 위주로 하되 서양식 건물도 짓게 된 것이다.

창경궁에는 일본식 건물이 들어서고 궁궐 전체가 동물원, 식물원이 되는 우롱을 당했다. 권농장이던 곳은 연못을 파서 춘당지라 불렀고, 연못가에는 일본식 정자를 두었다. 1984년 복원 사업을 하기 전까지 명칭도 창경원이라 불렸다.

경희궁은 일본인들의 학교로 사용되었다. 1907년에 궁궐 서편에 일본통감부 중학이 들어섰고, 1910년에는 궁궐이 국유로 편입되었다. 1915년에는 경성중학교가 궁터에 설립되었다. 이러한 과정에서 궁내의 건물이 철거되어 없어지거나 다른 곳에 이전되고, 궁역도 주변에 각종 관사 등이 들어서면서 줄어들었다.

정궁, 이궁, 행궁

궁궐에 대해 설명할 때 정궁이니 이궁이니 하는 말을 한다. 정궁은 왕과 왕비가 사는 곳이다. 육궁이라 해서 왕의 침전(정궁), 왕비의 침전(중궁), 왕세자의 침전(동궁), 대비의 침전(서궁), 후궁 및 세자빈의 침전(빈궁) 등을 모두 갖췄다. 경복궁이 이에 해당된다. 이궁은 정궁을 사용할 수 없을 때를 대비한 궁으로 정궁의 보조 역할을 하기 위해 지어진 것이다. 창덕궁은 이궁이기 때문에 육궁을 다 갖추지 않았다. 이 외에도 서울을 떠났을 때 잠시 머무는 행궁이 있다.

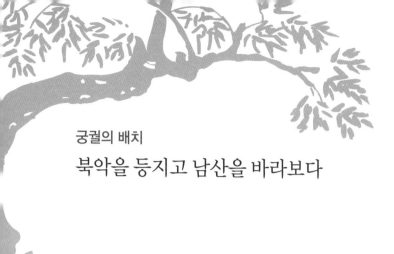

궁궐의 배치

북악을 등지고 남산을 바라보다

한양이 조선의 중심이라면 궁궐은 한양 도성의 중심이다. 궁궐은 왕과 왕족이 생활하는 주거 공간이면서 동시에 나랏일이 펼쳐지던 정치적 공간이었다. 또한 외국의 사신이 왔을 때는 외교적인 공간이기도 했다. 궁궐은 조선을 대표하는 얼굴이었다.

정궁의 이름을 경복궁이라고 지은 정도전은 궁궐을 이렇게 정의했다.

"신이 살펴보건대, 궁궐이란 임금이 정사하는 곳이요, 사방에서 우러러보는 곳입니다. 신민들의 정성으로 조성한 바이므로, 그 제도를 장엄하게 하여 존엄성을 보이게 해야 합니다. 그 명칭도 아름답게 하여 보는 이로 하여 감동되게 하여야 합니다."

궁궐은 국가의 통치 이념과 왕실의 위엄이 자연스레 배어 있어야 했다. 중국의 성리학을 통치 이념으로 받아들인 조선은 중국의 도성과 궁궐 제도를 그대로 따랐다. 중국 고전인 〈주례〉, 〈예기〉, 〈의례〉 등을 궁궐 건축의 기준으로 삼았다. 우선 궁궐의 배치는 도성의 시가지 배치에 준했다.

한양을 도성으로 정한 만큼 북악을 기준으로 하여 궁궐이 남쪽을 향하도록 배치하고 그 뒤에 시가지가 형성되도록 했다. 이를 전조후시前朝後市라 한다. 궁궐의 왼쪽에는 왕실 조상의 사당인 종묘를, 오른쪽에는 토신과 곡신에게 제사 지내는 사직단을 배치했다. 이는 좌묘우사左廟右社라 한다.

경복궁은 조선의 정궁이기 때문에 전조후침前朝後寢과 오문삼조五門三朝라는 중국의 법도에 맞게 지었다. 이들 원리는 주나라 이후 중국의 도성 및 궁궐의 기본 계획에 사용된 것이다. 물론 반드시 적용되어야 하는 법칙은 아니었지만 이상적 규범으로서 하나의 기준으로 받아들여졌다. 반면 창덕궁이나 창경궁은 지형에 맞게 독창적인 양식으로 건축되었다.

궁궐 내 각 건물의 배치는 공적인 영역과 사적인 영역으로 나누었다. 나랏일을 보기 위한 행정관청은 정면에서 마주 보았을 때 앞에 배치하고, 침전 등 일상생활을 영위하기 위한 건물은 뒤에 배치했다. 이것이 전조후침이다.

이를 기본으로 궁궐의 가장 중심이 되는 곳에 국가의 주요 업무를 보는 정전을 세우고, 주위를 방형의 회랑으로 겹겹이 둘러쌌다. 정전의 뒤편에는 왕과 왕비의 거처인 침전 등의 내전을 두고, 역시 회랑으로 둘러막았다. 이어 왕이 휴식을 취하고 정서를 함양하기 위한 공간인 정원을 조성했다. 후원이라 불리는 정원은 궁궐의 가장 뒤편에 들어섰다. 후원의 위치는 일상생활과 밀접한 관계가 있기 때문에 침전이나 내전에서 멀리 떨어지지 않게 했다.

오문삼조는 〈주례〉의 '고공기' 편에 규정되어 있는 궁궐 조영의 원칙으로, 5개의 문과 3개의 조로 궁궐을 만든다는 것이다. 5개의 문이란 바깥에서부터 고문皐門, 고문庫門, 치문稚門, 응문應門, 노문路門이다. 문에 의해 구획되는 공간은 첫 번째 고문과 네 번째 응문 사이를 외조, 응문과 노문 사이를 내조, 노문 안쪽을 연조라 한다. 그리고 외조와 내조, 연조를 합쳐서 삼조라 한다.

외조는 조정의 관리들이 업무를 보는 행정관청 구역, 치조는 왕이 신하들과 정치를 행하는 정전과 편전 구역, 연조는 왕과 왕비가 생활하는 침전이 위치한 구역을 말한다. 이들 세 구역은 회랑과 담으로 둘러싸여 있어 마치 단절된 것처럼 보이나 실은 남북으로 각 구역을 나누는 문으로 연결되어 있다. 각 구역은 다시 담과 회랑으로 둘러싸여 있으며, 동·서·남·북을 연결하는 문으로 이동이 가능했다.

〈궁궐지〉에 따르면 경복궁에만 큰 문, 작은 문 가릴 것 없이 238개의 문이 있었다. '구중궁궐九重宮闕'이란 표현에서도 알 수 있듯이, 이는 궁궐이 수많은 문과 담으로 겹겹이 둘러싸여 있음을 의미한다.

궁문은 궁궐과 바깥세상을 연결하는 통로다. 정문은 반드시 남쪽을 향하게 했다. 나라를 다스림에 있어 올바른 정치를 구현한다는 상징이었다. 궁문을 열면 왕의 바른 명령과 교서가 밖으로 나가 온 나라에 퍼지고, 세상의 충신이 들어오도록 하며, 닫았을 때는 세상에 떠도는 이상한 말과 사악한 무리들을 끊어 버리는 것이 정문의 역할이라고 믿었다.

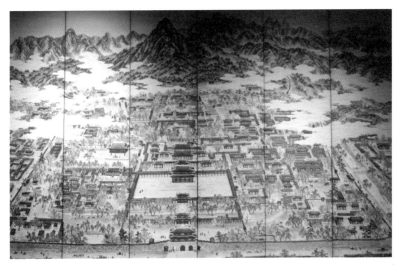
▲ 경복궁도. 정문인 광화문을 중심으로 근정전, 사정전, 강녕전, 교태전이 일직선상에 있다.

　궁궐은 그 면적이 넓고, 많은 건물이 들어선 곳이다. 각각의 건물과 건물 사이는 단절된 느낌이 들지 않도록 공간 구성에 많은 신경을 썼다. 이러한 공간 구성은 시대와 지형상에 따라 조금씩 변화하기는 하지만 일반적으로 큰 차이를 보이지 않는다.

　왕은 궁궐에서 아침에는 정사를 보고, 낮에는 어진 이를 찾아보고, 저녁에는 법령을 닦고, 밤에는 몸을 편안하게 한다고 했다. 나라의 공적인 일과 왕의 사적인 모든 일이 한 장소에서 이뤄지다 보니 자연스레 궁궐은 그 규모가 커질 수밖에 없었다.

　넓은 정원이 딸린 집에서 살기를 소망하는 현대인들에게 궁궐은 이상향일 수 있다. 그러나 왕은 넓은 궁궐에 거처하면서도 백성의 그늘진 모습을 저버리지 않도록 노력해야 했다. 그것을 실천해야 성군이고, 그것을 외면하면 폭군이었다.

궁궐과 궁의 차이점

궁궐과 궁은 같은 것일까? 그렇지 않다. 왕이 나랏일을 살피던 정전, 법전, 편전 등을 비롯해 대신들이 모여 정사를 의논하던 장소, 궁을 지키는 군사가 머물던 건물 등이 모여 있는 일곽을 외전이라고 한다. 궐은 외전이 수행하는 기능을 말한다. 외전의 상대적인 공간은 내전으로 왕과 가족의 생활공간이다. 이를 궁이라고 한다. 또한 궁궐은 외전과 내전이 모두 있는 곳을 말한다.

해태

해태는 선악을 판단하여 심판한다는 상상 속의 동물로 화재나 재앙을 물리친다고 믿어 궁궐 건축에 많이 사용했다. 중국 문헌에 따르면 해태는 동북 변방에 사는 짐승으로 사람이 싸우는 것을 보면 옳지 않은 사람을 뿔로 받는다. 그래서 해태는 정의를 지키는 영험한 동물로 여겨졌다. 광화문 앞에는 부리부리한 두 눈을 부릅뜨고 있는 해태가 놓여 있다. 경복궁 근정전의 처마 아래에도 해태가 있는데, 왕의 평안을 비는 동시에 공명정대하게 나랏일을 처리하라는 상징적인 의미가 담겼다.

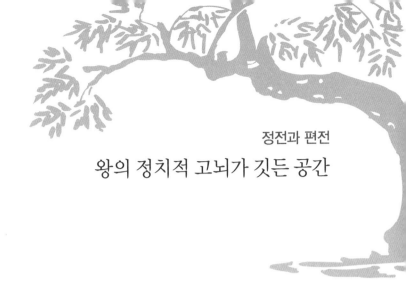

정전과 편전
왕의 정치적 고뇌가 깃든 공간

　높다란 돌담과 빽빽하게 들어선 전각. 궁궐 안에 들어서면 어디로 발
길을 향해야 할지 망설이게 된다. 이럴 때는 주저 말고 궁궐을 대표하
는 건물인 정전을 찾아가자.

　왕과 신하들은 정전에서 국가 행정의 크고 작은 일을 결정했다. 우선
정책을 수행하기 위한 의식에는 오늘날의 아침 조회라 할 수 있는 상참
과 조참이 있었다.

　상참은 매일 아침 거행되는 의례다. 정책 결정 기관인 의정부, 집행
기관인 육조와 한성부의 당상관(정 3품 이상의 관리)들이 참석하여 중요
한 행정 결정을 하는 회의다. 상참은 나라의 대소사를 결정하는 자리여
서 논의가 활발하게 이루어져야 했다. 상참을 게을리하면 관리들에게

벌을 내리기도 했다. 한 예로, 정조 때 영의정 정존겸은 "상참은 곧 대조회인데 조회에 참석한 대신들이 한마디 말도 하지 않고 물러 나가니 죄를 추궁해 벌하소서."라는 상소를 올렸다.

반면 조참은 매달 5일, 11일, 21일, 25일 아침에 거행된다. 〈경국대전〉에 따르면 상참에 참여하는 관원을 비롯해 언관인 사헌부와 사간원에서 각 1명, 경연의 당상관·당하관 각 2명이 참석한다. 무려 40여 명이 참석했지만 정책 결정과는 큰 관련 없는 의례였다.

국정을 수행하는 의식 외에도 왕의 즉위식, 왕세자 책봉 의식 등 왕실의 중요 의식, 관리 임용식 등이 정전에서 치러졌다. 의례의 특성상 정전은 많은 인원을 수용할 수 있는 구조를 갖춰야 했다. 정전과 그 앞 월대 및 문무백관의 품계석이 서 있는 뜰은 회랑으로 둘러져 있다. 회랑에는 모두 4개의 문이 있고 이 문을 통해 왕과 신하들이 출입한다.

신분에 따라 출입하는 문이 엄격히 구분되었는데, 왕은 정문으로 들어서 중앙에 곧장 뻗은 어로를 통해 정전에 들고 신하들은 좌우에 난 문을 이용한다. 정 3품 이상의 당상관은 우측의 출입문과 회랑을 이용하고, 그 아래인 당하관은 좌측의 출입문과 회랑을 통해 정전에 들어간다. 이러한 구분은 해가 떠오르는 동쪽이 해가 지는 서쪽보다 상서롭다고 생각했기 때문이다.

정전 안을 들여다보면 침전이나 편전과는 다르다는 것을 알 수 있다. 바닥이 온돌이 아니라 바깥과 마찬가지로 전돌을 간 것이다. 생활공간이 아니라 의식을 행하는 곳임을 나타내는 것이라 할 수 있다. 정전에는 왕이 앉는 용상을 제외하고는 의자가 없다. 신하들은 바닥에 앉거나 서 있어야 했는데, 여러 가지 의식도를 보면 입식 생활을 했음을 알 수 있다.

나라의 중요한 일이 행해지다 보니 건물도 그에 걸맞게 지어졌다. 정전에서는 왕실의 위엄과 모든 것을 수용할 수 있는 포용력이 느껴진다. 자연과의 조화를 중시한 조선에서는 2층 이상의 고층 건물을 잘 짓지 않았지만 정전은 2층으로 지었다.

그런데 조선 시대 궁궐의 정전인 경복궁 근정전과 창덕궁 인정전은 2층 건물이고 창경궁 명정전과 덕수궁 중화전은 단층이다. 명정전과 중화전이 단층으로 지어진 데는 나름대로의 이유가 있다. 중화전은 원래 2층으로 지어진 건물이었지만, 1904년 덕수궁에 일어난 화재로 불에 타 버렸다. 1905년 중건하면서 2층이었던 건물이 단층으로 바뀐 것이다. 창경궁 명정전은 정전이 아니라 왕대비의 거주용이었기 때문에 처음부터 단층으로 지어졌다.

정전은 이름만 봐도 그 성격을 능히 짐작할 수 있다. 근정전勤政殿은 부지런해야 나랏일을 옳게 다스릴 수 있다는 뜻, 인정전仁政殿은 정치를 하는 사람은 어질어야 한다는 뜻, 명정전明政殿은 옳고 그름을 가려서 정치를 하라는 뜻을 지니고 있다.

다음은 편전으로 발길을 옮길 차례다. 편전은 왕이 업무를 보던 장소로, 정전과 같이 궁궐 외전에 속한다. 경복궁의 사정전, 창덕궁의 선정전, 희정당 등이 대표적인 편전이다. 편전은 왕의 공식적인 업무가 이뤄지는 곳이기 때문에 정전과 가장 가까운 위치에 두는 것이 일반적이다. 정전에서 아침 조회를 마친 왕은 편전으로 옮겨서 각 기관의 업무 보고를 받거나 관리들을 만나 국정을 상의한다.

경복궁의 편전인 사정전은 근정전 바로 뒤에 있다. 창덕궁이나 창경궁의 편전이 정전의 측면에 있는 데 비해 경복궁 사정전은 정북에 위치한다. 이는 경복궁이 조선의 정궁으로서 궁궐 배치의 기본적 원리를 충실히 따랐음을 보여 준다. 사정전이라는 이름은 태종 때 정도전이 지은 것이다. 천하의 이치는 생각하면 얻을 수 있고 생각하지 않으면 잃어버리게 된다는 신하로서의 충심이 담겨 있다.

창덕궁의 선정전은 조선 초기에는 편전으로 이용되다가 조선 후기에 와서는 내전이었던 희정당이 편전으로 사용되면서 크게 활용되지 못했다. 성종 때는 왕비가 이곳에서 노인들을 위한 잔치를 베풀기도 했고 친히 누에를 치는 시범을 보이기도 했다.

"매일 아침 정사를 볼 때는 백성의 생각을 헤아리고, 모든 일의 옳고 그름을 판단해 바른 정치를 펴야 한다."

왕이 잠시라도 이런 사명을 잊을까 봐 정치적 공간인 정전과 편전의 이름에는 반드시 '다스릴 정政' 자를 넣어 교훈으로 삼도록 했다.

월대

월대는 정전과 같이 중요한 전각 앞에 있는 넓은 마당이다. 하례, 가례와 같은 궁중의 큰 잔치가 있을 때 사람들이 올라서서 행사에 참여하는 장소다. 월대는 사각으로 축조하는데 지붕이나 다른 시설물은 설치하지 않는다. 이곳에서 달을 바라본다 하여 월대라는 이름이 붙었다. 〈국조오례의〉에 따르면 문무백관이 왕에게 하례를 올릴 때 왕족과 신하, 악사들이 월대 위아래에 자리 잡고 좌우에서 군사가 호위하도록 했다. 월대 가운데 가장 규모가 큰 것은 종묘 정전의 월대다.

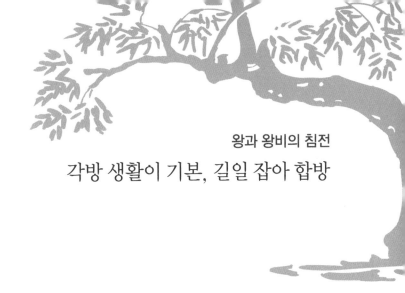

왕과 왕비의 침전
각방 생활이 기본, 길일 잡아 합방

    정전과 편전이 왕의 공적인 생활이 이뤄지는 외전이라면, 침전은 왕과 왕비의 사적인 생활이 이뤄지던 내전이다. 구중궁궐에서도 가장 깊고 은밀한 곳으로, 왕이 하루 일과를 마친 뒤 달콤한 휴식을 취하기도 하고 왕비와 부부 생활을 하던 곳이다.

    조선 역대 왕과 왕비들이 침전으로 사용한 전각은 경복궁 강녕전과 교태전, 창덕궁 대조전, 창경궁 통명전, 덕수궁 함녕전 등이다. 현존하는 건물 중 가장 대표적인 침전은 태종 때 이궁으로 지어진 창덕궁의 대조전이다. 9대 왕인 성종을 비롯해 인조, 효종, 철종, 순종 등이 이곳을 침전으로 사용했다.

    왕의 침전은 사실 따로 없었다고 해도 과언이 아니다. 왕비의 침전을

2부 궁궐과 궁중 생활

▲ 창덕궁 대조전. 대조전에는 용마루가 없다. 훌륭한 왕자를 얻기 위해서는 하늘과 땅의 기운을 받아야 하는데, 용마루는 하늘의 정기와 땅의 기운을 가로막는 것이라 여겨 두지 않았다.

찾든 후궁의 처소를 찾든 왕이 잠자리에 들면 바로 그곳이 침전이었다. 실제로 영조, 정조, 헌종은 왕비가 기거하는 정침인 대조전보다는 창경궁 등의 이궁에 마련된 침전에서 주로 생활했다. 헌종은 정비인 명헌왕후를 싫어하고 후궁인 경빈 김씨를 총애하여 창경궁 안에 500칸 규모의 낙선재를 지어 주고 그곳에서 지냈다.

대조전은 이름에서부터 침전의 분위기를 물씬 풍긴다. 대조大造란 큰 인물을 만든다는 의미로, 왕실의 법통을 잇는 적자 탄생의 기원을 담고 있다. 대조전에는 지붕 위를 가로지르는 용마루(지붕의 마루)가 없는 것이 특징이다. 이는 지상을 다스리는 임금은 하늘 아래 거칠 것이 없다는 의미다. 경복궁에 있는 왕비의 침전인 교태전에도 용마루가 없다. 암키와와 수키와의 곡선이 그대로 하늘로 날렵하게 뻗어 올라간 형상이 아름답기 그지없다.

정남향의 방향으로 서 있는 대조전은 '口구' 모양으로 건물이 들어선 전각이다. 대청마루를 중심으로 좌우에 큰 침실이 2개 있다. 동쪽에는 동온돌이라는 왕의 침전이, 서쪽에는 서온돌이라는 왕비의 침전이 위치했다. 동온돌과 서온돌의 구조는 모두 같았다.

왕의 침전은 '井정' 모양으로 각각 칸막이가 있는 9개의 방으로 구성되어 있다. 왕은 한가운데에 위치한 방에서 잠을 자고, 큰방상궁 등 지밀상궁들이 각각 나머지 한 방씩을 차지했다. 이 같은 방 배치는 만일의 사태에 대비해 왕의 신변을 보호하기 위함이었다. 방 안에는 아무런 세간을 두지 않았다.

왕과 왕비는 각방 생활이 기본이었으며, 원칙적으로는 함께 잠자리에 드는 날도 상궁들에 의해 정해졌다. 길일을 가려 합방을 하도록 한 것이다. 이는 왕과 왕비의 금슬이 좋을 경우에만 해당될 뿐 실제로는 지켜지지 않는 경우가 많았을 것으로 보인다. 침전에서 왕과 왕비는 수라상도 받고 왕자와 공주를 불러 도란도란 대화를 나누기도 했다. 침전은 왕에게 가정생활이 가능한 유일한 공간이었던 셈이다.

침전에는 따로 화장실이 없었다. 왕은 방에서 매우틀이라는 이동식 좌변기에 용변을 보았다. 왕의 똥을 매화라 불러 매우梅雨라는 이름이 붙은 것으로 전한다. 매우틀은 앞면이 터진 ㄷ자형의 나무틀로, 여물이 깔린 구리 그릇을 틀 안에 담도록 되어 있다. 왕이 붉은 우단이 깔린 나무틀에 앉아 용변을 보고 나면 복이내인이라는 전담 궁녀가 비단으로 닦아 주고 매우틀을 밖으로 가지고 나갔다. 때때로 매우틀에 담긴 변은 버리지 않고 왕의 건강을 체크하기 위해 어의에게 보이기도 했다.

목욕탕도 별도로 두지는 않았다. 왕과 왕비는 통나무를 파내 만든 함지박 욕조에 들어가 목욕을 했다. 왕의 몸은 옥체라 하여 아무나 함부로 손댈 수 없었기에 왕의 원자 시절 유모가 몸을 씻겨 주었다.

"하늘에는 별도 많고 침전에는 방도 많다."

궁중의 옛말처럼 왕과 왕비의 침전 주변 동서남북에는 46칸에 이르는 방들이 붙어 있었다. 이는 왕과 왕비의 수발을 드는 100여 명 규모의 궁녀들을 수용하기 위해서였지만 유사시 왕의 도피처로도 이용될 수 있었다.

대조전은 임진왜란 때를 비롯해 모두 네 차례나 불에 타 다시 지어졌다. 마지막으로 불에 탄 것은 1917년으로, 현재의 모습은 경복궁의 왕비 침전인 교태전을 헐고 옮겨다 놓은 것이다.

대조전 이외에 경복궁의 강녕전과 교태전도 대표적인 왕과 왕비의 침전이다. 그러나 1917년 창덕궁에 대화재가 발생하자 일제가 제멋대로 강녕전과 교태전을 뜯어내어 창덕궁의 내전을 새로 꾸미는 바람에 옛 자취를 잃었다가 근래에 다시 복원되었다.

왕과 왕비의 합방

왕과 왕비의 합방은 노상궁들이 길일을 정해 이뤄졌다. 왕과 왕비의 금슬에 따라 달랐지만 대개 일주일에 이틀 정도였다. 노상궁은 이날 밤 미리 금침을 두 벌 나란히 깔아 놓는다. 왕비가 침실에 들어서면 이부자리를 다시 한 번 보살핀 다음 촛불을 끄고 물러 나온다. 왕과 왕비가 합방하면 노상궁들은 침전 사방에 있는 방으로 들어가 날이 샐 때까지 야근을 했다. 이렇듯 궁녀들의 눈길 속에서 사랑을 나누었으니 왕이 후궁을 자주 찾은 것도 당연지사다.

낚시와 뱃놀이 즐기며 온갖 시름 잊던 곳

궁궐의 후원은 담으로 겹겹이 둘러싸인 구중심처에서 바깥 생활이 엄격하게 제한된 왕과 왕비 등 왕족들의 유일한 휴식 공간이다. 평생 동안 자신의 침전 주변을 벗어나기 힘들었던 왕비에게 궁궐의 뜨락은 자연을 벗할 수 있는 유일한 산책 공간이자 궁중 생활의 쓸쓸함을 달래는 오락 공간이기도 했다.

우리나라는 삼국 시대부터 궁궐에 후원을 조성했다. 조선 왕조에 들어와서는 너욱 기능이 강화되어 궁궐의 업무 및 생활공간과 밀접한 관련을 맺으면서도 자연미를 잃지 않도록 꾸몄다.

"비록 사람이 만들었으나, 마치 하늘이 자연적으로 만들어 놓은 것 같이 느끼게 한다."

중국, 한국, 일본 등 동양인에게 정원은 대자연의 공간을 건축물에 그대로 옮겨 놓고 인간과 건축물이 대자연 속에 화합하도록 하는 도교 철학에서 비롯되었다. 세 나라는 정원을 가꾸는 철학이 동일했지만 세부적인 조성 기법은 조금씩 다르게 발전했다. 중국은 산과 폭포, 계곡과 동굴 등 대자연의 세계를 모방하여 정원에 그대로 축소시켜 놓는 수법을 즐겨 사용했다. 일본은 중국처럼 대자연을 정원에 배치하되 여러 가지 규칙과 형태를 만들어 매우 인공적인 미를 창출했다.

그러나 우리나라의 정원은 있는 그대로의 자연을 최대한 살리며 되도록 자연에 크게 변형을 가하지 않는 비정제된 방식을 고집했다. 이는 산지나 얕은 구릉이 많고 계곡이 발달한 우리나라 국토의 지형적 특징의 결과이기도 하다. 궁궐에 건물들이 들어서면 건물 주변의 자연환경을 십분 활용해 후원을 조성했다. 창덕궁처럼 아예 처음부터 후원 조성을 목적으로 꾸민 궁궐 후원도 있다.

궁궐 후원은 기본적으로 연못 · 시냇물 · 조산(인공산) · 수목 등의 자연물과 누각 · 정자 · 담장 · 다리 · 굴뚝 등의 건축물, 돌확 · 돌연못 등의 다양한 석물이 생활공간과 자연스럽게 조화되도록 구성했다. 가장 빼어난 경치를 자랑하는 후원은 창덕궁의 후원이다. 북악산의 줄기인 매봉을 등지고, 자연의 지세에 따라 연못을 파고 연꽃을 심어 누각과 정자를 조성했다. 창덕궁은 1405년 별궁으로 창건되면서 조성되어 여러 왕을 거치며 확장되었으며, 현재 10만 3천여 평에 달하는 규모다.

연못은 후원에서 가장 중요한 구성 요소 중 하나로 샘물이 풍부한 습지에 조성하는 것이 원칙이다. 후원 서쪽에 흐르는 시냇물은 금천교를 지나 남쪽으로 지난다. 후원 동북쪽의 시냇물은 옥류천을 이뤄 동쪽으

▲ 창덕궁 후원. 후원은 궁 안을 벗어나기 힘들었던 왕족이 자연을 벗할 수 있는 유일한 산책 공간이자 궁중 생활의 쓸쓸함을 달래 주는 오락 공간이었다.

로 흘러 나간다. 또 하나의 샘물은 애련지, 부용지를 채우고 다시 넘쳐
흘러서 창경궁 춘당지로 흘렀다.

연못을 조성할 수 없을 때는 작은 동산에 정자를 짓고 돌연못이라 하
여 돌계단을 만들고 연꽃 등을 심었다. 결코 억지로 꾸미지 않고 시냇
물이 흐르면 흐르는 대로 흐르지 않으면 그런대로 자연스럽게 정원을
가꿨다.

창덕궁 후원의 가장 깊은 곳에 위치한 옥류천을 한번 보자. 산기슭에
서 흘러내리는 계곡물을 따라 청의정, 소요정, 태극정, 농산정, 취한정
등의 작은 정자를 조성했다. 청의정과 태극정 사이를 흐르는 물은 바위
위에 ㄷ자 모양으로 파 놓은 물길을 감돌아 소요정 앞에 이르러 폭포로
변한다. 왕들은 이곳에서 흐르는 물에 술잔을 띄워 이른바 곡수연을 즐
겼다.

달아오르는 흥을 어쩌지 못한 인조는 바위에다 '옥류천玉流川'이라 새
겼고, 숙종은 시 한 수를 읊어 바위에 새겼다.

흐르는 물은 300척 멀리 흐르고
흘러 떨어지는 물은 높은 하늘에서 내리며
이를 보니 흰 무지개가 일고
온 골짜기에 천둥과 번개를 내리는구나

풍류를 즐기면서도 한 해의 농사를 걱정했는지 서민적인 풍모의 청
의정 옆에는 작은 논을 조성하고 지붕에 이엉을 얹어 간결하고 소박한
미를 창출해 냈다.

▲ 경복궁 향원정. 경회루보다 규모는 작지만 아기자기하고 예쁘게 조성되었다. 고종이 명성황후를 위해 연못을 파고 정자를 만들었다.

　서쪽 계곡의 또 하나의 샘물은 부용지를 채워 기가 막힌 풍취를 자아 낸다. 연꽃 연못을 의미하는 부용지는 300여 평의 장방형 연못으로 연 못 둘레에는 화강암 장대석을 쌓아 올렸고, 한가운데에는 신선의 산을 의미하는 지름 9m의 인공 섬이 있다. 연못에 수련을 띄우고 잉어나 붕 어를 길러 임금이 낚시나 뱃놀이를 했다.

　부용지 남쪽에는 후원의 기본 구성을 이루는 정자가 들어섰는데 이 를 부용정이라 한다. 부용정은 궁둥이를 땅에 대고 앉아 두 발을 물에

댄 것 같은 형상으로, 아름답게 피어난 한 송이 연꽃처럼 보이기도 한다. 동남쪽 둘레의 화강암 장대석 위에는 물고기가 돋을새김으로 조각된 장방형의 석재가 있다. 서쪽에는 크게 벌린 입을 통해 연못에 물을 쏟아 내는 이무기 조각이 있다.

물고기 조각은 물고기가 변하여 용이 된다는 뜻으로 새겼다. 부용지 동편에 위치한 영화당과 북쪽의 어수문, 주합루와 관련이 깊은 상징물이다. 영화당 앞마당 춘당대는 과거 시험을 치르던 곳, 주합루는 왕실 도서관이던 규장각이 있던 곳이고, 물고기가 물을 만난다는 뜻의 어수문은 그 사이에 위치해 있다. 즉, 물고기(선비)가 물(임금)을 만나 용(과거 급제)이 되어 어수문을 지나면 수만 권의 책이 있는 왕실 도서관으로 들어가게 되는 셈이다. 후원 건축에조차 국가 번영에 필수적인 인재 등용의 염원이 서려 있었다고 할 수 있다.

창덕궁의 후원이 시냇물과 연못에 따라 물 흐르듯 자연스레 조성된 것이라면, 다소 인위적인 형태의 뜨락도 있었다. 대표적으로 왕비의 침전인 경복궁 교태전의 아미산(보물 811호)이 있다. 교태전의 뒤뜰은 평생을 자신의 처소에서 벗어나지 못한 채 쓸쓸함을 달래야 했던 왕비를 위한 공간으로 조성되었다.

궁궐 침전의 후원은 대개 뒷산의 언덕 경사면을 이용하여 조성했다. 경사면에 자연스럽게 돌로 층층이 단을 쌓아 화초와 나무를 심고 석물을 다양하게 배치하여 뜰을 꾸몄다. 창덕궁의 대조전이나 창경궁의 통명전 등이 그렇다.

태종 때 교태전을 건립할 당시에는 언덕이 없었다. 경회루 연못을 파고 남은 흙으로 동산을 만들고 중국의 명산인 아미산이라는 이름을 붙인 것이다. 아미산은 입체적인 공간 구성을 위해 장대석을 1~3단씩 쌓으면서 4층 규모로 육각으로 쌓아 올렸다. 아미산의 위쪽으로는 활엽수를 심고 아래쪽으로는 돌화분 등을 배치하여 인공적인 분위기를 없앴다.

아미산에는 육각형의 굴뚝 4기를 조성했다. 화강석의 지대석 위에 벽돌을 30~31단으로 쌓고 육각의 각 면에는 십장생, 사군자, 만자문 등을 새겨 넣었다. 윗부분에는 기와지붕을 올리고 정상부에는 연가라고 하는 토기를 얹어 토기에 난 구멍을 통해 연기가 빠져나가도록 했다. 수직으로 뻗어 올라간 아미산 굴뚝은 그 구성과 장식이 아름다울 뿐 아니라 아미산의 평면적인 구성과 묘한 대칭을 이룬다.

낙선재

낙선재는 후궁을 위한 궁으로 근래까지 영친왕비 이방자 여사가 살던 곳이다. 원래는 헌종이 총애하던 경빈 김씨를 위해 창경궁에 500칸 규모로 지었다. 헌종은 첫 번째 왕비를 잃고 두 번째 왕비 간택 과정에서 점찍어 놓은 경빈 김씨를 뒤로한 채 왕실 어른의 뜻에 따라 계비 홍씨를 맞아들였다. 그러나 홍씨가 후사를 잇지 못한다 하여 3년 만에 경빈 김씨를 후궁으로 들이고, 경빈 김씨가 거처할 수 있도록 왕비전에서 멀리 떨어진 곳에 낙선재를 지어 주었다. 오늘날 낙선재를 보기 위해서는 창덕궁으로 늘어가야 하기 때문에 창덕궁에 속한 건물로 잘못 알려져 있으나, 원래는 창경궁에 속한 것으로 기록되어 있다.

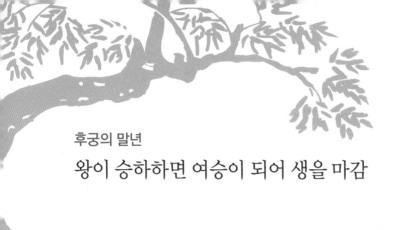

후궁의 말년
왕이 승하하면 여승이 되어 생을 마감

　궁녀들에게 구중궁궐의 높은 담은 철창 없는 감옥이나 마찬가지였다. 한 번 궁궐에 들어가면 죄를 짓고 죄인이 되어 쫓겨나거나 늙어 죽기 전에는 궁 밖으로 나갈 수 없었다. 4~5세 정도의 어린 나이에 부모 곁을 떠나 궁녀가 되어 낯설고 엄한 궁궐에 들어와 평생을 수절하며 살아야 했으니 그 삶의 애절함은 이루 말로 할 수 없다.

　깊고 깊은 곳에서 세상과 담 쌓고 사는 궁녀들에게 인생을 바꿀 기회가 있었으니, 임금의 눈에 들어 승은을 입는 것이었다. 바로 후궁이 되는 것이다. 후궁은 간택을 통해 정식으로 맞아들인 훌륭한 가문 출신의 여인도 있고, 임금과 잠자리를 같이해서 승은을 입은 궁녀도 있었다. 승은을 입은 후궁은 승은 내인이라 불렸으며, 이들은 간택 후궁과 달리

일개 궁녀 신분에서 하룻밤 만에 왕의 후궁으로 벼락출세를 했다.

후궁은 내명부의 품계에 따라 직첩을 받는데 일반적으로 간택 후궁이 승은 후궁보다 품계의 진급이 빨랐다. 왕자나 공주를 낳는 날에는 내명부의 직첩을 받아 일약 종 4품 숙원 이상의 관직도 얻을 수 있었다. 왕의 사랑을 많이 받거나 아들을 낳을 경우 궁궐 내에서 후궁의 영향력은 커지게 마련이다. 숙종 대의 장 희빈처럼 왕자가 후일 왕(경종)이 됨으로써 왕비의 지위를 누린 후궁도 있었다.

후궁이 되면 왕실 구성원의 일원으로 맛있는 음식은 물론 좋은 의복을 입고 생활했다. 처소에는 상궁과 나인이 머물며 시중을 들었다. 하는 일이라야 대비나 왕비에게 문안하는 것 외에는 특별한 것이 없었다.

승은을 입었더라도 10여 명에 이르는 수많은 후궁들 사이에서 왕의 총애를 받기란 하늘의 별 따기였다. 사정이 이렇다 보니 왕의 침전을 바라보며 이제나저제나 찾아 주실까 촉각을 곤두세우며 눈물의 밤을 보내기 일쑤였다. 다행히 자녀라도 낳는다면 외로움을 덜 수 있지만 자녀마저 없다면 쓸쓸히 시간을 보내야 했다. 500~600명에 이르는 궁녀들 중에서 선택된 것만을 위안 삼을 수밖에 없는 것이 이들의 슬픈 운명이었다.

왕이 살아 있는 동안은 그래도 실낱같은 희망이 있었다. 하지만 왕이 승하하고 나면 그저 한여름 밤의 꿈이 되고 말았다. 재혼은 꿈도 꾸지 못했다. 더 이상 궁궐에 머물 수도 없었다. 자신의 아들이 왕이 되거나 대비나 왕비가 궐 안에 살도록 허락해 주지 않는 이상 궁궐을 나와야 했다. 그렇다고 사가로 갈 수 있는 것도 아니었다. 아들을 둔 후궁은 아들과 함께 사가에 나가 살 수도 있었지만, 대부분은 도성 한쪽에 마련된 별처에서 죽는 날까지 정절을 지키며 외롭게 여생을 보냈다.

별처란 비구니 사찰인 정업원이다. '업'이란 '운명'을 뜻하며, 정업원은 운명이 정해져 있는 사람이 사는 집이라는 의미를 가지고 있다. 정업원은 원래 고려 후기 개경에 창건된 절로 조선의 개국과 함께 한양으로 옮겨졌다. 조선 초기 정업원의 주지는 고려 공민왕의 후비 안씨였다. 고려 말의 대비였던 안씨는 이성계의 힘에 밀려 어쩔 수 없이 공양왕이 물러나는 데 협조한 뒤 머리를 깎고 정업원의 스님이 된 비극의 주인공이다. 안씨의 뒤를 이어서 17세에 이복형인 이방원에게 살해된 의안대군 방석의 부인인 심씨가 주지를 맡았다.

정업원은 죽은 남편의 명복을 빌고 자신의 업을 닦고자 하는 과부들의 도량처였다. 양반 가문의 과부들이 주로 기거했고 왕족이나 후궁들도 이곳을 찾아 스님이 되었다. 세조에게 죽임을 당한 단종의 비 정순왕후 송씨는 물론 성종과 연산군의 후궁 등이 정업원에서 생을 마감했다.

그러나 조선의 정치 이념은 유교를 숭상하고 불교를 배척했기에 정업원은 조선조 내내 유생들로부터 지탄의 대상일 수밖에 없었다. 왕들은 선왕의 후궁들이 거처하는 곳이라 해서 땅과 노비를 지급하는 등 보

| 내명부 제도 |

직위	품계	인원	직위	품계	인원
빈	정1품	1인	소용	정3품	1인
귀인	종1품	1인	숙용	종3품	1인
소의	정2품	1인	소원	정4품	1인
숙의	종2품	1인	숙원	종4품	1인

＊〈경국대전〉의 원칙일 뿐 잘 지켜지지 않았음.

호 정책을 폈지만 적극적으로 보호할 수는 없었다. 이 때문에 정업원은 수차례에 걸쳐 철거와 재건을 반복하다가 결국 유생들의 거듭된 상소에 못 이긴 선조 40년 완전히 혁파되고 비구니들이 성 밖으로 쫓겨나게 되었다.

한때의 승은은 달콤했지만 꽃 같은 나이에 과부가 된 후궁들의 일생은 어쩌면 범부의 인생보다 고달프고 쓸쓸한 비극적인 삶이었을 것이다.

정업원

서울 종로구 숭인동 산 3번지에는 정업원의 옛터라고 전해 내려오는 비각(지방 유형 문화재 5호)이 서 있다. 〈영조실록〉의 기록을 잠깐 살펴보자.

"임금이 정업원의 옛터에 누각과 비석을 세우도록 명하고, '정업원구기(정업원 옛터)'라는 다섯 자를 써서 내렸다. 정업원은 흥인문 밖 산골짜기 가운데에 있는데, 단종대왕의 왕후 송씨가 왕비에서 물러난 뒤 거주하던 옛터이다."

비각은 정업원이 혁파되고 160여 년이 흐른 1771년에 영조가 비극의 주인 공인 단종의 왕비 정순왕후를 기리기 위해 세운 것이다. 지금도 영조의 친필이 남아 있다. 영조는 비각을 마주 보고 있는 야산의 한 바위에 '동망봉東望峰'이라는 세 글자를 새겨 넣도록 했다. 그 바위는 정순왕후 송씨가 강원도 영월로 쫓겨 가 죽임을 당한 단종을 그리워하며 눈물짓던 곳이다.

영조는 신하들의 말을 좇아 동대문 밖 동망봉 아래에 비각을 세웠지만, 정업원이 실제 위치했던 곳은 창경궁의 서쪽인 서울 종로구 계동 중앙중학교 자리라는 것이 정설이다.

궁녀의 삶
궁녀와 사랑을 나누면 곤장 100대

연못에 든 고기들아 뉘 너를 몰아다가 여기에 두었는가

북해청소北海淸沼 어디 두고 이 연못에 있느냐

연못에 들고도 못 나는 정은 너와 나 무엇이 다르랴

어느 궁녀가 지었다는 시조다. 꽃다운 나이에 겹겹이 담으로 둘러싸
인 궁궐에서 살아야 하는 궁녀의 애환이 절절히 녹아 있다. 한 번 궁궐
에 들어가면 죽기 전에는 밖으로 나올 수 없는 서글픈 인생이 궁녀의 삶
이었다.

궁녀란 궁중 여자 관리의 별칭이다. 〈대전회통〉에는 상궁과 그 이하
의 궁인직이라고 명시되어 있다. 실록은 조선 시대 궁녀 제도가 정착한

것이 태종 5년 때라고 전한다. 그러나 태종 원년 3월 기사에 "여궁에게 월봉을 지급했다."는 기록으로 보아 궁녀가 그 이전부터 존재했음을 짐작할 수 있다.

궁궐에는 평균 600명의 궁녀가 있었다. 그녀들은 궁궐의 대전에서 왕을 보필하는 일뿐만 아니라 대비, 왕비, 동궁, 별궁에 이르기까지 궁궐 깊은 곳에서 의식주에 관계되는 모든 일을 도맡았다.

내명부에 명시된 궁녀의 품계는 정 5품부터 종 9품까지다. 우리가 흔히 알고 있는 상궁은 정 5품의 최고직이며, 4~5세의 견습 내인도 있었다. 아침저녁으로 출퇴근하며 물을 긷거나 불을 때는 일 등 궁궐의 잡일을 하는 무수리, 각 처소나 상궁의 살림집에 소속된 하녀인 비자, 약방기생으로 불리던 의녀 등은 궁녀에 포함되지 않는다.

궁녀는 품계에 따라 지위가 구별되기도 하지만, 소속된 처소와 맡은 일에 따라 높고 낮음이 구별되기도 했다. 일하는 곳에 따라 지밀(침전 담당), 침방(의복 담당), 수방(자수 담당), 세수간(세숫물 담당), 생것방(간식 담당), 소주방(수라 담당), 세답방(빨래 담당) 등으로 구분되며, 궁녀의 품격도 대체로 이 순서대로라고 보면 맞다.

지밀이란 대궐 내에서 출입이 통제되는 금지 구역인 왕과 왕비가 거처하는 곳, 즉 침전 구역을 말한다. 이곳 소속의 궁녀는 왕과 왕비의 신변을 보호하고 일체의 수발을 들었으며, 모든 궁녀들을 총괄했다. 왕과 왕비를 최측근에서 모시는 덕분에 궁녀 중 엘리트라 할 수 있었으며, 후궁이 될 가능성이 가장 많았다.

수백 궁녀들의 수장 격인 상궁은 큰방상궁(제조상궁)으로 불렸다. 큰방상궁은 한 사람뿐이며, 학식과 경험이 풍부하고 위엄이 있어야 했다.

큰방상궁은 대전 어명을 받들고 내전의 일을 주관했으며, 재상들도 함부로 못할 만큼 권위가 대단했다고 전한다.

왕이 기거한 대전 말고도 대비전이나 대왕대비전에도 같은 직분을 가진 궁녀들이 있었다. 효의 윤리를 으뜸으로 여겼던 조선의 왕은 대비전이나 대왕대비전의 상궁들에게조차 반말을 하지 않았다고 한다. 왕은 대비전이나 대왕대비전에 소속된 상궁들에게 '~해라'는 반말 대신 '~하오'라는 말로 예우했다.

소주방은 음식을 담당하는 곳이다. 드라마 〈대장금〉의 배경이 된 수라간이 소주방이다. 소주방은 평상시 수라를 관장하는 내소주방과 궁궐 행사의 잔치 음식을 담당하는 외소주방이 있었다.

궁녀는 10년에 한 번씩 정기적으로 뽑는 것이 원칙이지만 반드시 그렇지는 않았다. 나이 든 궁녀가 병으로 물러나면 그 공백을 메우기 위해 수시로 나이 어린 궁녀를 뽑았다.

처소마다 궁녀의 선발 연령이 달랐다. 지밀은 4~5세, 침방과 수방은 7~8세의 어린 여자아이를 뽑았다. 이들 처소의 소녀 나인은 특별히 '머리를 생머리로 빗는다' 하여 생각시라 불렀다. 나머지는 13~14세를 뽑았는데, 소속 부처의 격이 높을수록 선발 연령이 어렸다. 이는 되도록 어릴 때부터 데려다가 궁중인으로서의 교양을 쌓게 하려는 의도에서였다.

궁녀가 되기 위해 어떤 자격을 갖춰야 하는지 정확하게 알려진 기록은 없다. 대개 가난한 평민 출신이거나 부모를 일찍 여읜 고아 중에서 선발된 것으로 보인다. 궁녀로 선출되어 입궁을 하면 몇 단계의 과정을 거쳤다.

4~5세에 입궁한 여자아이들은 견습 내인이라 해서 한 명씩 선배 상궁에게 맡겨진다. 상궁에게 맡겨진 견습 내인들은 어리기 때문에 하는 일이 없었다. 평생을 독신으로 지내야 하는 상궁들의 말벗도 되어 주고 때로는 딸처럼 지냈던 것이다. 7~8세가 되면 조금씩 내인으로서의 기본적인 교육을 받았다. 궁중에서 사용하는 용어와 몸가짐에 대해서 배우는 것이다.

견습 내인 과정을 마치는 11~12세가 되면 번살이라 하여 실습에 들어간다. 번살이는 입궁하고 대략 15년이 지나면 치러지는 성년 의식인 관례 때까지 계속된다.

여염집 여자의 경우에는 결혼을 올리기 전날 밤에 관례를 치렀다. 궁녀에게 관례란 성년식과 결혼식의 의미를 가졌다. 그러나 신랑 없는 결혼식이었다. 궁녀에게 신랑이란 오로지 한 사람, 모든 백성의 주인인 임금만이 자격이 있었기 때문이다. 임금의 눈에 띄어 승은을 입는다면 더 없는 행운이지만, 수백 궁녀 중에서 선택된다는 것은 거의 불가능한 일이었다.

관례를 마치고 나야 정식 내인으로 독립했다. 견습 내인이나 하녀들에게는 항아님이라는 호칭으로 불렸다. 드디어 본격적으로 궁녀의 생활이 시작되는 것이다. 내인 생활 15년을 거쳐야 비로소 상궁이 되었으니 어린 나이에 궁궐에 들어가 상궁이 되는 데 30년의 세월이 걸리는 셈이다. 상궁이 되어야 자신의 거처를 마련하고 하녀들을 거느릴 수 있었다.

상궁이 되기까지의 15년은 꽃다운 처녀들에게는 잔인한 시간이었다. 바깥 구경은 고사하고 가족 간의 따뜻한 정도 못 느껴 본 채 격무와 초긴장의 세월을 보내야 했기 때문이다. 가장 큰 고통은 역시 외로움이었다. 남자에 대한 그리움은 교육과 수련으로 잠재울 수 있는 것이 아니었다.

영조 때 한 신하가 올린 상소문을 보자.

"아! 통탄합니다. 예전부터 궁녀들이 가족이라 핑계하여 여염집의 어린아이를 궁궐에 재우고 또는 요사한 여중이나 천한 과부와 안팎에서 교류합니다. 전하께서는 궁궐 출입의 방지를 준엄하게 하소서."

일부 궁녀들이 동성연애를 통해서나마 외로움을 잊으려 한 것이다. 궁녀가 스스로 목숨을 끊는 일도 간혹 있었다. 왕실에서도 궁녀들의 아픔을 가늠하기는 했는지, 홍수나 가뭄이 있으면 젊은 궁녀들을 궁 밖으로 내보내 자유를 주기도 했다는 기록이 〈조선왕조실록〉에 더러 나온다.

나이가 들면 궁녀의 삶은 더욱 애달팠다. 궁녀로서의 임무를 더 이상 수행할 수 없기 때문에 궁궐에서 퇴출되었다. 병이 나도 마찬가지였다. 궁궐에서는 왕의 직계 외에는 절대 죽지도 못하고 앓지도 말아야 했기 때문이다. 궁궐에서 쫓겨나는 것이 구속에서 벗어나 자유로운 삶을 되찾는 것을 의미한다면 좋으련만 또 다른 통제가 기다리고 있었다.

궁녀는 궁중의 비밀을 많이 알고 있는 관계로 혼인이 금지되는 등 외부와의 접촉을 엄격히 규제당했다. 그럼에도 출궁한 궁녀를 첩으로 삼는가 하면, 병에서 회복한 궁녀를 잔치에 불러 술을 마시게 하는 등의 일들이 일어났다. 왕실에서는 아예 〈경국대전〉에 "방출 궁녀를 얻은 자는 곤장 100대를 가한다."고 규정하여 궁녀의 자유를 묶어 놓았다.

임금에게 승은을 입어 신분이 상승되는 한두 궁녀를 빼놓고 나머지 궁녀들의 말년은 쓸쓸하기 그지없었다.

| 궁녀의 직위와 임무 |

직위	임무
제조상궁	큰방상궁이라 하며 궁녀 중에서 가장 지위가 높다. 임금의 어명을 받들고, 내전에서 일어나는 모든 일을 주관한다.
부제조상궁	아랫고상궁(아랫고란 내전의 창고를 말함)이라 하며, 제조상궁보다 한 단계 낮은 지위다. 왕실의 중요한 물건이 보관된 창고의 출납을 담당한다.
시령상궁	지밀상궁이라 하며, 어명을 받들기 위해 임금의 곁에 항상 대기하고 있는 상궁이다.
보모상궁	왕자와 공주의 양육을 맡은 궁녀 중의 총책임자다.
시녀상궁	궁중의 지밀에서 왕이나 왕비의 시중을 든다.
감찰상궁	궁녀들의 행동 하나하나를 감시하고 평가하는 임무를 맡는다.
승은상궁	특별상궁이라 하며, 왕의 승은을 입었으나 자녀를 낳지 못한 내인이다. 특별히 하는 일 없이 후궁들과 함께 왕을 옆에서 모신다.
일반상궁	궁궐의 각 처소에서 아래 내인을 총괄하며 처소의 모든 일을 맡아 한다.
내인	관례를 치르고 성인이 된 궁녀로 각 처소에서 궁녀로서의 업무를 시작한다.
생각시	견습 내인이라 하며, 선배 상궁에게 궁궐의 예절 및 각 처소의 업무를 배운다.

무수리

무수리는 궁중에서 청소나 물 긷기, 불 때기 등의 일을 맡아 하던 여자 종이다. 넓은 의미로는 궁녀에 속하지만 궁궐 내에서는 궁녀로 보지 않았다. 조선 초기에는 민간의 아낙네 중에서 선발했는데, 대개 기혼녀로서 내인의 소개로 궁 출입을 했다. 후기에는 처녀도 선발되었는데, 숙종의 후궁이 된 숙빈 최씨(영조의 어머니)도 무수리 출신이었다. 무수리들은 항상 허리에 패를 차고 다녔다. 패는 궁궐을 드나들 때와 각 처소에 심부름을 다닐 때 신분을 증명하는 일종의 허가증이었다.

궁녀의 처녀 감별법

궁녀의 선발 과정에는 처녀성을 감별하는 제도가 있었다. 13세 이상의 소녀들에게 실시한 이 제도는 방법이 매우 특이하다. 앵무새의 피를 소녀의 팔목에 묻혀 피가 묻으면 처녀이고 안 묻으면 처녀가 아니었다. 처녀가 아니라고 판명되면 입궁이 취소되었다. 무슨 근거로 이 같은 방법이 행해졌는지는 알 수 없으나 조선 말기까지도 시행되었다.

PART 3

양반과 서민 생활

사대부와 과거 제도
과거 시험이 개인과 가문의 운명을 좌우

성균관 유생
기숙사 생활 하며 매일 시험, 낙제하면 매까지

성균관 유생의 상소 제도
단식 투쟁, 수업 거부, 동맹휴학까지 불사

양반 관료 사회
관료의 꽃 '당상관', 살아서 오르면 다행

관리의 신고식
빚잔치 벌이다 매 맞고 폐인 되기도

관리의 하루 일과
새벽별 보고 출근, 하루 12시간 근무

문중 간의 묘지 다툼
임금이 나서야 겨우 해결되다

농민의 삶
국가의 중추 역할 하면서도 각종 노역에 시달려

삼정 문란
어린아이, 죽은 자의 몫까지 바치다

천민의 삶
사람 아닌 사람, 노비의 값은 말 1필

기생의 삶
노리개로 전락한 예능인의 비애

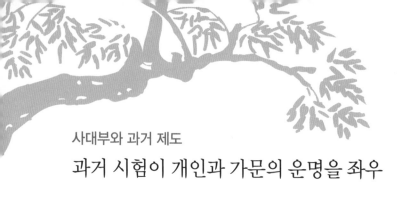

사대부와 과거 제도
과거 시험이 개인과 가문의 운명을 좌우

　　조선 건국의 주역은 고려 말 신흥 사대부다. 이들은 문벌 귀족제와 불교를 기반으로 한 고려 왕조가 쇠퇴하자 중국 성리학을 기본 이념으로 무관 출신의 이성계를 도와 정권 창출에 성공했다. 새로운 사회는 왕을 정점으로 하여 사대부를 중심으로 한 강력한 중앙집권적 관료 체제를 구축했다. 사대부는 성리학의 이념을 실천 윤리로 삼아 국가의 제도와 의례를 마련했다. 그러면서 왕을 견제하고 자신들의 이념을 왕의 통치에 반영하는 여론 정치를 구축했다.

　　사대부는 본래 중국 고대 주나라 시대에 천자나 제후에게 벼슬한 대부大夫와 사士에서 비롯된 명칭이다. 이때의 대부와 사는 하나의 계급이었다. 진한 시대 이후에는 계급의 구별이 없어지고 문관의 직위로 정착되었다. 조선에서는 문관 관료로서 4품 이상인 대부, 5품 이하인 사를 통칭했다. 그러나 문관 관료뿐 아니라 문무 양반 관료 전체를 포괄하는 명칭으로도 쓰였고 퇴직한 사람도 포함했다.

조선의 양반은 자신의 실력에 따라 관리로 등용되었다. 직업 관료로 등용되어야만 개인의 영예와 가문의 영광을 누릴 수 있었다. 관리를 선발하는 방법은 대체로 세 가지였다. 오늘날의 국가고시처럼 선발 시험을 통해 관리를 선발하는 과거제, 초야에 묻혀 있는 선비 중 학문과 도덕이 출중한 인물을 추천을 통해 선발하는 천거제, 공신이나 3품 이상 관리의 자식을 선발하는 음서제 등이다. 천거는 극히 드문 일이었고, 음서제는 고려 시대와 달리 제한적으로 적용되었다.

관직으로 나아갈 수 있는 유력한 통로는 과거 제도였다. 양반 가정에서는 자식의 교육과 과거 시험에 모든 정성을 쏟았다. 자식이 과거에 급제해야만 가문의 권세를 이어 갈 수 있었고, 시험에서 떨어지면 몰락을 각오해야 했다.

과거 시험은 문관, 무관, 기술관 채용 시험으로 나뉜다. 무관직에 오르기 위해서는 무과에, 기술직에 오르기 위해서는 잡과에 응시했는데, 필기시험 이외에도 실기시험을 치러야 했다.

양반 자제들은 문관을 뽑는 과거 시험에 주로 응시했다. 문관 채용 시험은 초급 관리 시험인 생진과(소과)와 중급 관리 시험인 문과(대과)로 나뉘었다. 생진과는 다시 생원과와 진사과로 나누어 각 도에서 1차 시험(초시)을 통해 각각 700명을 뽑고, 서울에서 2차 시험(복시)를 치러 다시 100명을 선발했다. 그런 뒤 각각 생원과 진사의 칭호를 주고 백패(소과 합격 증서)를 나누어 주었다. 생원과 진사가 되어야만 초급 관리로 임명될 자격을 얻을 수 있음은 물론 성균관에 입학할 수 있는 자격이 주어졌다.

과거 시험의 꽃은 중급 관리 시험인 대과다. 소과에 합격한 생원과 진사, 성균관의 학생들이 응시할 자격을 얻었다. 그러나 실제로는 일반 유생들에게도 문과를 치를 수 있는 자격이 주어졌다.

대과 역시 1차 시험인 초시와 2차 시험인 복시를 치렀다. 복시 합격자 33명이 왕 앞에서 직접 시험을 치르는 전시 응시 자격을 얻었다. 시험 성적순에 따라 갑(3명), 을(7명), 병(23명) 등 3과로 나누고, 갑과의 1등을 장원, 2등을 방안, 3등을 탐화라 했다. 장원은 종 6품, 2등과 3등은 정 7품으로 임용되었다. 나머지 을·병과 합격자들은 정 8품과 정 9품에 각각 임용되어 부서 배치를 받았지만 실제 보직을 얻기까지는 다소 시일이 걸렸다.

급제자 33명에게는 자랑스러운 합격의 상징인 홍패(대과 합격 증서)

가 주어지고 왕이 어사화를 내렸다. 궁궐에서는 이들을 위한 축하연을 베풀었다. 그다음 날부터 3~5일 휴가가 주어지는데, 이들에게는 평생 잊지 못할 시간이었다. 어사화를 머리에 꽂은 채 말을 타고 악대의 연주 속에 시가행진을 펼치고, 고향으로 내려가 마을 잔치를 벌였다. 말 그대로 금의환향이었다.

왕 앞에서 치르는 전시에서는 어떤 문제들이 출제되었을까? 국정 전반에 걸친 중요 사안에 대한 해결책을 묻는 시험 문제가 주로 출제되었다. 예를 들면 "부국 양병책을 논하시오.", "선비의 기상을 높이려면?", "임금과 신하의 도리란 무엇인가?" 등 장차 관리로서 필수적인 전문적 식견을 테스트했다.

당시에도 기출 문제와 모범 답안을 훑어보는 것이 유생들의 필수 전략이었다. 유생들은 과거 시험 전에 오늘날의 예상 문제집처럼 과거에 출제된 문제를 엮은 초집을 구해 훑어보았다.

그런데 간혹 시험 답안지에 임금에 대한 불충스러운 내용이 담겨서 문제가 발생하기도 했다. 광해군 3년(1611) 문과 시험에서 발생한 임숙영의 답안지 사건이 대표적이다. 임숙영은 25세에 진사가 되고 여러 차례 도전 끝에 최종 시험에 올랐다. 시험 문제는 '시책(나라의 가장 시급한 사안)'이었다. 그는 거침없이 답안을 써 내려갔다.

"후비의 친척과 후궁의 족속은 임금의 외척이라는 이름을 빙자하여 '아무개는 중전의 친척이고 아무개는 후궁의 친척이다. 지금 어떤 관직이 비었으니 반드시 아무개가 될 것이고, 아무 읍에 수령이 비었으니 반드시 아무개가 될 것이다.'고 말합니다. 그런데 임명장이 내릴 때 보면 그 말과 맞아떨어지지 않은 적이 드뭅니다. 게다가 위에서 직무를 태만히 하여 아랫사람들이 생업을 잃고, 위에서 은혜가 적어 아랫사람들이 노여움을 품고 있습니다. 이는 마치 나무가 속이 썩고 집이 안에서 무너지는 것과 같아서 비록 겉모양은 변함이 없으나 당장에 쓰러지고 무너지게 될 것입니다. 이런 상황인데도 한갓 겉치레만 일삼아 마치 태평 시대처럼 여기고 있으니, 다만 전쟁이 사방의 국경 안에서 터지지 않았다 뿐이지 어찌 이러한 상태를 편안하게 여길 수 있겠습니까."

그는 광해군이 답안지를 볼 것을 알면서도 외척의 발호, 도탄에 빠진 백성에 대해 자신이 본 대로 생각한 대로 솔직하게 답안을 채워 제출했다. 이 답안을 본 시험관 심희수의 품성도 대쪽 같았는지 그를 병과에 급제시켰다.

답안을 본 광해군의 반응은 어떠했을까? 노발대발했음은 물론이고 아예 임숙영을 합격자 명단(방목)에서 빼 버릴 것을 지시했다. 이 문제를 놓고 많은 신하들이 광해군에게 상소를 올렸다. 사헌부에서는 이렇게 진언했다.

"임숙영을 합격생 명단에서 삭제하라는 지시를 보고 신들은 경악스러움과 의혹을 금치 못하였습니다. 초야에 있는 비천한 선비는 단지 숨김없이 할 말을 다 하는 것이 충성스러운 줄만 알고 다른 것은 알지 못합니다. 그 말이 쓸 만하면 취하고 쓸 수 없더라도 용납하신다면 감싸고 받아들이는 덕은 그 빛남이 어느 정도이겠습니까."

〈조선왕조실록〉 광해군 편을 쓴 사관도 이렇게 적었다.

"국가가 망한다는 것이 바로 이런 것에 있지 않은가. 충직하고 곧은 말을 비방이라고 하여 도리어 욕하고 불합격의 벌을 내렸으니, 그 누가 나라가 위태롭다는 말을 해 스스로 어려움에 처하겠는가. 이처럼 하고서 망하지 않는 자는 드무니 통탄을 금할 수 없구나."

광해군은 몇 달간에 걸친 충신들의 거듭된 간청에 결국 두 손을 들고 임숙영을 급제시킬 수밖에 없었다.

과거는 3년마다 정기적으로 치러지는 식년시가 원칙이었는데, 부정기적으로 치러지는 시험도 있었다. 왕이 문묘에 참배하는 날 성균관에서 치르는 알성시, 나라에 큰 경사가 있을 때 실시하는 증광시, 일반적인 국경일에 맞춰 치르는 별시 등이다.

조선 시대의 과거 제도는 사대부가 되기 위한 실력 본위의 등용문이었으며, 실제로 문벌 귀족에게만 국한되었던 고려 시대의 지배 계층을 확대시키는 진보적인 역할을 했다. 그러나 엄격한 신분제 사회로서의 한계는 명확했다. 평민에게도 시험의 기회를 부여한다는 것은 법적인 규정에만 있을 뿐 실제로는 거의 불가능했다(평민의 응시 자격을 보장한다는 규정은 없고, 응시할 수 없다고 규정한 법조문이 없었기 때문에 원칙적으로는 응시할 수 있었다). 같은 양반 간에도 차별이 있었다. 무관은 문관보다 하위의 개념으로 인식되었고, 기술직이 천시되어 아예 양반들은 응

| 조선 시대의 과거 제도 |

문과	소과(초급 관리 고시)	• 초시(전국 실시) : 생원시 – 사서오경으로 시험 　　　　　　　　　　　진사시 – 시(詩)와 부(賦)로 시험 • 복시 : 초시 합격자 중 한양에서 실시
	대과(중급 관리 고시)	• 초시(1차 시험) : 관시 – 성균관에서 실시 　　　　　　　　한성시 – 한성부에서 실시 　　　　　　　　향시 – 8도에서 실시 • 복시(2차 시험) : 초시 합격자 중 한양에서 실시 • 전시(배치 시험) : 왕이 복시 합격자 33명의 등급을 결정
무과	• 초시(1차 시험) : 한양, 8도 병영에서 실시 • 복시(2차 시험) : 초시 합격자 중 병조에서 실시 • 전시(배치 시험) : 왕이 복시 합격자의 등급을 결정	
잡과	• 역과(통역관 시험) : 사역원에서 관장 • 의과(의무관 시험) : 전의감에서 관장 • 음양과(관상관 시험) : 관상감에서 관장 • 율과(법무관 시험) : 형조에서 관장	

시하지도 않아 결국 중인 계급의 세습직으로 바뀌어 갔다.

양반 자식이라도 결격 사유가 있으면 응시하지 못했다. 대표적으로 중죄인의 자손은 응시 자격이 없었다. 중죄라 함은 사직을 위태롭게 한 모반죄, 종묘 · 능침 · 궁궐을 파괴한 대역죄, 국가를 배반하고 외국과 몰래 통한 모역죄, 부모나 남편을 죽인 강상죄 등이다. 관청 소유의 물건을 사사로이 사용하거나 남의 재물을 불법으로 탐낸 관리의 아들도 과거 응시 자격을 박탈당했다.

죄를 지어 영원히 관직에 나갈 수 없다는 판결을 받은 사람도 과거에 응시할 수 없었다. 이들은 대체로 현직 관료로 있으면서 죄인에 대한 재판을 일부러 질질 끌거나 고문으로 사람을 죽게 한 사람들이다. 공물(중앙 관서와 궁중의 수요를 충당하기 위해 여러 군현에 부과하여 상납하게 한 특산물)을 대납(모든 주현에서 매년 상례로 공납하는 물품의 조달이 여의치 못할 경우 평포 등 다른 물건으로 대신 바치게 하는 것)한 관리나 절에서 말썽을 부린 유생 등은 문과에 응시할 수 없었다.

양반의 첩 자손(서얼)은 태종 대 제정된 '서얼금고법'에 의해 문과에 응시할 수 없었다. 그러나 명종 8년(1553)에는 양첩(양인 신분의 첩) 자손인 경우 손자 때부터, 인조 3년(1625)에는 천첩(천민 출신의 첩) 자손인 경우 손자 때부터 응시할 수 있게 되었다.

또한 재혼한 여자, 바람난 여자의 자손은 과거에 응시할 자격이 없었다.

임진왜란 이후 조선 후기로 갈수록 과거 제도를 통한 인재의 발탁은 의미가 퇴색되어 갔다. 과거 시험의 공정한 관리에 여러 가지 폐단이 나타나기 시작한 것이다. 특별 과거 시험이 계속 늘어나 급제자가 넘쳐

낙점

낙점은 관리 임용의 한 절차다. 인사 행정을 담당하는 이조에서 3명의 후보자를 추천해 왕에게 제출한다. 왕은 이들 중에서 적임자라고 생각되는 사람의 이름에 친히 점을 찍어 임명을 결정하는데, 이를 낙점이라 불렀다. 이조는 후보 명단에 후보자 3인의 이름을 오른쪽에서부터 왼쪽으로 적는데 맨 오른쪽 사람이 1순위 추천자다. 대개 왕은 이 사람을 관리로 임용했다.

창덕궁 춘당대

왕 앞에서 치르는 문과 시험인 전시는 경복궁 근정전, 창덕궁 인정전 등 정전 앞뜰에서 시행되었다. 반면 부정기적으로 열린 특별 시험은 성균관 등 여러 곳에서 치러졌는데, 그중 창덕궁 영화당 앞뜰인 춘당대가 대표적이다.

춘당대에서는 선조 때부터 국가에 경사가 있을 때 춘당대시라는 이름으로 문파 시험이 열렸다. 영화당에 왕이 직접 앉아 시험을 주관했는데, 단 한 번의 시험으로 그날 바로 급제자가 결정되는 것이 특징이었다. 과거 시험 중 운이 가장 많이 따르는 시험으로 알려져 유생과 하급 관리 등이 구름 떼처럼 몰려들었다고 한다.

유생들은 새벽녘부터 춘당대 뜰에 좌정하고 있다가 동이 트면서 내걸리는 시험 제목에 따라 황급히 글을 짓기 시작했다. 땡볕 아래에 앉은 유생들은 한지로 양산을 쓰고 시험을 치르기도 했다. 시험이 끝나면 바로 채점에 들어가, 급제한 유생들에게는 왕이 직접 격려하면서 어사화를 내렸다.

나면서 관직 진출이 어려워지자 과거 제도의 폐단이 심화되었다. 급제자들은 권세가에 접근하여 관직을 청탁하기도 하고, 그것이 어려우면 사색당파에 합류해 당권 싸움에 매달리기 일쑤였다.

과거 제도는 조선 시대를 최고의 문치주의 사회로 끌어올리며 문화를 한층 성숙시킨 한편, 현재까지도 우리 국민의 교육열에 지대한 영향을 끼치고 있지만 출세, 족벌 지향의 그릇된 문화를 만들어 내기도 했다.

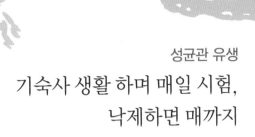

기숙사 생활 하며 매일 시험,
낙제하면 매까지

"중앙에는 국학, 지방에는 향교에 학생을 두고 학문에 힘쓰게 하여 인재를 양육하게 할 것이다."

태조 이성계가 밝힌 즉위교서의 한 대목이다.

조선의 학교교육은 조선의 건국 이념인 성리학을 보급하여 유교의 실천 윤리인 삼강오륜을 일깨우는 데 목적을 두었다. 새로 개국한 나라의 정치적 성패가 교육에 달려 있다고 보았다. 실제로는 양반 자제들을 학교에서 가르침으로써 인재 양성을 도모하려는 목적이 더욱 컸다고 볼 수 있다. 학교교육이 관리 선발을 위한 과거 시험의 준비 과정이었던 셈이다. 교육 내용도 과거 시험 준비를 위한 사서오경 등 유교 경전이 중심을 이뤘다.

양반 자제는 7~8세가 되면 오늘날의 초등학교인 서당에 들어갔다. 〈천자문〉, 〈동몽선습〉, 〈명심보감〉 등으로 초보적인 한문의 읽기, 쓰기, 글짓기를 연습하면서 사서삼경의 기초 공부를 했다. 15~16세가 되면 공립 중등교육 기관인 사부학당(사학)이나 향교에서 공부했다. 사학은 서울에 설치된 4개의 학당(동·서·남·중부)을 말한다. 정원은 각 학당마다 100명씩이었다. 향교는 지방의 중등교육 기관으로 부·목·군·현에 각 하나씩 설치했다. 주로 지방 양반과 향리의 자제들을 무상으로 교육했다. 향교는 원칙적으로 평민의 입학도 허가했지만 실제로는 입학생이 거의 없었다. 입학한다 해도 과거 시험을 치를 수 없었다.

사학과 향교에서 공부한 양반 자제들은 생진시(소과)에 응시했고, 여기에 합격해 생원과 진사가 되어야 비로소 최고 교육 기관인 성균관 입학 자격과 함께 초급 관리 임용권이 주어졌다. 성균관은 조선의 최고 학부이자 유일한 국립대학이었다. '성균'이라는 말은 고려 충렬왕 24년(1298) 국학(국자감을 개칭한 것)을 성균감으로 개칭한 데서 비롯되었다. 충렬왕이 죽고 충선왕이 즉위하면서 성균감을 성균관으로 개칭했다.

성균관에 들어가기 위해서는 소과에 합격해야 했지만, 15세 이상의 사학 학생 중 〈소학〉 및 사서오경 중 1경에 능통한 학생, 공신과 3품 이상 관리의 아들로 〈소학〉에 능통한 사람, 하급 관리 중 지원자 등도 입학이 가능했다. 이처럼 유생이 될 수 있는 자격은 대체로 양반 자제로 국한되었다. 왕세자도 책봉 후에 성균관 입학 의식을 거행했다. 실제로 성균관에 다니지도 않으면서 입학식을 치른 것은 성균관의 국가적 중요성을 백성들에게 알리기 위함이었다.

성균관에 입학하면 수많은 특전이 주어졌다. 학비와 숙식 제공은 물론 3년마다 치르는 문과 시험을 기다리지 않고 특별 시험(알성시, 성균관 유생에게만 주어지는 문과 초시인 관시 등)에 응시할 수 있었다. 성적이 우수하면 곧바로 관리로 특별 채용되기도 했다. 모든 백성들에게 적용된 야간 통행금지(밤 10시~새벽 4시)를 효종 이후부터는 성균관 유생들에게만 해제시켰다.

이 같은 특전에는 엄격한 학교생활이 요구되었다. 학생 수는 세종 대 이후부터 200명이었는데, 동재와 서재에서 전원 기숙사 생활을 했다. 기숙사에 들어가면 문과 급제 때까지 엄격한 학칙과 자체 규율에 따라 학교생활을 견뎌 내야 했다. 이는 성균관의 학칙인 동시에 국립 교육인 관학의 일반적인 학칙으로 유교 이념이 철저히 반영되어 있었다.

주요 학칙은 다음과 같다.

1. 경서 및 제술 시험을 치러 과거 시험에 반영한다.
2. 도교 및 불교에 관한 책을 읽는 자는 벌한다.
3. 정부를 비방하거나 스승을 모독하는 자, 권세에 아부하거나 주색을 말하는 자는 벌한다.
4. 오륜을 범하는 자, 절개를 굽히거나 교만한 자, 교언영색으로 남의 환심을 사려는 자 등은 기숙사에서 쫓아낸다.
5. 매달 8일과 23일은 정기 휴일로 세탁을 하거나 부모를 찾아뵈는 여가를 준다.
6. 해마다 품행이 방정하고 성적이 좋은 유생 1~2명을 관리로 천거한다.

하루 일과는 기상을 알리는 북소리, '일어나서'라는 하인의 구령과 함께 아침 7시쯤 시작된다. 눈을 비비고 일어나면 다시 '세수하서'라는 하인의 구령에 따라 세수를 한 뒤 푸른 도포를 입고 검은 베로 만든 두건을 쓴다. 오전 8시쯤 기숙사 앞뜰에 집합해 생원들은 동문으로, 진사들은 서문으로 식당에 입장한다. 식당에 들어가면 나이 순대로 20명씩 2열로 마주 앉는데, '밥 드서', '물 드서', '수저 놓으서', '일어나서' 등 하인의 구령에 따른다.

식사를 끝내고 휴식을 취하다가 오전 10시쯤 '모이서'라는 구령에 따라 강의실인 명륜당 앞뜰에 집결한다. 선생님인 성균관 박사에게 허리를 굽혀 인사를 하고 강의실로 들어간다. 수업 시간에는 유생의 실력에 따라 우반과 열반으로 나뉘어 사서오경을 배운다. 박사는 전날 배운 내용을 묻고 새로운 내용을 강의하며, 일정한 수준에 도달하지 못하면 반복 학습을 시켰다.

점심은 대개 들지 않았다. 해가 긴 여름에만 요기 정도를 했다. 오후에는 사서오경 이외에 다양한 형식의 글을 훈련하고 서법을 익히는 문예 과목을 배웠다. 문예 과목은 매달 초순, 중순, 하순으로 나누어 배웠는데, 초순에는 의(문제점을 지적하는 글)나 의(의미를 해석하는 글)를, 중순에는 부(느낀 것을 표현하는 시)·표(자기 의견을 나타내는 글)·송(위인의 공덕을 칭송하는 글)·잠(가르쳐 경계하는 글)을, 하순에는 대책(윗사람의 질문에 답하는 글)이나 전(나라의 일에 대해 신하가 왕에게 아뢰는 글) 등을 작성하는 법을 공부했다.

오후 5시가 넘으면 저녁을 먹었다. 식당에는 도기라는 출석부가 놓여 있었는데 아침과 저녁 식사 시 서명을 해야 출석 점수 1점을 얻을 수 있었다. 출석 점수 300점, 즉 수업 일수 300일을 채워야만 문과의 초시 및 관시, 알성시 등 특별 과거 시험의 응시 자격이 주어졌다.

취침 시간은 대략 밤 10시로, 1.5평 크기의 방에서 3명가량이 함께 잠을 잤다.

성균관 유생들은 엄격한 학칙, 빡빡한 하루 일정 이외에도 각종 평가 시험에 시달려야 했다. 시험은 일일 고사, 10일마다 치르는 순말 고사, 월말 고사, 학년 말 고사 등을 치렀다. 시험 성적에 따라 매우 잘 이해하고 있다는 대통, 잘 이해하고 있다는 통, 대략 알고 있다는 약통, 제대로 이해하지 못한다는 조통 등 4등급의 성적을 매겼고, 꼴찌에 해당하는 조통은 유생들 앞에서 망신과 함께 벌을 각오해야 했다.

성종 때 유생 윤극공은 조통의 성적을 받아 매를 맞았다. 그는 너무 화가 나 스승에게 이렇게 말했다.

"성균관이 형조로 변했습니까?"

이를 전해 들은 의금부는 그에게 곤장 40대를 내렸고, 그런 말을 듣고도 못 들었다고 발뺌한 친구도 20대나 맞았다.

성균관 유생들은 원칙적으로는 문과에 급제할 때까지 재학할 수 있었지만, 야밤에 기숙사 담을 넘어 놀러 다니는 등 생활이 방만하거나 성적이 형편없으면 쫓겨나게 마련이었다.

대학인 동시에 사당인 성균관

유교식 교육 기관(학교)에는 반드시 사당을 만들었다. 지방의 서원이나 향교에 가더라도 사당은 중요한 위치에 지어져 있다. 유교에서 사당이 중요한 이유는 교육과 밀접한 관계가 있다. 유교의 교육은 스승을 닮는 것을 최고로 한다. 선비라면 누구나 공자와 그의 제자를 닮으려고 노력했다. 자신과 동시대에 살고 있지 않은 유학자를 기억하고 그들의 철학을 본받으려는 노력은 사당에 위패를 모셔 놓고 정기적으로 제를 올리는 것으로 구현된다.

성균관에도 공자를 모시는 대성전이라는 사당이 있다. 이곳에는 공자 그리고 안자·자사 등 제자 15명의 신위와 주자를 비롯한 중국 성리학의 대가 6명의 신위, 최치원·이황을 위시한 한국의 대표 성현 18명의 신위가 모셔져 있다. 대성전에서 1년에 두 번, 2월과 8월에 문묘 제례를 올렸는데, 이때 왕이 직접 와서 제를 올렸다.

사서오경

성리학을 통치 이념으로 한 조선은 유학 중심의 인재 양성과 사상 통제가 무엇보다 중요했다. 〈천자문〉으로 글을 깨치고 나면 〈명심보감〉 등을 통해 유학의 기초를 닦았다. 그리고 유학의 기본 경전인 사서오경을 배움으로써 유학의 이념을 깨쳤다. 사서오경은 과거 시험의 과목으로 유생들이 독서를 게을리할 수 없었던 경전이다. 사서는 〈논어〉, 〈맹자〉, 〈중용〉, 〈대학〉을, 삼경은 〈시경〉, 〈서경〉, 〈역경(주역)〉을 말한다. 그리고 오경이라 할 때는 여기에 〈춘추〉, 〈예기〉가 더해진다.

현고학생부군신위

'현고학생부군신위'는 일반 가정에서 차례나 제사를 지낼 때 한지에 써서 모신 신위, 곧 지방을 말한다. 지방에 '학생'이라는 두 글자를 넣은 것은 과거 합격의 염원을 담은 것이다. 대부분의 유생들은 과거 시험에 합격하지 못한 채 세상을 뜨기 때문에 죽어서도 공부를 계속한다는 의미가 담겨 있다. 평민 들에게는 성균관 유생 등 공부하는 선비가 선망의 대상이었을 것이기에 죽은 뒤에나마 학생이라고 부른 것이다. '현고'는 돌아가신 아버지라는 말이며, '부군'은 한나라 때의 지방관 이름으로 관청에 모셔진 신주를 뜻한다.

반면 돌아가신 어머니의 지방에는 '현비유인'이라고 썼다. '유인'은 원래 조선 시대 9품의 문무관 아내에게 내려지는 품계. 이 역시 벼슬하지 못한 여인의 한의 달래는 의미다.

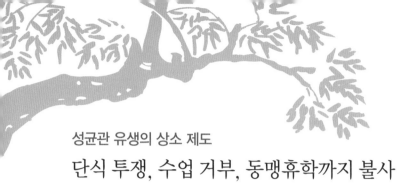

성균관 유생의 상소 제도
단식 투쟁, 수업 거부, 동맹휴학까지 불사

성균관 유생은 조선 시대 최고의 엘리트 학생인 만큼 오늘날의 대학생들처럼 국가 정책, 왕의 통치 행위 등 시국 문제에 대해서 자신들의 의견을 취합해 왕에게 전달했다. 요구가 받아들여지지 않으면 대자보를 붙이고 단식 투쟁, 수업 거부, 동맹휴학 등의 집단행동도 서슴지 않았다. 이를 제도적으로 보장한 것이 유생의 상소 제도다. 상소 안건은 유생들의 자치 기구인 재회를 통해 결정되었다.

유생 중 누군가가 국정에 관해 상소를 올리고 싶으면 식사 시간에 총학생회장 격인 장의에게 상소 안건을 알린다. 장의가 이에 동의하면 유생 총회를 소집하고 모든 유생들에게 의견을 구해 토론을 벌이고 정식 안건으로 채택한다. 이 자리에서 상소 등 일련의 집단행동을 이끌어 갈

우두머리인 소두를 뽑고 상소문을 작성한다.

상소문이 작성되면 소두를 필두로 유생들이 행렬을 지어 대궐로 들어가 상소문과 함께 유생 명단을 왕에게 올리고 왕의 답변을 들을 때까지 연좌 농성을 벌인다. 왕이 상소를 받아들이지 않거나 만족스럽지 않은 답변이 나오면 상소가 관철될 때까지 거듭 상소를 올렸다.

그래도 상소를 받아들이지 않으면 집단행동의 수위를 높였다. 처음에는 권당이라 해서 수업 거부와 함께 단식 투쟁을 벌인다. 그래도 왕의 답변이 없으면 기숙사에서 퇴실하며, 급기야는 성균관을 모두 빠져나가는 공관(집단 휴학)을 단행한다. 상황이 이쯤 되면 서울의 사부학당 학생들이 동맹휴학을 선언하는가 하면 심상치 않은 나라 분위기로 시장의 상인들마저 좌판을 거둬들일 정도였다.

세종의 불당 건립 지시에 대한 성균관 유생들의 반대 상소를 보자.

"무릇 불씨(석가모니)의 폐해는 진실로 한 가지만이 아닙니다. 부자의 도와 군신의 의가 없어서 인심을 무너뜨리고 삼강오륜을 소멸시키니 이를 물리친 뒤에야 교화를 일으킬 수 있습니다. 이들은 일하지 아니하고 놀고먹으며, 세금을 피하고 백성들의 재물을 좀먹으니 이를 없앤 뒤에야 백성을 이롭게 할 수 있습니다. (중략) 정사년(1437)에 흥천사를 다시 창건하여 토목공사를 크게 일으켜서는 공양과 보시를 국고의 재물로 많이 내었습니다. 비록 놀고 있는 무리들을 사역한다고 하오나 그 공궤하는 비용은 어디에서 나오겠습니까. 이는 반드시 백성의 고혈을 짜내어 쓸데없는 빈 그릇을 만드는 것이매, 신 등이 이미 유감으로 여겼습니다. 사헌부와 사간원에서 간언을 올렸는데 전하께서 변명하시기를, '흥천사는 조종께서 창건하신 것인데 그 허물어진 것을 차마 앉아서 볼 수 없다'고 하셨습니다. 신 등은 처음에 그렇게 여겼더니 오늘날에 이처럼 지극한 데 이를 줄을 어찌 알았겠습니까."

세종 21년(1439) 4월 성균관 생원 이영산 등 648명이 올린 상소의 일부 내용이다. 이 상소는 받아들여지지 않았다. 오히려 상소 내용 중 '금군보졸이 절 문을 엄하게 지킨다'는 등 근거가 없고 적절치 못한 것이 있어 세종은 유생들의 죄를 묻고자 했다. 그러나 도승지 김돈이 만류하여 유생들을 타이르는 것으로 끝났다.

불당 건립을 반대하는 성균관 유생들의 반대는 멈추지 않았다. 급기야 1448년 7월에는 집단 반발을 보이기도 했다. 성균관 생원 유상해 등이 유생 총회를 마친 뒤 상소를 올렸다.

"지금 궁성 동쪽에 절을 세우려 하여 지시를 내리셨다니, 신 등이 이 말을 듣고 마음이 아프고 실망하여 눈물을 주체할 수 없습니다. 신 등은 두렵건대, 태평의 정치가 비로소 오늘에서 사그라들고 신민의 바람이 여기에서 끊어질까 합니다. 엎드려 바라건대 불당 건립을 그만두소서."

상소를 받아 든 세종이 "대신의 말도 듣지 않았는데 하물며 너희들의 말을 듣겠느냐."며 상소를 받아들이지 않자, 성균관 유생들은 결국 사부학당 학생들과 함께 동맹휴학을 선언하고 성균관에 대자보를 붙였다.

"이단인 불교는 바야흐로 융성하고 유교의 도는 갈수록 쇠하니, 형식에 구속되어 있을 수 없어서 대성전에 하직하고 나간다."

한 달여간 지속된 이 사태는 영의정 황희 정승이 일일이 유생 집을 돌며 학교로 돌아갈 것을 간곡히 설득해 가까스로 무마되었다. 영조 때는 야간 통행금지를 어겼다는 이유로 한 성균관 유생이 곤장을 맞자 이에 격분해 수업을 거부하는 사태가 일어나기도 했다.

조선 시대 전기에는 성균관 유생들의 상소가 대체로 국왕의 불교 보호 정책을 비판하는 것이 대부분이었다. 후기로 갈수록 사색당쟁이 격화되면서 상소 제도도 변질되어 갔다. 성균관 유생들마저 각 당파의 경쟁에 휘말리면서 인맥, 혈맥, 지연에 따른 파벌 싸움의 도구로 상소를 이용한 것이다.

유생들은 성균관의 스승을 비난하는 내용에서부터 국가의 대소사에 이르기까지 다양한 내용을 상소에 담거나 수업 거부 사태를 일으켰지만 왕은 대체로 관대하게 처분해 거의 처벌하지 않았다.

성균관을 비롯한 사부학당, 향교 등의 국립 교육 기관은 조선 초기에는 인재 양성의 기능과 함께 성인과 성현에 대한 제사 기능도 함께 가졌다. 특히 성균관은 주자학을 연구하고 보급하는 학문의 전당으로서뿐만 아니라 최고의 관료 양성소로서 조선의 정치 이념을 강화하는 데 크게 이바지했다.

그러나 임진왜란 이후로는 나라의 경제 상황이 악화되면서 교육 재정이 궁핍해져 지원이 줄면서 차차 쇠퇴해 갔다. 과거 시험이 불공정하게 운영되면서 특정 당파의 권력 유지 도구로 전락하자 성균관 유생들도 학문에 정진하기보다는 당쟁에 휩쓸리게 되었다. 성균관이 제대로 기능할 수 없게 되자 성리학의 학문 연구를 바탕으로 하는 사립학교인 서원이 교육의 주도권을 쥐게 되었다.

왕이 내리는 은잔의 의미

효종은 성균관 유생들에게 은잔 2개를 하사했다. 이 잔에는 '성균관에 하사한다'는 글자가 새겨져 있었다.

"특별히 은잔을 내리니 술을 마시기 위해서가 아니라 화목하게 하려는 것이다."

개국 초 성균관에 술잔을 내린 왕은 태종이다. 성균관 유생과 스승들은 태종이 내린 청화잔으로 술을 마시면서 은혜를 가슴 깊이 새겼다. 임진왜란 때 청화잔이 없어지면서 이 같은 풍습이 끊겼다가 효종이 다시 은잔을 하사하면서 부활되었다. 효종 이후에 이 은잔은 성균관 유생의 술잔으로 사용되기도 하고 야간 통행증의 구실도 했다. 단, 공자에 제사를 지내는 석전제 때나 성균관 유생들의 집단 상소 때만 사용토록 제한했다.

관료의 꽃 '당상관', 살아서 오르면 다행

선비들은 과거 시험에 급제해 관리로서 첫발을 내딛으면 관료의 꽃인 당상관을 향해 다시 뛰어야 했다. 양반 관료 조직 체계로 들어온 이상 왕을 가장 가까이에서 보필하며 최고의 발언권을 행사할 수 있는 주요 핵심 부서에서 일하는 것이 관료들의 간절한 소망이었다.

조선 왕조의 통치 구조와 사회 구조를 명시한 〈경국대전〉을 보면 조선 시대의 중앙 및 지방 관료 조직이 한눈에 들어온다. 중앙의 통치 기구는 의정부와 6조가 기본이다. 여기에 국왕과 의정부, 6조를 견제하는 사헌부, 사간원, 홍문관 등의 삼사가 있다. 사헌부와 사간원을 합해 대간이라고도 하는데, 국왕과 양반 관료에 대한 감찰 및 비판 권한을 가져 왕과 신하 간, 신하와 신하 간의 갈등이 첨예하게 드러난 적도 많았다.

지방은 전국을 8도로 나누어 관찰사를 파견했다. 각 도 아래에는 부, 목, 군, 현을 두어 각각 부윤, 목사, 군수, 현령(현감)을 파견했다.

관리의 등급은 1품에서 9품까지 모두 9품계에 각 품계마다 상위 계급인 정과 하위 계급인 종으로 나뉜다. 위부터 정 1품 → 종 1품 → 정 2품 → 종 2품…정 9품 → 종 9품 등 모두 18등급의 직급이다.

관리의 서열은 크게 당상관과 당하관으로 나뉜다. 궁궐의 아침 조회 시 의자에 앉느냐 못 앉느냐에 따라 정 3품 이상을 당상관, 그 이하를 당

| 중앙 정치 기구 |

부서	직책	품계	업무 내용	비고
의정부	영의정, 좌 · 우의정	정 1품	국정 총괄	자문 기관
6조	판서	정 2품	이조 : 내부, 문관 인사 호조 : 재정, 조세, 호구 예조 : 의례, 교육, 외교 병조 : 국방, 무관 인사 형조 : 형벌 공조 : 토목	국정 실무
승정원	도승지	정 3품	왕명 전달	비서 기관
홍문관	대제학	정 2품	경서 작성 및 문서 관리	고문 기관
사헌부	대사헌	종 2품	관리 감찰 및 풍속 교정	감찰 기관
사간원	대사간	정 3품	국왕에 대한 간언 및 비판	왕권 견제
의금부	판사	종 1품	대역, 모반 등 중죄 처리	특별 사법
한성부	판윤	정 2품	서울의 행정, 치안 담당	
교서관	제조	종 1 · 2품	서적 간행	
성균관	지사	정 2품	문관 양성 교육	대학 교육
예문관	대제학	정 2품	국왕 교서 편찬, 사초 기록	
승문원	도제조	정 1품	외교 문서 작성	

하관이라 했다. 당하관은 6품 이상을 참상관, 7품 이하를 참하관이라 하는데, 참상관이 되어야 비방 수령으로 나가고 말을 탈 수 있었다. 남편의 승진에 따라 부인도 함께 승진했다. 당상관의 아내는 1품의 경우 정경부인, 2품은 정부인 등으로 불렸다. 당하관은 종 3품 숙인에서 종 9품 유인까지 품계마다 명칭이 달랐다.

당상관은 국정을 입안하고 집행하는 최고급 관료 집단이었다. 중요 정책 결정에 참여하고 인사권, 군사권 등의 중요한 권한을 가져 조선 관리들이 염원한 직업 관료의 꽃이었다. 당상관이라야 관찰사로 파견될 수 있었다. 오죽하면 "떼어 놓은 당상"이라는 말이 생겨났을까.

당상관이 되면 연공서열에 따른 인사 고과 제도인 순자법의 적용을 받지 않아도 되었다. 당하관은 특별한 공을 세우지 않는 한 순자법의 적용을 받아 근무 연한에 따라 승진과 승급이 가능했다. 그렇다면 관직에 들어 당상관까지 오르는 데는 얼마나 걸렸을까?

순자법에 따라 1등급 승진하기 위해서는 참하관 때는 15개월, 참상관 때는 30개월의 근무 시간을 채워야 했다. 과거 시험에서 생진과에 합격해 종 9품에 임용된 관리가 참상관으로 올라가는 데 15개월×6단계＝90개월, 당상관으로 진급하는 데 30개월×7단계＝210개월이 걸렸으니 약 25년이 소요되는 셈이다. 관직에 임용되려면 규정상 만 20세가 넘어야 했고 대개 30세 전후에 벼슬길에 올랐으니 계산상으로는 50대 중반에 당상관이 될 수 있었다.

그렇지만 이는 근무 연수를 다 채우고 업무상 실수가 없을 때만 가능한 얘기다. 최고의 관료직인 당상관은 임금의 낙점을 받아야 하는 자리였으므로 근무 연수를 다 채웠다고 해서 자동적으로 승진하는 것은 아니었다.

순자법의 제도적 모순을 지적하는 〈조선왕조실록〉의 한 대목을 보자.

"무릇 벼슬길에 들어온 자가 사고 없이 만 40~50년의 임기를 기다려야 비로소 3, 4품의 등급에 오르게 되는데, 벼슬하는 동안에 사고 없이 50여 년을 넘기는 자는 거의 없습니다. 하물며 나이 마흔이면 노쇠하기 시작하는데, 50여 년을 지난다면 쇠하거나 병들지 않고 직무를 감당할 만한 자는 드물 것입니다. 이와 같다면 쓸 만한 인재가 있다 하더라도 의지와 기개가 한창 날카로운 때는 하층에서 허우적거리고, 요행으로 높은 관직에 이르더라도 의지와 기개가 무뎌져서 쓰기가 어렵게 됩니다."

실제로 당상관은 종 6품~정 7품으로 채용되는 문과의 갑과 급제자나 훌륭한 가문 출신의 과거 급제자가 아니면 오르기가 거의 불가능한 자리였다. 그나마 직책을 부여받으면 다행이고, 과거 급제자들 중 상당수는 품계와 부서 배치만 받고 실제로는 일자리를 받지 못한 채 세월만 허송하기 일쑤였다.

16세기 이후 사색당파가 생겨나면서부터는 양반 관료 체제의 폐쇄적이고 세습적인 성격이 더욱 강화되어 함경도, 평안도 등 특정 지방 출신이나 보잘것없는 집안 출신의 선비들은 벼슬자리 얻기가 더욱 불가능해졌다. 이 때문에 대대로 관직에 오르지 못해 소작농으로 전락하는 양반이 생겨나는 등 몰락 양반이 더욱 늘어 갔다.

조선은 양반 관료 중심의 신분제 사회였던 만큼 몰락 양반이 늘어난다는 것은 지배 체제의 급속한 동요를 의미했다. 게다가 조선 후기로 가면서 농업 생산력이 높아져 평민들이 부를 축적해 양반으로 신분이 상승되거나 천민과 노비가 해방되기도 하여 양반 관료 사회의 해체를 촉진시켰다.

관리의 봉급

조선 시대 관리들은 봉급을 돈으로 받지 않고 토지, 쌀, 베로 받았다. 정 1품부터 종 9품에 이르기까지 18과로 구분되어 차등 있게 지급받았다. 조선 초기에는 과전법에 따라 전·현직 관리에게 지급했다. 정 1품이 되면 토지 150결(약 45만 평)을 지급받고 녹봉으로 쌀 100석, 베 32필을 받았다. 최하 18과는 토지 5결(약 1,500평)과 녹봉으로 쌀 14석, 베 4필을 받았다. 녹봉은 처음에는 1년에 두 차례씩 지급되었는데, 세종 대에는 정월, 4월, 7월, 10월 등 분기마다 지급하는 것으로 바뀌었다.

세조 때에는 현직 관리에게만 토지를 지급하는 직전법으로 바뀌었다. 토지의 양도 정 1품이 110결, 종 9품이 15결에서 10결로 줄어들었다. 임진왜란 이후에는 토지를 제외하고 녹봉만을 지급했으며, 오늘날처럼 한 달에 한 번씩 봉급을 받게 된 것은 숙종 때부터다.

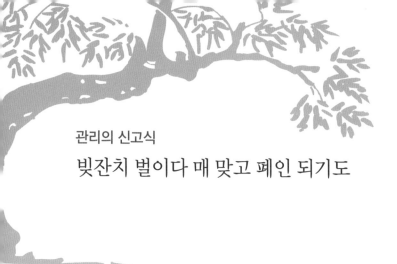

관리의 신고식
빚잔치 벌이다 매 맞고 폐인 되기도

    하늘의 별 따기만큼이나 어렵다는 과거 시험을 통과하고 첫 부서에 배치받아 관청에 등청하는 첫날. 밝은 미래를 설계하면서 관청으로 들어서는 발걸음은 한없이 가볍고 마음은 설레임으로 가득하다. 그러나 현실은 전혀 달랐다. 당상관을 향한 야무진 꿈을 품고 관료 사회에 첫발을 내딛는 순간부터 시련을 겪게 되었다. 선배들로부터 이른바 신참례라는 신고식을 치러야 했기 때문이다. 이는 〈경국대전〉 등에 규정된 공식적인 의례가 아니라 오늘날처럼 선배들이 신입 관리를 축하해 주는 일종의 비공식적인 관습이었다. 이 관례가 좀 지나쳤는지 〈조선왕조실록〉에는 신고식의 폐해를 고발하는 기사가 자주 눈에 띈다.

    선비가 대과와 소과에 합격하여 관리로 등용되고 부서 배치를 받으면 신입 관리, 즉 신래자라는 호칭이 주어진다. 각 부서의 선배들은 신래자가 들어오면 넌지시 불러 신고식에 대해 알려 준다. 자신이 신입 시절 겪은 신고식을 그대로 후배에게 대물림해 주는 것이다.

"먼저 모든 선배들에게 인사를 가야 한다. 단, 밤에 찾아가되 귀신 형상을 하고 가라!"

이 같은 관습을 회자라 했는데 신래자는 반드시 지켜야 했다. 회자는 그런 대로 견딜 만했다.

또한 선배들에게 한턱내는 의미로 잔칫상을 차려야 했는데, 이 의식을 치러야 동료로서 인정해 주었는지 신출내기를 면한다는 뜻의 면신이라고 했다. 처음에는 간소하게 식사를 대접하던 것이 점점 심해져 상다리가 휘어질 정도로 상을 차리지 않으면 안 되었다. 오죽했으면 잔치 비용을 마련하기 어려워서 관리로 뽑히기를 꺼려 할 정도였을까. 선임자 중에는 돈을 뜯는 사람도 있어 가난한 선비는 벼슬을 포기하는 경우도 있었다.

이뿐만이 아니다. 썩은 흙이나 시궁창의 오물을 얼굴에 칠하는가 하면, 온갖 욕을 지껄이며 하루 종일 춤을 추게 하기도 했다. 관모와 의복을 찢고는 더러운 물속에 밀어 넣고 뒹굴게 하여 귀신 같은 몰골을 만드는 등 몸을 상하게 하는 일이 비일비재했다. 어떤 신래자는 병을 얻어 평생 동안 폐인으로 지내기도 했다. 선비의 행동이라고 할 수 없는 일들이 신고식이란 명목으로 행해졌던 것이다.

신고식의 폐해가 잇따르자 이를 처벌하라는 사헌부 등의 상소가 왕에게 자주 올라갔다. 다음은 중종 35년(1540) 사헌부가 신고식에 가담한 관리들을 처벌하라는 상소다.

"주상께서는 신고식을 불문에 부치셨으니 매우 온당치 못한 조처입니다. 관련자들을 파직시킴으로써 후일에 폐단이 없게 하소서. 신입 관리를 닦달하는 일이 오랜 관습이라고는 하지만 갈수록 심각해지고 있습니다. 요즘에는 그 기간이 50일이나 됩니다. 그리고 잔치까지도 전부 신래에게 마련하여 베풀게 하는데 하루에 서너 차례나 연다고 합니다. 선배들은 기생을 끼고 앉아 후한 뇌물을 요구하다가 조금이라도 뜻에 차지 않으면 신래의 종을 때려서 죽이기까지 합니다. 예문관의 한 신입 관리는 집과 땅을 모두 팔아서 잔치 비용으로 쓰고 빚까지 진 뒤 죽었는데, 과부가 된 그의 아내가 눈물로 일생을 보낸 경우도 있습니다. 신고식의 폐단이 이 지경에 이르렀으니 신들은 통탄스러운 마음을 금할 수 없습니다. 신고식에 관련된 자들을 모두 파직시키소서."

무슨 이유로 관리들이 신고식이란 미명하에 신입 관리를 못살게 굴었던 것일까? 신참례가 언제부터 시작되었는지 유래를 고증할 수는 없으나 고려 시대 말 과거 제도의 비리에서 신참례가 생겨났다고 전한다. 인재를 시험으로 선발하는 과거 제도가 제대로 시행되지 못하고 귀족의 나이 어린 자제들이 실력에 상관없이 가문을 배경 삼아 급제하는 일이 잦았던 것이다.

관리들은 과거 시험을 분홍 저고리에 젖비린내 나는 아이들의 잔치라고 해서 '분홍방'이라 비아냥거리며 불만을 쌓다가 급제자들을 골탕 먹이기 위해 신고식이라는 것을 만들어 냈다. 말하자면 귀족 집안의 자제들을 혼내 주려 한 신고식이 조선 시대까지 내려온 셈이다. 왕과 신하들은 신고식의 폐습이 오랑캐에게나 있는 것이라며 개혁하려고 노력했지만 신고식은 조선 시대 말까지 이어졌다.

힘들게 신고식을 통과한 관리들은 정치적으로 큰 불상사가 없는 한 각 부서를 돌며 평생 관리의 길을 걸었다. 나이가 들어 더 이상 관직을 수행할 수 없을 때는 치사라 해서 물러나는 것이 일반적인 법도였다. 치사란 나이가 많아 벼슬을 사양하고 물러나는 것으로 오늘날의 정년 퇴직과 같은 것이다.

조선 시대 관리의 정년은 몇 살이었을까? 정종 때 기록에는 "대소 신료 가운데 나이가 70세인 자는 치사하도록 허락하여 집으로 가게 한다."는 대목이 나온다. 태종 때 좌의정을 지낸 하륜은 "신하가 전하를 보좌하다가 나이 70세에 이르면 치사하고 한가함을 얻어서 여생을 마치는 것은 예부터 전해지는 좋은 법이다."고 말한 바 있다. 이로 미루어 보면 조선 시대의 정년이 대략 70세였음을 알 수 있다.

예나 지금이나 퇴직을 하게 되면 아쉬움이 남게 마련이다. 조선 중종 때의 학자 송순은 정년퇴직을 한 뒤 고향으로 돌아가 〈치사가〉로 자신의 심정을 노래했다.

늙었다 물러가자 마음과 의논하니
이 님 버리고 어드러로 가잔 말인고
마음아 널랑은 있거라 몸만 먼저 가리라

몸은 비록 임금 곁을 떠나가지만 마음만은 남아서 언제나 임금을 가까이에서 지키겠다는 노신하의 충성심이 절절히 느껴진다.

그러나 능력 있는 관리는 정년에 구애를 받지 않았던 모양이다. 세종 때 영의정을 지낸 황희(1363~1452)는 86세에 관직에서 물러났다. 건강

상의 이유로 여러 차례 퇴임하려는 것을 세종이 그때마다 붙잡았기 때문이다. 황희는 정년퇴직을 한 뒤에도 국정 자문을 계속했다.

승진 시험

조선 시대에도 관리들은 승진 시험에 시달렸다. 시험 종류만도 무려 네 가지. 10년에 한 번 시행하는 정기 시험인 중시는 당하관 이하의 문신을 대상으로 했다. 이 밖에도 왕명에 의해 수시로 실시되는 문신정시, 계절이 시작되는 첫 달에 치르는 문신중월부시법, 문신의 경학 공부를 권장하기 위해 오경을 번갈아 가며 시험 보는 문신전강 등이 있었다. 이렇듯 수시로 실력을 평가했으며 시험 성적이 좋아야 높은 관직에 오를 수 있었다.

옛날에도 신원 조회가 있었다

조선 시대에는 왕이 관리를 임명했다고 하더라도 사헌부나 사간원의 관리 서명을 받아야 관직에 오를 수 있었다. 이른바 서경 제도로, 국가의 일을 담당하는 관리의 선발에 신중을 기하기 위함이었다. 후보자의 성품이나 행정 수행 능력은 물론 해당자의 가문이 결격사유가 있는지를 심사했다. 결격사유가 발견되지 않으면 심사 서류에 서명했지만, 만일 부적합하다고 판단되면 '작불납'이라 표기한 뒤 임용하지 않았다.

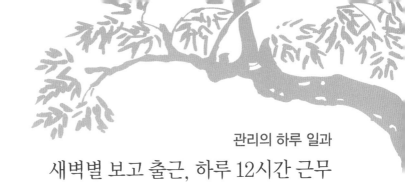

관리의 하루 일과
새벽별 보고 출근, 하루 12시간 근무

예나 지금이나 직장인의 아침은 분주하다. 조선 시대 관리들의 아침은 더욱 바빴던 모양이다. 매일 아침 소속 부에 출근 도장을 찍어야 했는데, 출근 시간이 묘시(오전 5~7시)여서 새벽 맷바람부터 서둘렀다. 해가 짧은 겨울에는 진시(오전 7~9시)로 늦춰지기는 했지만 바쁘기는 매한가지였다.

궁궐에서 일하는 고급 관료, 당상관들은 더욱 골치가 아팠다. 국왕에게 문안하는 새벽 조회, 즉 상참과 조참이 인시(오전 3~5시)를 전후로 열리기 때문에 조회 전에 대문을 나서야 했다. 그야말로 새벽별을 보면서 출근한 것이다.

하급 관리의 경우에도 별반 차이가 없었다. 상하 관계가 엄격했던 만큼 반드시 아랫사람이 일찍 출근해서 윗사람을 기다려야 했다. 윗사람이 출근하면 문 앞까지 나가서 맞이해야 했으니 시대를 막론하고 졸병은 불쌍한 처지였다.

출근하기 싫다고 해서 함부로 결근을 할 수도 없었다. 각 관서의 중·하급 관리들은 매일 아침 출근하면 출근부에 서명을 하도록 되어 있었다. 출근부를 공좌부라 했는데, 왕은 각 부서의 공좌부를 검사하여 이유 없이 출근하지 않는 관리는 그 이름 밑에 점을 찍었다. 세 번 이상 출근하지 않으면 그 종을 가둬 징계하고, 열 번 이상 출근하지 않으면 부과(관리가 잘못을 저질렀을 때, 그 잘못을 종이에 써서 집 안에 붙여 두는 것)해 후일 인사고과에 반영했다. 만일 결근일이 20일 이상이면 파직시켰다.

그러나 이는 중·하급 관리에 한했고 당상관은 공좌부를 기록하지 않았다. 고급 관료들을 대우하기 위해 이들의 출근 여부는 의정부에서 감독했다. 이 정도의 품계면 스스로 마음을 가다듬어 직무에 충실할 것이란 믿음이 있었기 때문이다.

공좌부에 기록된 출근 일수는 관리의 근무 평가와 승진에 절대적인 기준이 되었다. 관리들 중에는 승진을 위해 공좌부를 허위로 기록하거나 조작하는 이도 있었다. 결근한 날에 자신의 이름 밑에 찍힌 점을 지우고 서명을 새로 하는가 하면, 동료가 출근하지 않은 날에는 대신 서명을 해 주기도 했다. 하지만 허위로 기록한 사실이 밝혀지면 죗값을 달게 받아야 했다. 선조 때 군자감 직장을 지낸 심종직은 공좌부를 지운 것이 들통 나 관직을 박탈당했다.

공좌부에 서명을 하고 나면 관리의 하루 업무가 시작된다. 업무는 각

부의 성격에 따라 다르다. 한 예로 사헌부를 살펴보면 하루가 얼마나 정신없이 돌아갔을지 짐작할 수 있다.

새벽에는 왕에게 국정 현안에 대한 보고와 자문을 하는 자리인 새벽 조회에 참석한다. 그런 다음 왕을 모시고 경연에 나가 경서와 사서를 강론한다. 왕이 궁 밖으로 행차라도 하면 호위까지 맡아야 한다. 여론을 수렴하여 국정에 반영하는 언론 활동도 사헌부의 중요한 일이다. 왕의 말과 행동에 잘못이 있을 때는 사간원과 함께 바로잡기 위해 간쟁을 해야 한다. 관원의 잘잘못을 따져 탄핵을 요청하기도 하고 정치적 현안의 옳고 그름을 논해 왕이 바른 정치를 할 수 있도록 의견을 피력해야 한다. 법을 집행하는 기관으로서 잘못된 풍속을 교정하고, 죄인을 신문하고, 억울한 사람들의 소송을 재판하는 일도 사헌부의 몫이다. 이렇게 많은 일을 처리해야 했으니 하루해가 짧았을 것이다.

몸이 10개라도 모자랄 정도로 정신없이 뛰어다니던 관리들은 유시(오후 5~7시)가 되어야 퇴근을 했다. 겨울에는 2시간 이른 신시(오후 3~5시)로 퇴근 시간이 앞당겨졌다. 퇴근을 한 관리들은 곧장 집으로 가기도 했지만 때때로 술자리를 만들어 하루의 고단함을 잊었다.

그러나 숙직이라도 걸리는 날이면 술자리는 꿈도 꿀 수 없었다. 숙직은 일반적으로 중·하급 관리의 몫이었다. 숙직은 굉장히 엄격해서 마음대로 빼먹으면 관직을 박탈하도록 법에 명시되어 있었다. 세종 때 관리 김토는 허락도 없이 숙직을 하지 않았다는 이유로 파면을 당하기도 했다.

숙직자의 근무 수칙은 매우 엄격했다. 숙직하는 관리는 군사들을 시켜 방울을 흔들면서 순찰을 돌게 하고, 창고 문에 봉한 순찰 표식을 수시로 살피도록 감독했다. 불가피하게 창고 문을 열 일이 생기면 반드시 출입자의 몸을 직접 수색했다. 금은보화와 옷가지 등을 도둑맞는 일이 생기면 숙직 근무자는 처벌과 함께 관직 파면을 각오해야 했다. 이처럼 숙직 근무는 당시에도 번거롭고 귀찮은 일이었다.

중종 1년(1507)에는 당상관 이상 고급 관료들에게도 숙직을 명한 적이 있었다. 고급 관료들의 숙직이 시작되었는데 신하들의 반대로 고작 20일을 넘기지 못했다.

"신 등이 서로 교대하여 궐내에 머무는 것이 무슨 어려움이 있겠습니까마는, 다만 백성들이 이를 듣고 반드시 말하기를 '재상들이 무슨 일이 있기에 매일 대궐에 머무는가?' 할까 두려우니, 백성들을 놀라게 하는 것은 합당하지 않은 일로 생각됩니다."

정승들이 나서서 백성의 수군거림을 이유로 들어 중종을 설득한 것이다.

아침 일찍 새벽별을 보고 출근한 관리는 하루 12시간 이상 업무를 보고, 숙직이 있는 날에는 하룻밤을 꼬박 세워야 했다. 그러나 이는 규정일 뿐 왕의 건강, 왕위 계승 등 왕실의 여러 가지 대소사, 화급한 정치적 현안이 발생하면 근무 시간을 넘겨 밤샘하는 일이 비일비재했다.

인사고과 제도

관리들의 평상시 근무 상태를 조사하여 성적을 매기는 것을 전최라고 한다. 성종 대에 처음 실시된 전최 제도는 내직에 있는 당상관을 제외한 모든 관리들에게 적용되었다. 중앙에서는 당상관이, 지방에서는 관찰사가 관원과 지방 수령을 대상으로 점수를 매겨 매년 6월 15일과 12월 15일에 왕에게 보고했다. 열 번의 평가에서 모두 상을 받으면 한 단계 높은 품계로 승급시키고, 열 번 가운데 두 번만 중을 받으면 녹봉이 없는 관직으로 좌천시키며, 세 번이면 관직을 박탈했다. 가장 아래 등급인 하를 받으면 그 자리에서 파면당했다.

관리의 휴일

조선 시대에는 요일 개념이 없었기 때문에 일요일이 없었다. 일요일제는 갑오개혁부터 쓰기 시작했다. 그렇다고 휴일이 없었던 것은 아니다. 매월 1일, 8일, 15일, 23일, 그리고 매 절기(입춘 등)에는 관리들도 업무를 보지 않았다. 한 달에 다섯 번 정도 휴일이 있었던 셈이다. 이 밖에도 명절 연휴가 있어서 설날 7일, 대보름 3일, 단오 3일, 연등회 3일씩을 쉬었다. 추석 때는 하루만 놀았다.

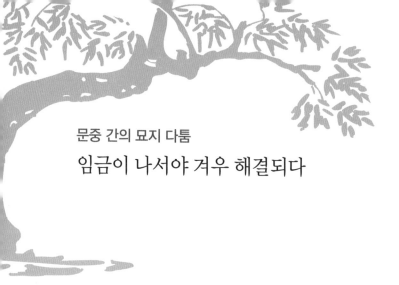

문중 간의 묘지 다툼

임금이 나서야 겨우 해결되다

유교를 건국 이념으로 출발한 조선에서 최고의 덕목은 '충'과 '효'였다. 그중에서도 효가 으뜸으로 꼽혔다. 효를 실천하는 근본은 조상에 대한 극진한 숭배였다. 자손들은 조상을 모시는 의례를 통해 같은 후손임을 확인하고, 동시에 가문 구성원들 간에 결속력을 다질 수 있었다.

효가 표면적으로 드러나는 대표적인 경우가 무덤을 조성할 때다. 자손들은 조상을 좋은 곳에 모시려고 명당자리를 찾기 위해 필사의 노력을 기울였다. 조상의 음덕이 미쳐서 집안이 번영하고 자손들이 성공한다고 믿었기 때문이다. 각 가문에서 너도나도 명당자리를 찾다 보니 묘지 분쟁이 일어난 것은 당연지사다.

조선 후기로 갈수록 문중 간 묘지 다툼이 자주 발생했다. 묘지 분쟁에 관한 소송을 산송이라 한다. 영조 38년(1762)에 벌어진 심정최 집안과 윤희복 집안의 싸움은 왕이 직접 나설 만큼 장안을 시끌벅적하게 했다.

사건의 발단은 심정최의 집안에서 경기도 파주에 있던 윤희복 집안의 묏자리에 묘를 쓰면서 시작되었다. 윤희복의 조상으로 고려 시대에 시중을 지낸 윤관의 묘가 그곳에 있었는데, 윤씨 문중은 후대로 오면서 정확한 위치를 찾지 못하고 있던 중이었다.

그런데 심정최의 집안에서 묘를 조성하면서 윤관의 묘라고 전해 오던 묘역을 무너뜨리고 심씨 가문의 묘를 조성했다. 윤씨의 후손은 묘 앞에 세워 놓은 작은 비석 조각을 증거로 찾아내어 무덤을 이장해 줄 것을 요청했다. 그러나 심씨 집안은 이를 받아들이지 않았다. 두 집안 사이에 삿대질이 오가고 관가에 잇달아 상소를 냈다.

두 집안의 다툼이 얼마나 시끄러웠는지 결국 영조의 귀에까지 들어가게 되었다. 영조는 두 집안이 싸우지 말고 서로 대화를 통해 문제를 해결하도록 진정시켰다. 왕이 개입했음에도 다시 3년 뒤에 큰 다툼이 발생했다. 윤씨 가문의 한 사람이 심씨의 무덤 앞에 놓인 장대석을 허물어 버린 것이다. 화가 난 심씨 집안은 여러 사람을 데려와서 그를 흠씬 두들겨 패고 쫓아냈다. 이 사건이 터진 뒤 두 가문은 서로의 잘잘못을 가리겠답시고 영조에게 거듭 상소를 올렸다. 심지어는 신문고도 여러 차례 두들겨 문제를 더욱 크게 만들었다.

이미 한 차례 화해를 주선한 바 있는 영조는 화가 머리끝까지 치밀었다.

"윤희복, 심정최는 권세가의 대문중으로서 사람이 지켜야 할 도리를 외면하고 서로 다투면서 번거롭게 잇따라 상소하였다. 이를 엄하게 다스리지 않으면 나라의 기강을 무너뜨리는 일이다."

영조는 이례적으로 경복궁 홍화문에 친히 나가서 두 사람을 추궁하고 귀양 보냈다. 심정최와 윤희복 집안 사이의 묘지 분쟁은 왕이 직접 나서야 할 정도로 커다란 사건이었지만 이는 빙산의 일각에 불과했다.

"요사이 상소하는 것을 보면 산송이 십중팔구나 되었다."

영조의 개탄은 문중 간의 묘지 분쟁이 조선 시대 후기에 얼마나 심각한 일이었는지를 여실히 보여 준다.

부모나 조상의 묘를 명당에 쓰면 자손이 복을 받을 수 있다는 풍수 사상은 비단 권세가의 집안뿐이 아니라 일반 백성의 집안에서도 결사적이었던 모양이다. 무덤을 놓고 벌이는 다툼이 칼부림을 부르거나 자살로 이어지는 사태도 〈조선왕조실록〉에 보인다.

신분 고하를 막론하고 묘지 분쟁이 만연하자 가장 곤욕을 치른 사람은 산송을 판결하는 사헌부의 법관들이었다. 양반 문중 사이의 산송도 어려웠지만 양반과 평민 사이의 산송은 더더욱 어려웠다. 정조 12년 (1788) 사헌부의 법관이었던 김광악은 왕에게 이렇게 호소했다.

"가장 판결을 내리기 힘든 것이 산송입니다. 양반들은 반드시 승소하기를 힘쓰고, 서민들은 죽기 살기로 덤비기 때문에 법관이 어느 한쪽 말만 듣고 따를 수가 없습니다."

묘지 분쟁을 들여다보면 충효를 강조한 주자학적 세계관이 조선 후기에 들어오면서 사회의 발전을 가로막는 허례 허위적인 의식으로 변질되어 갔음을 느낄 수 있다.

문중

문중은 한 조상을 제사 지내는 자손들로 이루어진 혈연 집단을 말한다. 조선 시대에는 같은 양반이라 하더라도 문중에 따라 신분상 지위의 격이 달랐다. 뛰어난 업적을 세운 조상을 제사 지내면서 문중은 스스로의 위상을 높이고 구성원들 간의 유대를 강화했다. 문중은 종가를 중심으로 형성되었다.

종가의 장손을 종손이라 하는데, 종손은 조상의 사당을 관리하거나 기제사를 맡았다. 대내외적으로 문중을 대표하는 어른은 문장인데 문중 내에서 선출되었다. 또한 문중 내의 총무 격으로 여러 가지 일들을 보는 유사가 있다. 문중은 유학에서 으뜸으로 여기는 조상을 모시는 제사 의식을 행하며, 문중 구성원들 간의 친목을 도모하는 기능을 했다.

가짜 족보

족보는 문벌, 기풍을 중시하는 사상이 높아지면서 발달했다. 조선 시대에 족보가 있다는 것은 곧 양반임을 의미했다. 족보가 없는 평민이나 천민은 양반의 신분적 특권이 위대한 조상과 혈통에서 비롯된 것이라고 생각했다. 신분 상승을 꿈꾸는 평민 이하의 많은 사람들은 남의 족보에 자신의 이름을 넣거나 족보를 사는 행위도 서슴지 않았다. 16세기까지만 해도 전체 인구의 40% 정도가 성이 없었는데, 조선 후기에 모두 성을 갖게 되면서 가짜 족보를 만드는 일이 성행했다. 오죽했으면 "양반이면 다 같은 양반이냐."는 말이 나돌 정도였다.

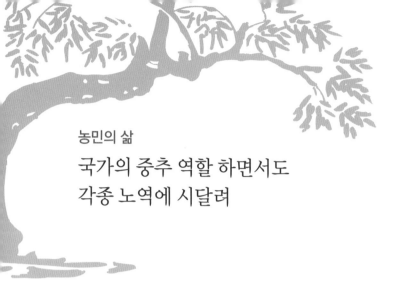

농민의 삶

국가의 중추 역할 하면서도
각종 노역에 시달려

조선 사회의 지배 계층이 왕과 사대부라면 피지배 계층은 평민(양인, 백성, 상민)과 천민이었다. 이 중 양인은 농업, 공업, 상업 등에 종사하면서 국가의 정치적 · 경제적 · 군사적 기반을 이루는 역할을 담당했다. 법률상으로는 과거 제도에 응시하여 관리로 진출할 수 있는 길이 열려 있었다. 그러나 어디까지나 법조문일 뿐 실제로는 신분 상승의 길이 막힌 채로 각종 노역에 시달리며 일생을 마감했다. 평민의 역할은 국방과 치안의 보호 속에 온갖 의무를 수행하는 것이었다.

평민 가운데 절대다수를 차지한 계층은 농민이다. 이들은 자신이 경작하는 땅에 대해 국가에 토지세를 물어야 했다. 세종 26년(1444)부터 실시된 조세 부과의 기준을 보면 수확량의 20분의 1을 내도록 규정했는데, 이는 다시 토지의 비옥도에 따라 6등급(전분 6등)으로 나누고 풍작, 흉작의 정도에 따라 9등급(연분 9등)으로 나누어 차등해서 내도록 했다. 합리적인 것처럼 보이지만, 소작농이 대부분이었던 탓에 수확량의 절반을 다시 양반 지주에게 바쳐야 했으니 농사를 지어 봐야 근근이 먹고 사는 정도에 불과했다.

농민은 또한 공납의 의무를 져야 했다. 공납이란 각 지방에 토산물을 할당해 이를 현물로 내는 세금 제도로, 국가에 필요한 제품을 조달하기 위한 것이었다. 〈세종실록지리지〉의 기록에 의하면 농산물에서부터 가내수공업 제품, 해산물, 과실, 광산물, 조수에 이르기까지 공물의 종류가 다양하다.

공물은 각 지역의 결수(논밭의 면적을 헤아리는 단위인 결부의 수량)와 호구 수(호적상 집의 수효와 식구 수)를 기준으로 부과되었으나 기준은 명확하지 않았다. 지방관과 향리가 공물을 거둬 한양으로 보냈기 때문에 처음부터 부패의 문제를 안고 있었다. 또한 현물을 보관하는 데 어려움이 있고 공물의 운반에 필요한 노동력도 제공해야 했기 때문에 농민들은 이중고를 겪게 되었다. 공납을 대신 해 주고 농민들로부터 대가를 받는 방납 제도가 생겼지만, 권세가나 관리 등이 이를 악용해 폭리를 취하는 일이 빈번해짐으로써 농민의 부담은 조선 후기로 갈수록 더욱 심해졌다.

게다가 국방의 의무를 지는 군역과 함께 일정 기간 궁궐, 산릉, 제방, 성곽, 도로의 축조나 보수공사 등에 차출되는 노역도 농민의 몫이었다.

호구 통계의 자료인 호적 제도도 농민에게 각종 부담을 지우기 위해 만들어졌다. 나라에서 3년에 한 번씩 호적을 작성하고, 16세 이상의 성

▲김홍도의 풍속화. 조선 시대에 가장 많은 계층은 농민이었다. 농민은 국가 생산력의 대부분을 담당하면서 한편
으로는 각종 착취에 시달려 가난한 삶을 살았다.

인에게 호패를 차도록 하여 거주 이전의 자유를 막고 안정적인 재정 수
입을 올릴 수 있도록 한 것이다. 농민들은 결국 한곳에서 대대로 농사
를 지으며 살 수밖에 없었다.

질곡의 삶을 살면서도 농민들은 이른 봄부터 풍년의 염원을 가슴속
에 담은 채 굵은 땀방울을 흘렸다. 그들의 한해살이와 여가 생활은 모
두 농사와 밀접한 관련이 있었다. 음력이 태양의 움직임에 따른 계절의
변화와 한 달이나 어긋나므로 농민들은 1년을 24절기로 나누어 농사에
적용했다.

조선 헌종 때 정학유가 지은 장편 가사인 〈농가월령가〉를 보면 농민
의 한해살이와 세시 풍속을 그대로 엿볼 수 있다.

음력 정월 : 입춘(양력 2월 4일쯤)/우수(양력 2월 19일)
1년 농사 준비, 정월 세배와 설 풍속, 정월 대보름 풍속

2월 : 경칩(양력 3월 5일쯤)/춘분

(양력 3월 21일쯤)

논밭갈이, 가축 기르

기, 약재 캐기

▲〈농가월령가〉. 1년 동안 농가에서 할 일을 월별로 나누어 부른 가사다.

3월 : 청명(양력 4월 5일쯤)/

곡우(양력 4월 20일쯤)

논농사 및 밭농사의 파종, 과일나무 접붙이기, 장 담그기

4월 : 입하(양력 5월 6일쯤)/소만(양력 5월 21일쯤)

모내기, 분봉, 등 달기, 천렵

5월 : 망종(양력 6월 6일쯤)/하지(양력 6월 21일쯤)

보리타작, 고치 따기, 단오 그네뛰기

6월 : 소서(양력 7월 7일쯤)/대서(양력 7월 23일쯤)

북 돋우기, 유두 풍속, 장 관리, 삼 수확, 베 짜기

7월 : 입추(양력 8월 8일쯤)/처서(양력 8월 23일쯤)

김매기, 피 고르기, 선산 벌초하기, 겨울을 위한 채소 준비,

무 · 배추 파종

8월 : 백로(양력 9월 8일쯤)/추분(양력 9월 23일쯤)

가을걷이 시작, 중추절 풍속, 며느리의 친정 나들이

9월 : 한로(양력 10월 8일쯤)/상강(양력 10월 23일쯤)

가을걷이 완료, 풍요함 속에 이웃 간 온정 나누기

10월 : 입동(양력 11월 7일쯤)/소설(양력 11월 22일쯤)

무 · 배추 수확, 겨우살이 준비

11월 : 대설(양력 12월 7일쯤)/동지(양력 12월 22일쯤)

메주 쑤기, 동지팥죽 풍속, 가축 기르기, 거름 준비

12월 : 소한(양력 1월 5일)/대한(양력 1월 20일쯤)

새해 농사 준비, 묵은세배

농민들은 고된 노동에 종사하면서도 풍년을 기원하고 가정의 안녕을 기도하는 세시 풍속을 통해 고단한 삶을 잊을 줄 아는 지혜를 스스로 터득했다. 대자연의 법칙에 순응하며 자신들의 질박한 문화를 가꿔 나가면서 한민족의 민속 문화를 형성했다.

조선 시대의 농민들은 성군을 만나면 그나마 태평성세를 누릴 수 있었다. 농민을 중히 여기고 백성의 평안을 중시한 현군은 세종이다. 세종은 문신 정초에게 농서를 작성토록 지시해 우리나라 풍토에 맞는 농사법을 수록한 〈농사직설〉을 완성했다. 이 과정에서 눈길을 끄는 것은 세종이 정초에게 내린 주문이다.

"농사는 천하의 대본이다. 전국의 기후와 토질이 제각기 다르니 각 고장마다 곡식을 심고 가꾸는 법이 다를 수밖에 없다. 전국 팔도의 늙은 농부들을 방문하여 오랜 경험을 경청해 아뢰어라."

늙은 무지렁이 농부들이지만 농토에서 오랫동안 터득한 숙련된 경험과 기술을 높이 평가한 것이다. 〈농사직설〉에 적힌 다양한 농사 방법에는 농민들의 지혜가 그대로 담겨 있다. 책을 편찬할 때 어려운 얘기는 빼고 농사에 관한 것만 간략하게 적도록 해 전국의 농민들이 쉽게 참고할 수 있도록 했다.

그렇다 해도 농민은 지배 계층인 왕과 양반을 위해 일생을 농업에 종사하는 피지배 계층일 뿐이었다. 가족의 노동력으로 일궈 낸 수확으로 한해살이가 가능했지만 천재지변으로 흉년이 들면 초근목피로 연명해야 했다. 지배층이 부패해 당쟁만 일삼고, 관리라는 자들이 농민의 고혈을 짜내어 자신들의 배만 불리는 데 혈안이 되면 농민들은 집과 터전을 잃고 떠돌다 노비가 되거나 도적이 될 수밖에 없었다.

온돌과 평민

온돌은 우리나라 가옥 구조의 대표적인 특징이다. 하지만 일반 백성들에게까지 보편화된 것은 조선 말기에 이르러서다. 중국의 〈신당서〉에는 "고구려 사람들의 집에 온돌이 있어 겨울에 따뜻하게 지낸다."고 기록되어 있다. 신라와 백제는 온돌을 사용했다는 기록이 없다.

조선 시대에는 15세기 전후에야 궁궐의 어전에 온돌 시설이 건축되었다. 궁궐 내의 일반 건물이나 사대부가에 널리 보급된 것은 17세기쯤으로 추정된다. 일반 백성들은 18~19세기가 되어서야 온돌을 설치했던 것으로 보인다. 그 전에는 추운 겨울이라도 아궁이와 온돌이 없이 지푸라기나 나무판을 깔고 땅바닥에서 지냈다.

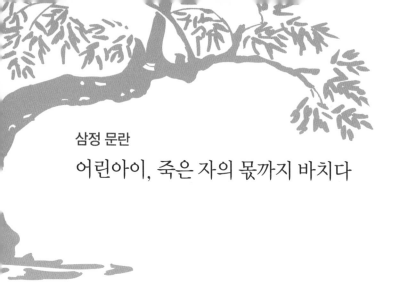

삼정 문란

어린아이, 죽은 자의 몫까지 바치다

영·정조 시대 이후 왕권은 급격히 약화되었다. 풍양 조씨, 안동 김씨 등 외척에 의한 세도정치가 절정에 이르면서 양반 관료 사회의 부패가 극에 달했다. 정치적 불안은 곧바로 나라 재정의 근본인 전정, 군정, 환정 등 이른바 삼정의 문란을 가져왔다. 각종 세금이 관리들의 축재 수단으로 전락함으로써 국가 살림이 바닥나고 평민들은 극심한 가난에 시달리게 되었다.

전정은 토지에서 각종 세를 징수하는 행정, 군정은 성인 남자의 군사 의무를 면제해 주는 대신 세를 징수하는 행정, 환정은 춘궁기에 쌀을 빌려 주었다가 이자를 붙여 환수하는 구호 행정을 말한다. 세 가지 제도를 운영하는 지방 관아의 수령이나 아전들은 세금의 수납 과정에서 온갖 농간을 부리면서 백성들로부터 100여 종이 넘는 세목을 매겨 징수했다.

〈조선왕조실록〉 철종 13년(1862) 기사를 보면 진주에서 민란이 터지자 안핵사(지방에서 민란이 발생했을 때 사건을 수습하도록 파견한 임시 직책) 박규수가 삼정 문란 문제에 대해 상소하는 장면이 나온다.

"난민들이 스스로 죄에 빠진 것은 반드시 이유가 있을 것입니다. 그것은 곧 삼정이 모두 문란해진 것에 불과한데, 살을 베어 내고 뼈를 깎는 것 같은 고통은 환정이 제일 큰 일입니다."

조정에서도 삼정 문란의 폐해가 심각하다고 인식하고 암행어사나 안핵사를 각 고장에 파견하여 감사 활동을 펼쳤으나 속수무책이었다. 삼정 문란에 따른 백성들의 피폐상은 어느 정도였을까?

1995년 한국정신문화연구원이 발견한 거제도 남단 구조라리 어촌계의 마을 고문서에는 평민들이 기록한 삼정 문란의 구체적인 피해가 생생하게 실려 있다. 생활공동체 조직인 어촌계가 18세기 말부터 1900년대 초까지 기록한 것인데, 내역을 보면 토지세 명목으로 160개가 넘는 세목에 걸쳐 곡류, 소, 가죽, 동백기름, 종이, 판자, 버섯 등 "생산되는 모든 물품을 바쳤다."고 기록되어 있다.

이뿐만이 아니다. 시도 때도 없이 절기마다 내는 공물 이외에도 왕실, 수령, 양반, 병영은 물론 중국으로 가는 사신 행차에도 각종 물품을 갈취당했음이 드러났다. 마을 사람들이 관가에 낸 탄원서를 보자.

"토지가 없는데도 표고버섯 등 산에서 나는 물품 10여 종을 바치라 하니 어찌할 바를 모르겠다. 거기에 해산물까지 요구하니 도저히 살 수가 없다. 제발 이를 면하게 해 달라."

성인 남자의 군사 의무를 면제해 주는 대신 삼베나 쌀을 징수하는 군정의 피해는 더욱 극심했다. 부패한 지방 관리들은 죽은 사람에게 징수하는 백골징포, 어린아이를 성인으로 편입시켜 징수하는 황구첨정, 이웃으로부터 대신 징수하는 인징, 친척으로부터 대신 징수하는 족징 등의 방법으로 갈취했다.

오늘날의 마을 이장 격인 이임은 또 다른 탄원서에서 이렇게 분통을 터뜨렸다.

"10년 전 죽은 백골 10명, 원래 있지도 않은 인물 10명, 다른 동네 사람 10명의 군정을 징수해 가니 도대체 말이 되는가. 백골징포를 돌려 달라! 관원들이 앞바다 내외도(현재는 안섬, 바깥섬)로 왕래할 때마다 툭 하면 배를 대라고 하니 도저히 일할 시간이 없다."

이장의 눈물겨운 호소에 대해 관아에서는 "번거롭게 따지지 말고 법대로 시행하라." 며 고압적 자세로 일관했다.

마을 고문서를 보면 지방 관리들이 전정, 군정 등으로 징수하는 세금을 빼돌리기 위해 주민을 아예 호적에서 누락시키는 수법도 사용했음을 알 수 있다. 관에서 가구별 세금 부과 및 마을 통제를 위해 작성한 호적을 보면 1863년의 경우 구조라리 전체 가구 수는 74가구, 인구수는 남자 141명, 여자 106명으로 247명에 불과하다. 이로써 지방 관리들이 마을 주민의 상당수를 호적에서 누락시켜 실제 사람 수와 호적에 등재된 사람 수만큼 세금을 개인적으로 착복했다고 추정해 볼 수 있다.

삼정 문란이 극에 달한 1863년에 구조라리는 반농반어의 작은 어촌이었다. 이들은 각종 세금과 부역 이외에도 왜선과 왜인의 잦은 출몰로 이중고를 겪고 있었다. 1838년의 마을 기록을 보면 왜선의 통과 및 정박, 왜인에 대한 접대 내용 등 왜인에 대한 정탐 사실을 인근 옥포와 지세포의 관청에 보고한 사실이 나온다. 이마저도 구조라리 주민들에게는 큰 어려움이었다.

또 다른 탄원서는 "표류해 밀려오는 왜선이 아침저녁으로 있다. 그들이 오면 배를 예인하고 정박하는 동안 숙식을 제공하며 감시하는 역할을 해야 해 엄청난 경비와 인력이 소요되어 생업에 막대한 지장을 받고 있다."며 고통을 호소하고 있다.

이 같은 피해 양상은 구조라리 주민들에게만 국한된 것이 아니라 전국적인 현상이었다. 철종 13년 진주민란을 시작으로 전국 각지에서 농민 봉기가 일어난 것은 바로 삼정 문란 등 양반 관리의 부패를 참다못한 민초의 주체적 저항이었다. 이런 과정에서 농민 등 일반 평민의 사회의식이 더욱 성숙해지고 조선 왕조와 양반 관료 체제의 붕괴가 가속화되면서 조선 사회는 근대화의 길로 들어서기 시작했다.

노비를 자청한 평민

조선 시대에는 구활 노비라는 것이 있었다. 경제적 여유가 있는 양반이 흉년으로 생계가 어려워진 평민을 먹여 살려 주는 조건으로 노비로 삼는 것을 말한다. 원칙적으로 조선 시대에는 평민을 노비로 삼는 것을 금지했으나, 이런 경우는 사람의 목숨이 달린 일이라 국가에서도 인정해 주었다. 단, 반드시 양반과 평민 간에 합의가 이루어진 다음 관가에 신고하여 확인을 받아야 했다.

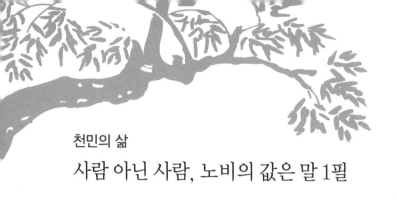

천민의 삶
사람 아닌 사람, 노비의 값은 말 1필

    신분의 상하 질서가 엄격하게 적용되었던 조선 시대에 천민은 최하
층을 이루는 계층이었다. 천민의 가장 대표적인 형태는 노비였다. 노비
란 남자 종을 가리키는 '노'와 여자 종을 일컫는 '비'가 합쳐진 말이다.
흔히 종이라 불린 집단이다. 노비의 신분은 세습되는 것이 일반적이어
서 아무리 발버둥 쳐도 노비에서 벗어날 수 없었다. 우리나라에 노비가
언제부터 존재했는지 정확하게 알 수는 없지만, 고조선 팔조금법의 "남
의 물건을 훔친 자는 그 집의 노비로 삼는다."는 내용으로 보아 그 역사
가 매우 오래되었음을 알 수 있다.

    노비는 국가에 예속된 공노비와 개인에게 예속된 사노비가 있었다.
공노비는 일정 기간 관가의 노동에 종사하는 입역 노비와 농업 등에 종

사하면서 일정한 공물을 납부하는 납공 노비로 나뉘었다. 납공 노비 중 남자는 1년에 무명 1필과 지폐 20장, 여자는 무명 1필과 지폐 10장을 16세에서 60세에 이르기까지 납부해야 했다.

사노비는 주인집에 함께 살면서 농사와 온갖 잡일을 하는 솔거 노비와 주인집 밖에 기거하면서 일정한 공납을 바치는 외거 노비가 있었다. 외거 노비는 독립된 가정을 이루면서 주인의 토지를 경작하여 수확량의 일부를 바치고 나머지는 자신들의 생계를 유지하는 데 사용했다. 외관상으로는 솔거 노비보다 처지가 좋아 보이지만 이들의 경제생활은 솔거 노비와 크게 다를 바 없었다. 이들 역시 주인의 마음에 따라 언제든지 솔거 노비로 전락할 수 있었기 때문에 평생 동안 불안감을 안고 살아야 했다.

노비는 집이나 땅처럼 여겨져 양반 사대부들 사이에서 매매되기도 하고 대대로 상속이 가능한 재산으로 취급되었다. 고려 말에는 소나 말보다 가치가 낮아 말 1필의 값이 노비 2~3명에 해당했다. 1398년의 기록에 당시의 노비 가격은 비싸야 오승포(5승으로 짠 마포, 1승은 80올) 150필 값인데, 말 1필의 가격은 400~500필에 달했다. 그러다 노비의 가격을 15세 이상 40세 이하는 400필, 14세 이하나 41세 이상은 300필로 개정했다.

조선 시대에 와서 값이 올랐다고는 하나 신분은 매한가지였다. 〈경국대전〉에는 나이 16세 이상 50세 이하 장년 노비의 값을 저화 4,000장, 15세 이하나 50세 이상은 3,000장으로 규정해 상등마 값 4,000장과 비슷했다. 여자는 그 이하의 값으로 매겨졌다.

이뿐만이 아니었다. 사노비는 인간 이하의 삶을 살았다. 상전은 노비에게 어떤 형벌도 가할 수 있었다. 죽였을 경우에만 해당 관청에 신고해 허가를 받았다. 관청의 허가를 받지 않고 참혹한 방법으로 노비를 죽였을 때만 상전에게 곤장 60대와 중노동(도형) 1년 또는 곤장 100대의 형벌을 주었다. 그리고 피살된 노비의 가족은 사노비에서 공노비로 바꿔 주었다.

노비는 상전의 모반 음모를 제외한 어떠한 범죄에 대해서도 관아에 고발할 수 없었다. 상전을 고발하는 것은 삼강오륜을 짓밟는 일로 간주되어 교살에 해당하는 중죄로 다스렸다.

조선 시대에는 노비 이외에도 법적 신분은 평민이면서 천민과 같은 지위에 놓인 집단이 있었다. 백정, 광대, 무당, 기녀 등 천한 직업에 종사하는 사람들이다. 이들은 고려 시대에는 법적 신분이 천민이었지만, 조선 시대에 들어와서 노비를 제외한 모든 백성을 양인으로 한다는 포용 정책에 따라 양인의 신분을 얻을 수 있었다. 이는 보다 많은 백성들에게 세금을 거둬들이기 위한 정책의 소산일 뿐 이들의 삶은 천민의 신분을 벗어날 수 없었다.

조선의 천민 집단 가운데 백정은 대표적인 천민 계층이다. 고려 시대에 백정은 일반 농민층을 일컫는 말이었다. 조선이 중앙집권 체제의 구축을 위해 양인 확대 정책을 펴면서 떠돌이 생활을 하던 고려의 양수척을 정착시키려고 농사를 가르치면서 백정이라 불렀다. 양수척은 고려 시대에 여러 가지 천업에 종사하던 사람들이다. 이들이 조선 시대에 들어와 일반 농민층을 일컫는 호칭인 백정으로 불리자 농민들은 자신들이 양수척과 함께 백정이라고 불리는 것을 몹시 싫어하게 되었다. 이 때문에 일반 농민층은 평민, 양민, 백성 등으로 일컬어지고, 고려 시대부터 천한 직업에 종사하던 사람들은 백정이라는 호칭을 새로 얻게 된 것이다.

조선 시대의 백정은 가축 도살업자만을 가리키는 것이 아니었다. TV 사극에서 산발한 긴 머리에 커다란 칼을 들고 덩실덩실 어깨춤을 추며 죄인의 사형을 집행하는 망나니도 백정이었다. 조선 초기에는 무사들이 형조에 배속되어 회자수라는 직책으로 사형 집행을 맡았다. 이들이 사람을 직접 죽이는 일을 꺼리게 되면서 아예 백정을 선발하여 사형 집행을 맡겼다.

가죽 제품을 만드는 일도 백정의 몫이었다. 이들은 갖바치로 불렸는데 '갖'은 가죽을, '바치'는 물건 만드는 일을 업으로 삼는 사람을 가리키는 말이다. 이 외에도 버드나무로 키나 바구니 등을 만들어 파는 사람, 악기를 연주하면서 노래나 춤으로 생계를 이어 가는 떠돌이 광대도 모두 백정으로 불렸다.

백정은 신분상으로는 양인이었지만 사회적으로 심한 멸시를 받아 외딴 곳에서 집단 부락을 이루고 살았다. 옷차림도 차별을 받았다. 명주옷은 물론 망건을 두르거나 가죽신도 신을 수 없었다. 머리에는 갓 대신 대나무를 엮어 만든 패랭이를 쓰고 새끼줄을 끈으로 사용해야 했다. 만약 백정의 신분을 어기고 일반 백성과 같은 행색을 하면 마을 사람들이 모두 나서 백정을 처벌했다.

순조 9년(1809)에는 백정이 분수에 맞지 않게 결혼식을 올렸는데도 관에서 처벌하지 않자 마을 사람들이 개성 관가에 돌을 던진 사건이 발생했다. 이 일은 임금의 귀에까지 들어가게 되었다.

"백성들 사이에 이른바 백정이란 자들은 매우 비천한 자들이어서 감

노비와 결혼하면 자식은 무조건 노비

조선 시대에는 남자든 여자든 노비와 결혼해 낳은 자식은 무조건 노비가 되었다. 자식의 소유권은 아버지의 신분이 평민이든 양반이든 어머니가 노비이면 어머니의 주인에게 속했다. 이를 노비종모법이라 하는데, 노비 자녀의 신분은 모계를 따르도록 한 법이다. 조선 시대에는 평민과 천민의 결혼을 금지했지만 평민 남자와 여자 노비가 결혼하는 사례가 많았다. 이 경우 자식 역시 노비 신분이었으며, 그 소유권은 여자 노비의 주인이 가졌다. 또한 남자 노비와 평민 여자가 결혼해서 자식을 낳으면 이 자식 역시 노비가 되었으며, 그 소유는 남자 노비의 주인에게 귀속되었다.

조선 후기에 들어서는 평민과 노비가 결혼해 자식을 낳으면 평민으로 인정해 주었다. 양반이 평민 또는 노비를 첩으로 얻을 경우 그 자녀는 양인으로 인정했다.

착한 노비와 나쁜 노비

한자어로는 충노와 역노라 일컬었는데, 노비를 소유한 양반이 기득권 유지를 위해 지어낸 말이다. 충노는 주인의 입장에서 보면 가장 바람직한 노비다. 충노는 주인을 위해 자신의 목숨을 아끼지 않고, 자신의 이익 때문에 주인을 저버리지 않는다. 임진왜란 때 경북 칠곡에서 영천 이씨의 식구들이 왜군에게 살해당하고 어린아이만 남았는데, 한 노비가 잘 돌보아 대를 잇게 했다. 후에 주인집에서 이 노비를 충노로 삼아 묘비까지 세웠다.

역노는 주인에게서 벗어나기 위해 도망치거나 주인집의 가족을 살상한 반역자다. 인조 때 노비 영립이 주인집 가족 6명을 방에 가두고 불을 질러 죽인 일을 비롯해 〈조선왕조실록〉에는 노비가 주인을 살해한 사건이 100여 건에 달한다.

히 상인과도 같이 생활하지 못합니다. 든건대 한 백정이 혼례식에 결혼 예복을 차려입고 차양을 쳤다고 합니다. 이 때문에 고을 사람들이 들고 일어나 옷을 빌려 준 사람을 마구 때리고 백정의 집을 부수어 버린 뒤 개성 관가에 호소하였습니다. 며칠 뒤 이들은 다시 죄를 엄히 다스리지 않는다고 관가로 떼 지어 몰려와 행패를 부리고 돌을 던지기에 이르렀다고 합니다."

백정에 대한 신분적 차별이 조선 말기까지 계속되었다는 것을 알려 주는 대목이다. 노비, 백정, 광대, 기녀 등 천민 집단은 1894년 갑오개혁에 이르러서야 신분적인 해방을 맞게 되었다.

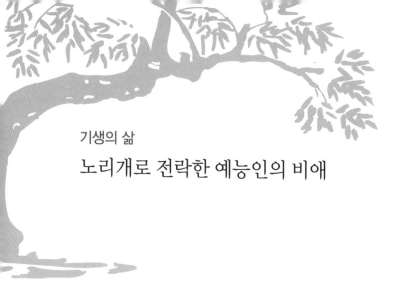

기생의 삶
노리개로 전락한 예능인의 비애

　조선 시대에 양반 사회의 주변에 머물며 문장과 음악에 능했던 계층
은 기녀라는 여성 집단이다. 기녀는 표면적으로는 궁중이나 사대부의
잔치, 술자리 등에 동원되어 노래와 춤으로 흥을 돋우는 일을 맡았지만,
실제 삶은 왕족과 양반 사대부의 성적 노리개였다. 말하자면 예술인과
창녀라는 두 가지 극단적인 역할을 수행한 셈이다.
　한 번 기적에 이름을 올린 기녀는 천민의 신분을 벗어날 수 없었다.
본인뿐만 아니라 자녀도 천민의 굴레를 뒤집어써야 했다. 아버지가 양
반이라 하더라도 노비종모법에 따라 아들은 노비, 딸은 기녀가 되었다.
　기녀의 기원은 정확하게 알려진 바가 없다. 다만 유랑 집단 기원설과
무녀 기원설 등이 전할 뿐이다. 이익은 〈성호사설〉에서 기녀의 시작이

버드나무로 키나 소쿠리 등을 만들어 팔던 유랑 집단인 양수척이라 했다. 양수척은 고려가 후백제를 정복할 때 가장 거세게 항거한 집단이다. 이들은 소속도 없고 부역에 종사하지도 않으면서 떠돌이 생활을 했다. 고려에 의해 노비화되면서 남자는 노비로, 여자는 춤과 노래를 익혀 기생으로 만들어졌다고 한다.

다른 견해로는 무녀 기원설이 있다. 고대 제정일치 사회에서 신권을 행사하던 무녀가 점차 정치와 종교가 분화되면서 신성을 잃고 퇴락하여 기녀가 되었다는 주장이다. 이들이 지방의 토호들과 연결되어 매춘부가 되거나, 노래를 직업으로 하는 가척, 춤을 직업으로 하는 무척으로 나뉘어 지배 권력에 봉사했다는 것이다.

기녀가 어디서 비롯되었든 간에 국가에 소속된 예술인으로서의 역할을 하기 시작한 것은 고려 시대다. 조선 시대에 이르러서 기녀는 관에 소속되어 월급을 받는 관기가 되었으며, 명칭도 기녀, 기생, 창기, 여악, 해어화 등으로 다양하게 불렀다.

관기는 소속된 관청에 따라 서울 기녀와 지방 기녀로 나뉘었다. 서울의 기녀들은 궁중의 음악과 무용을 담당하는 장악원이라는 관청에 소속되어 노래와 춤을 교육받았다. 주로 궁중 연회에서 악기를 연주하고 춤과 노래를 하면서 흥을 돋우는 역할을 했다. 기녀의 음악을 여악이라고 부르면서 기생의 다른 호칭으로 사용한 것은 바로 예능인으로서의 역할 때문이었다.

관에 소속된 기녀는 국가로부터 일을 능숙하게 하기 위한 엄중한 교육을 받았다. 기녀 교육 중 가장 중요시된 과목은 악기, 춤, 노래 등이었다. 장악원 관리의 지휘 아래 선배 기녀나 악사들이 교육을 담당했다.

대략 6개월 동안 실습 위주로 교육을 받았고 정원은 100여 명이었다. 악기나 가무 이외에 어떤 교육을 받았는지는 잘 알 수 없다. 다만 일제 강점기에 권번이라는 기생 조합에서 시조, 가무, 한문, 시, 서 등의 다섯 과목을 교육시켰던 것으로 보아 조선 전기에도 이 같은 교육이 행해졌을 것으로 추측된다.

기녀들은 교육의 성취도에 따라 각기 스승을 정해 수업을 받았다. 나라에서는 이들의 교육 상황을 수시로 점검하여 재주가 뛰어나지 않으면 벌을 주고, 심한 경우에는 고향으로 돌려보내기까지 했다. 징계는 기녀만 받는 것이 아니었다. 스승도 기녀의 성취도에 따라 가르침을 부지런히 하지 않으면 벌을 받았다. 장악원의 관리들도 기녀들이 음악을 연주하는 데 소홀하거나 능숙하지 않으면 책임을 져야 했다. 사정이 이렇다 보니 기녀의 교육은 매우 엄격할 수밖에 없었다. 단종 1년에는 국상 중에도 기녀들에게 음악을 연습시켜 문제가 되기도 했다.

기녀는 철저한 교육을 받은 뒤에야 궁중 연회에 참석할 수 있었다. 무대에 서면 자신의 기분과는 상관없이 언제나 웃는 얼굴로 흥겹게 노래를 부르고 춤을 춰야 했다. 만일 궁중 연회에서 대충대충 노래하다 적발되면 바로 궁중에서 내쫓겼다. 실제로 소홍립이란 기녀는 연산군이 종친과 벌인 잔치에서 수심에 찬 얼굴로 노래를 했다는 이유로 국경 지방으로 쫓겨났다.

이런 역할을 놓고 보면 기녀는 전문적인 예능인이지만 밤에는 사대부의 성적 노리개로 전락했다. 〈경국대전〉에는 "관리는 기녀와 간통할 수 없다."는 규정이 있다. 하지만 명분과 원칙을 중시한 조선 사회의 허울 좋은 형식적 규정일 뿐 실제로 기녀와의 간통은 일반적이었다. 일회적인 성관계를 넘어 기생을 첩으로 둔 사례도 흔했다. 사대부는 말할 것도 없고 왕족도 마찬가지였다. 태종의 맏아들이자 세종의 큰형인 양녕대군은 궁궐 안팎에서 수많은 기생들과 밀회를 즐기다 결국은 왕세자의 자격을 박탈당하고 동생에게 왕위를 물려주었다.

〈조선왕조실록〉에는 한 신하가 왕족의 기녀 축첩에 대해 반대하자 세종이 크게 짜증을 내는 대목이 나온다.

"비록 기녀라고 하지만 시집가지 않은 소녀인데 어찌 불가능하겠는가. 이 역시 후사를 넓히는 한 방법이기도 한 것이다. 어찌 종친의 기생첩을 다 쫓아내란 말인가."

성군인 세종조차 왕족과 기생의 성적인 교류를 어쩔 수 없는 일이라고 인식했을 만큼 이는 흔한 일이었다. 기녀를 둘러싼 사대부의 스캔들은 수도 없이 많다. 기생 하나를 놓고 사대부와 유생 사이에 폭행 사건이 일어난 어이없는 경우도 있었다.

세종 때 관리 김방은 동료 관리 안승직의 기생첩 김련과 몰래 내연의 관계를 맺고 있었다. 그런데 김방은 젊은 유생이 김련과 간통한 사실을 우연히 듣고 격분한 나머지 하인들을 데리고 그 유생 집으로 달려가 마구 폭행했다. 이 사건이 의금부에 알려져 김방과 젊은 유생은 곤장을 100대나 맞았다. 어디 이뿐인가. 정종 때 관리 윤하는 어머니의 간병을 이유로 왕에게 휴가를 얻어 기생과 밀애를 속삭이다 발각되어 파직당하고 귀양길에 올랐다.

서울의 기녀가 형식적으로는 예술인으로 종사했다면 지방이나 국경에 있는 기녀는 위안부적인 성격이 더욱 짙었다. 〈조선왕조실록〉에는 "변방의 군인을 위해서 기녀를 파견한다."는 기록이 자주 등장한다. 북으로는 여진족, 남으로는 왜구의 출몰이 잦아 한시도 국방을 게을리할 수가 없었던 탓에 오랫동안 아내와 떨어져 지내는 변방의 군사들을 위로하기 위해 기녀는 이용했던 것이다.

지방 관기도 서울 관기처럼 일정 교육을 받고 지방 관청에 소속되었는데, 각 관청마다 대략 30여 명이 활동했다. 지방 수령과 양반의 수청을 드는 것이 주된 역할이어서 조선조 내내 전국적으로 이로 인한 잡음이 끊이지 않았다. 지방 관기의 딸로서 수청을 거절하다 마을 사또 변학도에게 곤욕을 치른다는 줄거리의 고대 소설 〈춘향전〉은 기녀 제도의 폐해를 상징적으로 보여 준다.

기녀로 인한 문제가 빈번히 일어나자 조선 초기부터 기녀 제도를 폐지하자는 주장이 여러 차례 제기되었다. 그러나 폐지 논의는 일시적일 뿐 기녀 제도는 시간이 지날수록 더욱 확대되어 갔다. 나중에는 여의사로 선발된 의녀까지 기생으로 편입되었을 정도다.

의녀는 원래 태종 때 남녀의 구별이 엄격한 조선 사회에서 여자의 병을 여자가 치료할 수 있도록 도입된 제도다. 연산군 대에 오면서 의녀는 여의사의 역할보다 기녀로서의 기능을 강요당했다. 연산군은 의녀에게 기녀가 배우는 가무를 익히도록 교지를 내리고, 21~30세의 젊은 의녀 가운데 재색을 겸비한 58명을 택해 기녀의 일을 같이 시켰다. 전문 의료인으로 출발한 의녀는 이때부터 기녀의 의무를 지게 되면서 약방기생이라 불리게 되었다.

조선의 기녀 제도는 엄격한 신분제 사회질서 속에서 사대부의 성노리개로 전락한 천민 여성 집단의 아픔을 보여 주는 동시에 봉건 가부장제 사회의 이중적인 남성 윤리를 그대로 드러내는 것이다.

연산군과 흥청망청

돈이나 물건을 아끼지 않고 마구 써 대는 사람을 가리켜 '흥청망청 댄다'고 한다. 사치와 낭비를 상징하는 '흥청'은 조선 시대까지만 해도 '더러운 것을 깨끗이 씻는다'는 뜻이었다. 좋은 뜻의 이 말이 연산군의 비행으로 나쁜 뜻으로 바뀌고 말았다. 연산군이 기녀를 선발하면서 가장 자질이 뛰어나고 재색을 겸비한 기녀를 흥청이라 부른 것이다. 연산군은 모든 잔치에 흥청을 동원했고, 심지어 야유회를 갈 때는 수백여 명이나 데려갔다고 전한다. 이때부터 사치와 향락을 일삼는 사람을 빗대어 '흥청대다'라는 말을 사용하게 되었다. 좋은 뜻의 흥청이 연산군에 의해 망청이 되어 버린 데서 '흥청망청'이라는 말이 생겨난 것이다.

유녀

조선 시대의 기녀는 원래 궁궐이나 관청에 소속되어 음악과 무용을 담당하는 예능인이었다. 하지만 후기에 들어서는 관기 외에도 매춘을 주업으로 하는 기녀들이 등장했다. 관기 노릇을 하면서도 몰래 매춘업에 종사하던 은근짜라고 불린 기녀들과 그야말로 창녀로 전락한 유녀들이 나타났다. 이들이 집단적으로 모여 일하면서 유곽이 형성되었다.

PART 4

정치·외교 이야기

사관과 실록
목에 칼이 들어와도 쓸 건 쓴다

세종의 여론 정치
팔도 백성에게 물어 조세 정책 결정

사가독서
출근하지 말고 독서에 정진하라

조선의 충과 효
임금을 섬길 날은 길고 부모에게 보답할 날은 짧다

'줄 대기' 금지법
일등 공신과 왕족에게도 성역은 없다

관리의 뇌물 비리
뇌물 액수에 따라 곤장형부터 교수형까지

대중국 외교
중국 사신이 볼까 두렵다, 모든 것을 숨겨라

대일본 외교
왜구 방비 목적으로 형식적인 관계만 유지

말과 국방력
말 부족이 임진왜란을 불렀다

외국어 교육
우리말을 쓰면 관직을 박탈하고 곤장을 쳐라

사법 제도
사형수에게는 재판을 세 번 시행하라

임금의 사면령
바닷물이 붉게 변했으니 옥문을 열어라

형벌과 고문
"네 죄를 네가 알렸다!" "주리를 틀어라!"

조선의 붕당정치
성리학의 흐름과 조선의 당쟁사

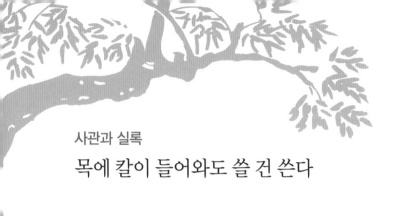

사관과 실록
목에 칼이 들어와도 쓸 건 쓴다

〈조선왕조실록〉은 태조부터 철종에 이르는 25대 왕 472년간(1392~ 1863)의 역사를 마치 일기를 쓰듯이 연월일 순서에 따라 편년체로 기록한 역사서다. 한문본으로는 1,893권 888책, 국역본으로는 413권에 이를 만큼, 한 왕조의 역사적 기록으로 세계에서 가장 방대한 양이자 장구한 세월에 걸쳐 기록된 문화유산이다. 세계적으로 알려진 중국의 〈대청역조실록〉도 296년간에 걸친 실록에 불과하다. 일본의 〈삼대실록〉은 내용이 빈약하고, 남원조의 〈대남실록〉은 548권으로 편성되었다. 그 어떤 역사서도 〈조선왕조실록〉처럼 풍부하고 정확한 사실을 담아내지 못했다.

내용 면에서도 정치, 외교, 군사, 문화, 경제, 풍속 등 조선 사회 모든 분야에 대해 기록했다는 점에서 세계에서 유례를 찾을 수 없는 귀중한 역사 자료로, 1997년에는 유네스코 세계 기록 유산에 등재되기도 했다. 실록을 보지 않고서는 조선의 역사를 단 한 페이지도 써 내려갈 수 없다는 말은 과장이 아니다.

실록의 간행 목적은 있는 그대로의 역사를 정직하게 기록해 후손들이 경계하도록 하는 데 있다. 왕의 일거수일투족을 기록함으로써 왕에게 선정을 베풀라는 압력으로도 작용했다. 이는 신하들도 예외가 아니었다. 〈조선왕조실록〉은 왕권과 신권의 적절한 견제와 조화 속에서 기록되고 간행될 수 있었던 것이다.

이 같은 귀중한 문화유산을 오늘날까지 전해 온 사람들은 바로 사관이다. 넓은 의미의 사관은 역사를 기록하고 이를 모아 편찬하는 관청인 춘추관에 소속된 모든 관원을 말한다. 춘추관은 별도의 관원이 있었던 것이 아니라 의정부, 예문관, 승정원, 사헌부, 사간원의 관리 등이 겸임을 해 업무를 관장했다. 이 중에서도 예문관의 하급 관리인 봉교(정 7품)와 대교(정 8품) 각 2명과 검열(정 9품) 4명 등 모두 8인이 전임 사관으로서 궁궐에서 벌어지는 모든 일을 기록하는 진정한 의미에서의 사관이었다.

이들은 벼슬이 참하직에 불과한 하급 관리로 대개 문과에 급제한 전도가 유망한 청년 관리였다. 청년들을 사관으로 임용한 것은 때가 덜 묻은 만큼 조정에서 일어나는 사실을 있는 그대로 정직하게 기록할 것이라는 믿음 때문이었다.

사관들은 궁궐 내의 정전, 편전 등에서 열리는 모든 회의에 배석해 왕과 신하들 사이에 벌어지는 국사에 대한 논의를 지켜보면서 이를 빠짐

없이 기록했다. 왕과 신하 사이에 오고간 시시콜콜한 대화까지 빈틈없이 적었다. 그러나 단지 사실만을 기록한 것은 아니었다.

"사신은 논한다." 이 같은 구절로 시작되는 문장 속에는 왕과 신하에 대한 인물평에서부터 정책에 대한 비판, 대안 제시에 이르기까지 후세에 귀감이 될 만한 정론 직필의 날카로운 역사 평이 함께 실렸다.

사신들이 쓴 왕에 대한 평가를 보자.

"연산군은 죄악이 하늘에 사무쳤고 종묘사직에 죄를 지어서 신과 사람이 다 같이 분노하였다."

"중종은 인자하고 유순한 면은 있으나 결단성이 부족하여 일을 할 뜻은 있었지만 한 일은 별로 없었다. 좋아하고 싫어함이 분명하지 않고, 어진 사람과 간사한 무리를 뒤섞어 등용했기 때문에 재위 40년 동안 혼란한 때가 많았다."

"광해군이 인륜을 무너뜨리고 인목대비를 폐하여 수천 리 강토를 국모가 없는 나라로 만들어 버리고 말았다. 다행히도 충의로운 인사들이 결의하고 반정한 덕택으로 10년 동안이나 굳게 유폐되어 있던 대비를 구출하여 종사를 다시 빛내고 인륜을 다시 폈다."

하늘 같은 임금도 직필의 대상에서 예외일 수는 없었다. 사관들은 중앙 및 지방 행정관청의 업무 보고서, 왕에게 올라오는 상소문·편지, 사건 기록 등 온갖 종류의 문서를 기록했다. 이처럼 사관들이 기록한 하루하루의 역사 일기가 바로 실록 편찬의 기초가 되는 '사초'다. 사초는 왕이라도 함부로 열람할 수 없도록 되어 있었다. 기록의 비밀을 보장함으로써 실록의 진실성과 신빙성을 확보한 것이다.

〈조선왕조실록〉은 선왕이 죽은 뒤 새로 즉위한 왕이 편찬하는 것이 원칙이었다. 실록을 편찬할 때는 춘추관에 별도로 실록청을 설치했다. 실록에 담기는 내용은 사관들이 기록한 사초를 기본으로 〈승정원일기〉 등 각 관청의 기록을 종합했고, 모두 세 차례의 수정과 보완 절차를 거쳤다.

▲ 〈조선왕조실록〉, 〈태조실록〉의 첫 부분이다.

1차로 작성한 원고를 초초라 하고, 이를 수정하여 두 번째 원고인 중초를 만든다. 중초는 다시 검증을 거쳐 실록으로 완성되는데, 이를 정초라고 한다. 완성된 실록은 활자로 인쇄하여 춘추관을 비롯한 5대 사고에 보관했다. 사고에 보관된 실록은 왕이라도 마음대로 볼 수가 없었다. 꼭 봐야 할 필요가 있을 때는 관리를 보내 필요한 부분을 베끼게 하여 가까스로 볼 수 있었다.

국가의 역사적인 기록을 쓰는 만큼 사관으로 선발되는 것은 개인의 영예이자 가문의 영광이었다. 따라서 사관의 선발 과정은 매우 까다로웠다. 문장이 뛰어나야 함은 물론 가문과 개인이 흠잡을 데가 없어야 했다. 정직하고 강직한 인품은 빼놓을 수 없는 자격 조건이었다. 선임 사관은 바로 이런 젊은이들 중에서 눈여겨본 사람을 자신의 후임으로 추천했다.

그러나 사관으로 발을 들여놓는다는 것은 고난의 시작이었다. 왕과 신하들은 실록 제도를 정착시켜 나가면서도 사관의 따가운 시선으로부터 벗어나려고 애썼다. 반면 사관은 하나라도 더 보고 듣기 위해 필사적으로 노력했다. 이 과정에서 필연적으로 갈등이 빚어질 수밖에 없었다.

사관 제도가 정착되어 가던 태종 1년(1401) 때의 일이다. 태종과 신하들이 아침 경연에서 한창 이야기를 나누던 중이었다. 사관 민인생이 몰래 문 밖에 숨어서 대화 내용을 엿듣다 태종에게 발각되었다. 몹시 불쾌해진 태종은 "내가 매사냥을 나갔을 때도 얼굴을 가리고 따라왔던 적이 있다. 이런 것은 모두 음흉한 짓이다."라며 민인생을 귀양 보냈다. 이렇듯 사관은 왕이 입실을 허용하지 않는 회의라도 어떻게 해서든 대화를 청취해 기록하려다 봉변을 당하기도 했다. 그래서 동료 관리들로부터 뺨을 맞거나 발길질을 당하는 경우도 흔히 있었다.

이 같은 과정을 거쳐 작성된 사초는 사관들이 각자 집에 간직하고 있다가 왕이 죽고 난 뒤 실록을 편찬할 때 제출하도록 되어 있었다. 제출된 사초는 사관 이외에는 아무도 보지 못했을 뿐만 아니라 밖으로 누설할 경우 엄중한 처벌을 받았다. 만일 사초가 밖으로 알려지면 걷잡을 수 없는 평지풍파가 일어날 수밖에 없었다.

대표적인 사건은 연산군 4년(1498) 〈성종실록〉을 편찬하는 과정에서 사초 누설로 일어난 '무오사화'다. 이는 사림파와 훈구파의 대립 과정에서 일어난 당쟁에 따른 필화 사건이다.

당시 사림파에 속했던 사관 김일손은 스승 김종직의 글인 '조의제문'(중국의 항우를 비유해 단종을 폐위시킨 세조를 비방한 글)과 훈구파 이극돈의 비행을 사초에 기록했고, 〈성종실록〉 편찬 시 이를 실록청에 제출했다. 실록청의 당상관이었던 이극돈은 김일손의 사초를 열람한 뒤 유자광, 노사신 등 훈구파 대신들에게 누설했으며, 이들은 다시 "세조를

세초연

　사관들이 작성한 사초가 모여 실록이 완성되면 물에 깨끗이 씻어 기록을 지워 버리는 일을 행했는데, 이를 세초라 한다. 이 의식은 조선 시대 한지를 만들던 기관인 조지서가 위치한 서울 종로구 신영동 세검정 냇가에서 거행되었다. 세검정은 인조반정 때 반정 인사들이 칼을 갈아 씻으면서 광해군의 폐위를 의논했던 자리이기도 하다.

　세초는 곧 실록의 완성을 의미했다. 세초가 끝나면 국왕은 실록 편찬에 참여했던 사관 등의 노고를 위로하기 위해 세검정 부근 차일암에서 세초연이라는 잔치를 베풀었다. 실록을 편찬한 뒤 붓으로 쓴 사초를 물에 씻어 없앤 것은 사초의 유출을 막고, 후일 당파 간의 다툼에 악용될 것을 방지하기 위해서였다.

4대 사고

　사고는 〈조선왕조실록〉을 보관하던 창고다. 조선 전기에는 서울의 춘추관을 비롯해 충주, 성주, 전주 등 네 곳에 두었다. 하지만 임진왜란으로 세 곳은 불타고 전주 사고만 남았다. 전주 사고는 지역 유생들의 노력으로 내장산으로 옮겨졌다가 다시 배편으로 해주를 거쳐 묘향산으로 옮겨졌다. 묘향산 실록은 임진왜란 이후 강화도로 옮겨져 부분을 만들어 춘추관, 강화 마니산, 무주 적상산, 태백산, 오대산 등 다섯 곳에 보관했다. 이후 일제하에 실록은 여러 곳으로 분산되었다. 마니산, 태백산 사고본은 조선총독부, 경성제국대학으로 옮겨졌다가 현재는 서울대학교 규장각에 소장되어 있다. 무주 적상산 사고본은 6·25 전쟁 때 북한이 가져갔다. 오대산 사고본은 동경제국대학으로 옮겨졌다가 관동 대지진으로 상당 부분 소실되었다.

비방한 것은 대역죄"라며 연산군에게 알려 관련자 전원을 처벌해야 한다고 주장했다. 평소 사림파를 혐오하던 연산군에게는 더할 나위 없는 호재였다. 사관 김일손은 능지처참하고 수많은 사관과 사림파 관리들을 죽이거나 귀양 보냈다.

사초로 인한 필화 사건이 발생하자 그 뒤부터 자연히 사관의 필봉이 무뎌졌고, 실록 편찬도 당쟁의 소용돌이 속에서 정치적으로 이용되었다. 〈선조수정실록〉, 〈현종개수실록〉, 〈경종수정실록〉, 〈숙종실록보궐정오〉 등 수정본은 각 당파가 이미 완성된 실록을 정치적 이해관계에 따라 자신들의 구미에 맞게 다시 각색 편찬한 것이다.

조선 후기로 갈수록 정론 직필에 기초한 실록의 의미는 차츰 퇴색되어 갔다. 그러나 다행스럽게도 원본을 그대로 둠으로써 실록이 가진 기록성을 훼손하지는 않았다. 〈조선왕조실록〉이 비록 관에서 기록한 지배자의 역사이지만 오늘날에도 가장 귀중한 한국사 연구 사료로 손꼽히는 것은 기록의 정직성 때문이다. 숱한 우여곡절과 시련 속에서도 투철한 역사의식으로 500년 역사를 기록한 사관들이야말로 〈조선왕조실록〉을 오늘날까지 이어 온 일등 공신이라 하겠다.

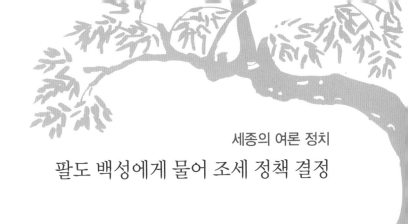

세종의 여론 정치
팔도 백성에게 물어 조세 정책 결정

    정치란 국가의 권력을 획득하고 유지하며 행사하는 활동, 곧 나라를 다스리는 일이다. 나라를 다스린다는 것은 사회질서를 바로잡고, 국민들이 인간다운 삶을 영위하게 하며, 상호 간의 이해를 조정하는 역할을 말한다. 그러므로 소통이 중요하며, 상대의 말에 귀를 기울이는 것은 정치의 기본이라 할 수 있다.

    세종은 즉위한 지 12년이 지난 1430년 3월 5일, 조세 및 재정을 맡고 있는 호조로부터 토지 조세 제도의 개선을 요구하는 보고를 받았다. 당시의 세법은 '답험손실법'. 조정에서 파견된 관리 또는 조정으로부터 위임을 받은 지방 관리가 논밭의 수확량을 직접 조사해 10분의 1을 세율로 정하는 제도다. 그러나 조사관이 수확량을 조작하는 사례가 비일비재해 농민들의 피해가 극심했다. 호조가 이를 시정하고자 정액제를 기본으로 하는 개선안을 만들어 보고서를 올린 것이다.

"조사관들이 보는 바가 밝지 못하고, 혹은 사정에 끌리어 늘리기도 하고 줄이기도 하며, 덜기도 하고 채우기도 합니다. 이 때문에 수확량이 정확치 못하고 관리들의 왕래 비용이 크게 들어가는 등 폐단이 적지 않사옵니다. 청하건대 이제부터는 공법에 의거하여 전답 1결마다 세금 10말을 거두되, 다만 평안도와 함경도만은 1결에 7말을 거두게 하여 백성의 고통을 덜었으면 합니다. 또한 가뭄, 홍수 등으로 농사를 완전히 그르친 사람에게는 조세를 전부 면제하게 하소서."

세종의 답변은 뜻밖이었다.

"조정의 대신, 각 도의 지방 관리, 일반 백성들에 이르기까지 모두 가부를 물어서 아뢰어라."

말하자면 전국적으로 여론조사를 실시한 뒤 시행 여부를 결정하겠다는 의미다. 여론조사는 국민에게 직접 뜻을 물어 국정에 반영하기 위한 현대적인 의사 결정 절차다. 국왕 중심의 중앙집권 체제였던 당시로서는 상상조차 할 수 없는 일이었다.

'전답 1결당 10말의 세금을 거두고 함경도 등은 7말로 한다'는 새로운 조세 제도인 공법의 채택 여부를 놓고 대대적인 여론조사가 벌어졌다. 세종은 같은 해 7월 5일, 여론조사의 진행 과정을 넌지시 물어보며 다시 한 번 그 의미를 강조했다.

"농작물의 잘되고 못된 것을 답사할 때 각기 제 주장을 고집하여 공정성을 잃은 것이 자못 많았고, 간사한 아전들이 잔꾀를 써서 부유한 자를 편리하게 하고 빈한한 자를 괴롭히고 있어 내 심히 우려하고 있노

라. 각 도의 보고가 모두 도착해 오거든 백관으로 하여금 숙의하여 아뢰도록 하라."

여론조사가 시작된 지 5개월여 만인 8월 10일, 호조는 각 도별로 집계된 결과를 취합해 임금에게 보고했다. 여론조사에 참가한 사람은 17만 2,806명. 세종 대의 호적대장을 보면 당시 가구 수는 69만여 가구로 천민 집단을 제외하면 대략 2가구당 1명꼴로 조사가 이뤄졌음을 짐작할 수 있다.

조사 결과 찬성은 9만 8,657명, 반대는 7만 4,149명으로 찬성이 높게 나타났다. 각 도별로는 토지가 비옥한 경기도, 경상도, 전라도의 백성들은 찬성이 압도적으로 많았다. 반면 평안도나 함경도의 백성들은 상대적으로 다른 지방에 비해 낮은 세를 매긴 1결당 7두의 과세 방법을 압도적으로 반대했다. 토지가 비옥하고 농업 생산성이 높은 지역에서는 찬성을, 그렇지 못한 지역에서는 반대를 한 것이다. 함경도 등 일부 백성들의 반대 이유는 이랬다.

"좋은 땅을 가진 사람은 10두가 아무것도 아니겠으나 나쁜 땅을 가진 사람은 10두를 내는 것도 힘에 부칩니다."

3품 이하의 관리들은 찬성이 많았던 데 비해 3품 이상의 관리들은 반대가 많았다. 고급 관리들이 반대한 이유는 일반 백성의 반대 입장과는 그 성격이 사뭇 달랐다. 그들은 새로운 세법이 시행될 경우 전국적으로 토지대장 조사가 다시 이뤄지게 되고, 자신들이 숨겨 놓은 토지가 노출되어 세금 부담이 늘어날 것을 우려한 것이다.

여론조사 결과를 놓고 세종은 어떤 결론을 내렸을까? 공법에 대한 찬성 쪽이 우세했지만 반대 쪽의 논리도 만만치 않아 이러지도 저러지도 못할 상황이었다. 결국 신하들의 의논에 부쳤으나 갑론을박이 계속되어 결론에 이르지 못한 채 공법 제도의 시행을 8년이나 끌었다.

이를 지켜보던 세종은 공법 제도의 도입이 시급하다고 보고, 1440년 토지 비옥도가 높아 농업 생산량이 많은 전라도와 경상도 지역을 필두로 공법의 시범적인 실시를 명했다. 이 결과 적지 않은 문제점들이 드러났다. 공법을 시행해 본 결과, 척박한 토지를 경작하는 농민은 상대적으로 세금 부담이 컸던 것이다. 비옥한 땅이라도 흉년이 들면 역시 조세 부담이 가중되었다.

"올해는 여름에 가물고 가을에 장마가 져서 흉년이 들었으니 우선 전라도, 경상도의 비옥한 땅은 전체 조세에서 1말을 감해 주고 척박한 땅은 2말을 감해 주어 백성이 편하도록 하라."

세종은 토지 비옥도와 풍년인지, 흉년인지에 따라 수확량이 크게 달라져 일정하게 조세를 물릴 경우 조세의 형평성을 맞추기 어렵다는 점을 깊이 인식한 것이다.

세종 26년(1444) 기존 안을 손질해 새로운 공법을 제정했다. 기본적으로는 수확량의 20분의 1을 정액으로 징수하는 공법을 실시하되, 전국의 토지를 비옥도에 따라 6등급으로, 풍흉에 따라 9등급으로 나누어 차등적으로 세금을 내도록 한 것이다.

우여곡절 끝에 새로운 조세법이 탄생된 과정에서 돋보인 것은 세종의 탁월한 정치력이었다. 세종은 백성에 대한 여론조사 결과를 공표함으로써 신하의 반대를 억누르는 고도의 정치력을 보여 주었다. 뿐만 아니라 백성의 고통을 최대한 덜어 주기 위해, 공법을 제정한 뒤에도 곧바로 제도를 시행하지 않고 일부 지역에만 시범적으로 실시하면서 드러나는 문제점을 보완하는 인본주의적 통치력을 발휘했다.

조사 대상	경기	경상	충청	전라	평안	…	고급 관리	중·하급 관리	전국 총계
찬성	17,076명	36,262명	6,982명	29,505명	1,326명	…	213명	702명	98,657명
반대	236명	377명	14,013명	257명	28,474명	…	335명	510명	74,149명

조선의 인구수

조선 시대의 인구통계는 호적에 바탕을 두고 있다. 호적은 3년마다 한 번씩 작성되었다. 호주의 성명, 본관, 생년월일, 주소, 직업뿐만 아니라 가족의 인적 사항까지도 포함했다. 호적 조사는 군역에 동원할 사람을 파악하기 위한 것이어서 실제 인구수를 산출하기는 어렵지만, 조선 시대에 걸쳐 3년마다 일정한 기준에 의해 작성되었으므로 인구의 변화 추세를 가늠할 수는 있다. 조선 시대의 호적을 기준으로 산출한 인구수는 세종 때 약 650만 명 내외, 중종 때 1,200만 명 내외, 영조 때 1,800만 명이다.

척, 촌, 돈, 결

• 길이를 재는 단위 : 1척(한글로는 '자')은 30cm 내외, 1촌(한글로는 '치')은 1척의 10분의 1 길이다.

• 무게를 재는 단위 : 1돈은 3.75g, 1냥은 1돈의 10배인 37.5g, 1근은 16냥으로 600g, 1관은 100냥으로 3.75kg이다.

• 전답을 재는 단위 : 1결은 3,000여 평(약 9,917㎡)이다.

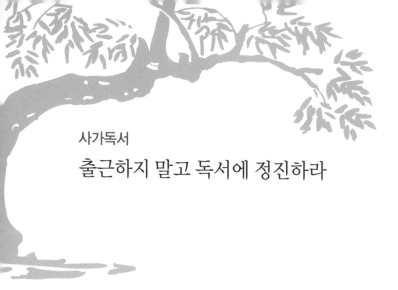

사가독서
출근하지 말고 독서에 정진하라

　'해가 지지 않는 나라'라는 황금기를 구가한 19세기 영국에는 '셰익스피어 버케이션Shakespeare vacation'이라는 제도가 있었다. 당시 군주였던 빅토리아 여왕이 고위직 관리에게 3년에 한 번씩 한 달 정도 휴가를 주고, 휴가 기간 동안 셰익스피어 작품 5편을 읽고 제출하게 한 것이다. 여기에는 셰익스피어 작품을 통해 정치에 필요한 통찰력을 키우라는 여왕의 의중이 담겨 있다.

　조선에서는 영국보다 훨씬 이른 15세기에 이미 이와 유사한 '사가독서' 제도가 시행되었다. 서울 옥수동에서 약수동으로 넘어가는 고갯길에는 한양의 유능한 인재를 일정 기간 머물게 하면서 독서에 전념토록 하는 독서당 건물이 세워져 있었다. 오늘날의 독서당길은 여기에서 유래했다. 독서당은 일종의 독서 휴가 제도인 사가독서에서 비롯되었다.

1426년 겨울 어느 날, 세종은 집현전의 종 5품 이하 권채, 신석견, 남수문 등 젊은 관리 3명을 편전으로 불러 올렸다.

"내가 너희에게 집현관을 제수한 것은 나이가 젊고 장래가 있으니 글을 많이 익히면 효과가 매우 클 것 같아서였다. 그러나 너희들이 맡은 일 때문에 독서할 겨를이 없어 보이는구나. 지금부터는 궁궐에 출근하지 말고 집에서 쉬면서 글 읽기에 매진하거라."

세종은 젊은 문신들에게 휴가를 주어 독서에 전념하도록 배려했다. 이들은 이 기간 동안 〈논어〉, 〈맹자〉, 〈중용〉, 〈대학〉 등 사서와 오경을 집중적으로 공부했다.

세종은 사가독서제의 효과를 점검하기 위해 1년여 동안 독서 휴가를 다녀온 권채를 불러 물었다.

"집에서 글을 읽는 것이 효과가 있었는가?"

권채는 비교적 솔직하게 대답했다.

"집에 있으니 손님이 찾아와 산속에 있는 한가하고 고요한 절만 못한 것 같습니다."

권채의 말에 따라 세종은 2차(1442)로 독서 휴가에 들어가는 성삼문, 신숙주, 서거정 등 집현전 관리 6명에게 절에 들어가도록 지시했다. 이들은 책을 짊어지고 두 성 밖에 있는 진관사로 들어갔다. 이를 '상사 독서'라고 한다. 예부터 공부는 조용한 절간이 최고라고 생각했던 모양이다.

휴가를 주어 독서를 시키는 제도는 세조가 집권해 집현전을 혁파함으로써 사라졌다가 성종이 즉위하면서 예문관이 설립되어 다시 부활했다.

성종도 처음에는 사가독서를 실시했다. 하지만 절에서 독서를 경험한 바 있는 서거정이 두 가지 이유를 들어 반대했다. 집에서의 독서는 내방객 때문에 불편함이 많고, 절에서의 독서는 젊은 학자들이 불교의 폐습에 오염될 우려가 크다는 것이었다. 그는 대신 상설 국가 연구 기관인 독서당을 만들자고 제안해 마포 한강변에 독서당이 세워지게 되었다. 독서당은 갑자사화, 임진왜란, 병자호란을 거치면서 두모포(오늘날 서울 성동구 옥수동) 등으로 옮겨 다니다가 정조 때 규장각이 세워지면서 완전히 폐쇄되었다.

독서당은 1426년부터 1773년에 이르는 350여 년간 젊은 관리들이 홍문관 못지않게 선망하던 기관이다. 독서당에 대한 왕의 믿음과 애정은 실로 대단했다. 학문을 숭상하고 인재를 육성하는 성군의 상징으로 받아들였기 때문이다. 궁중 음식을 공급해 주고 말과 수레, 안장 등 특별 하사품을 수시로 들여보내는 등 최고의 지원을 아끼지 않았다. 홍문관과 예문관의 최고 직책인 대제학은 아예 독서당 출신이 아니면 뽑지 않을 정도였다.

젊은 관리로서 독서당에 들어가는 것은 출세를 보장받는 엘리트 코스로 여겨졌다. 일정 기간 동안 모든 것을 잊고 연구에 전념해 학문의 깊이를 더할 수 있는 것도 빼놓을 수 없는 매력이었다. 신숙주, 성삼문, 서거정, 이이, 유성룡, 주세붕, 송순 등 조선 초기에서 중기의 이름난 유학자나 관리는 대부분 청년 시절 독서당을 거친 인물들이다. 따라서 독서당에 들어가기는 과거에 급제하는 것만큼이나 어려웠던 모양이다.

350여 년간 고작 50여 차례에 걸쳐 300여 명 정도만 독서당에 들어갈 수 있었으니 말이다.

젊은 관리만 독서당에 선발된 것은 아니다. 더러는 30, 40대 관리들도 요즘의 안식년 휴가처럼 독서당에 선발되어 학문에 정진한 경우도 있었다. 그런데 소속 관서에서 업무를 이유로 휴가 중인 관리를 자주 찾았는지, 중종이 이를 크게 책망한 적이 있었다.

"문신들이 휴가를 받아 독서당에 들어간 뒤에도 소속 관서에서 자주 찾게 되니 그들이 어느 틈에 독서를 할 수 있겠는가. 사정이 이 지경이니 글 배우는 일이 점점 옛날만 같지 못하게 되는 것은 아닌가."

조선이 문치주의의 전통을 500년간 이어 갈 수 있었던 것은 학문과 나라의 인재를 숭상하는 뜻이 이처럼 지극했기 때문이다.

집현전

집현전은 세종이 학자의 양성과 문치주의의 진작을 위해 궁중에 설치한 학문 연구 기관으로, 유교 제도의 확립과 원활한 대중국 외교에 그 목적이 있었다. 또한 도서의 보관 및 이용, 학문 활동, 국왕 자문의 기능을 했다. 집현전은 세조 때 집현전 학사들이 주동이 되어 단종 복위를 도모한 사건으로 폐지되었다가 성종 때 홍문관으로 부활했다.

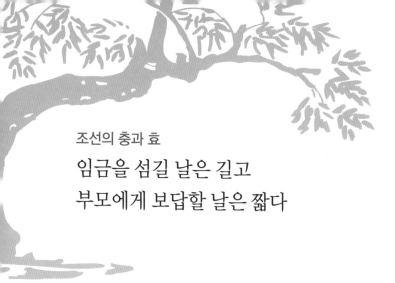

조선의 충과 효

임금을 섬길 날은 길고
부모에게 보답할 날은 짧다

　조선은 성리학의 지도 이념인 충과 효를 백성들에게 널리 보급하고
깨우치는 데 노력을 기울였다. 충효의 윤리를 바탕으로 국가와 사회 제
도를 완성하고 백성에 대한 통치를 확립했다.

　성리학에서 '효孝'란 부모로부터 받은 몸을 잘 보존해 부모를 극진하
게 봉양하는 것을 의미한다. 나아가 입신양명해 가문을 번성시키는 것
으로 완성된다. 그리고 '충忠'이란 자신보다는 국가나 군주를 위해 의
리를 다하는 것을 말한다. 국가를 위해 기꺼이 목숨을 바칠 수 있어야
충이 성립될 수 있다. 다시 말하면 효는 가족적 차원에서의 윤리이고,
충은 국가적 차원에서의 윤리인 셈이다.

　조선 시대 사람들은 충과 효가 서로 대립적이라고 인식하지 않았다.

서로 조화를 이뤄야 할 필수적인 덕목이라고 생각했던 것이다.

"충신은 효자의 가문에서 나온다." 유학자들이 이 말을 즐겨 쓴 것도 두 덕목이 별개가 아니라 상호 보완적인 개념임을 강조하기 위함이었다. 그러나 개인적 차원의 윤리인 효와 국가적 차원의 윤리인 충이 언제나 조화를 이루기는 힘들었다. 조선 시대 사람들은 두 가지 덕목이 상충할 경우에 어느 것을 우위에 두었을까 자못 궁금해진다.

〈조선왕조실록〉과 유학자들의 개인 문집 등을 찾아보면 관리가 왕에게 사직을 청하는 장면이 수도 없이 나온다. 한 선비가 관리의 길로 들어섰다는 것은 죽을 때까지 왕을 보위하며 나라에 충성을 다 바쳐야 한다는 것을 의미한다. 개인적인 이유로 사직을 청하는 것은 왕에게 불충을 저지르는 일로 신하의 도리가 아니었다. 실제로 고산 윤선도 등 수많은 관리들이 병을 이유로 사직을 청하거나, 왕에게 문안을 올리지 않았다는 이유로 유배형 등의 처벌을 받은 사례가 많다. 그러나 단 하나의 예외로 허용되는 사직 사유가 있었으니, 그것은 바로 부모의 병환이다.

명종 1년(1546), 의정부 좌찬성(종 1품) 이언적은 부모의 병환을 이유로 귀향해 글로써 사직을 청했다.

"신하가 임금을 섬기는 것은 자식이 어버이를 섬기는 것과 같이 천성에 근본해서 스스로 그만둘 수 없는 것이니, 힘이 있으면 다하지 않을 수 없고 아는 것이 있으면 다하지 아니할 수 없습니다. 그것으로 죽고 사는 것이 신하의 본분이고 신하의 직책입니다.

다만 어미의 병이 위중하여 생존할 날이 많지 않고, 정신과 기력이 날로 더욱 혼미해 대부분 누워 있고 일어나 앉아 있는 시간은 얼마 안 되며 의식조차 분명치 못합니다. 제 마음이 절박하여 멀리 떠날 수 없습니다. 옛사람이 '임금을 섬길 날은 길고 부모에 보답할 날은 짧다'고 했습니다. 성상께서 신의 간절하고 절박한 사정을 불쌍히 여기시고 은덕을 베푸시어 특별히 본직을 해임하여 끝까지 어머니를 봉양할 수 있게 해 주소서. 하늘과 같은 성은은 보답할 길이 없으나, 임금을 사랑하고 국가를 걱정하는 정성이야 어찌 물러간다고 차이가 있겠습니까. 신은 격렬해지는 슬픔을 억누르며 은혜로운 명령을 기다립니다."

조선 시대 관리들은 부모의 병환 앞에서 왕에 대한 충성을 유보했다. 충과 효가 상충할 때 효를 택한 셈이다. 임금도 예외는 아니었다. 죄수가 사형 선고를 받았더라도 그가 외아들일 경우에는 부모를 봉양시키기 위해 목숨을 살려 주기도 했다.

태종 15년(1415), 하급 관리 장덕생이 관청의 물건을 도둑질하다 사형을 선고받았다. 그의 부모는 장덕생이 대를 이어 갈 외아들임을 들어 사형만은 면하게 해 달라고 관청에 호소했다. 이를 보고받은 태종은 "장덕생이 참으로 독자이면 감형하여 살려 주고 앞으로 이를 법으로 삼아라." 하고 지시했다. 이때부터 사형범이 외아들이면 살려 주어 부모를 봉양케 한다는 법이 시행되기 시작했다. 귀양 간 관리라도 노모가 위독하면 사면을 시행하는 경우도 많았다.

이 사례들을 종합해 보면 충과 효가 충돌할 때 충보다는 효를 선택했음을 알 수 있다. 조선의 유교 교육서인 〈삼강행실도〉나 〈오륜행실도〉 등이 효자를 충신이나 열녀보다 앞서 설명한 것도 같은 맥락이라 하겠다.

조선의 대유학자 이황은 "효자의 도리는 천성으로부터 나오는 것으로 모든 선의 으뜸"이라며, 조선의 오륜 사상 중 부자의 인간관계가 군신, 부부, 장유, 붕우의 인간관계보다 우위에 있음을 시사했다.

조선 최고의 효자

"효도는 부모를 섬기는 일에서 시작하고, 임금을 섬기는 일이 중간이 되며, 입신하는 것을 맨 마지막에 둔다."

공자의 말처럼 효도는 백행의 근본이었다. 효자의 선행은 학자들의 문집에 실리거나 효자비의 비문에 기록되어 후대에 걸쳐 가문의 자랑거리가 되었다. 조선의 손꼽히는 효자로는 성종 때 김득인과 단종 때 전한로가 있다.

김득인은 아버지와 어머니가 돌아가시자 각각 삼년상을 치렀고, 묘를 합장한 뒤에도 여막을 짓고 3년 동안 시묘살이를 해 모두 9년 동안이나 부모의 무덤을 지켰다. 전한로는 여덟 살 때 서당에서 스승이 배를 나눠 주었으나 먹지 않았다. 스승이 까닭을 묻자 "어머니가 병환을 앓고 계십니다."라고 답하더니 슬그머니 집으로 돌아가 배를 어머니에게 가져다 드리고 다시 서당으로 돌아왔다. 열네 살 때는 아버지가 돌아가시자 주위 친지의 만류에도 불구하고 삼년상을 치렀다.

조선의 열녀

조선 시대에는 열녀를 권장하기 위해 각종 규제와 함께 포상을 시행했다. 외출, 남녀 교제, 재혼을 엄격히 제한하고, 간통할 경우 엄중히 처벌하는 한편, 과부로 평생을 수절한 열녀에게는 열녀문을 내리는 등 표창 제도를 병행해 수절의 덕목을 강조했다. 성종 때 반포된 '재가녀 자손 금고법'은 재혼한 여자의 자손이 과거에 응시할 수 없도록 하여 사실상 여성의 재혼을 금지했다. 순조 때 중병을 앓던 남편에게 자신의 팔을 베어 대접에 피를 받아 먹였으나 남편이 죽자 스스로 자결한 박 씨 이야기는 조선의 대표적인 열녀 이야기 중 하나다.

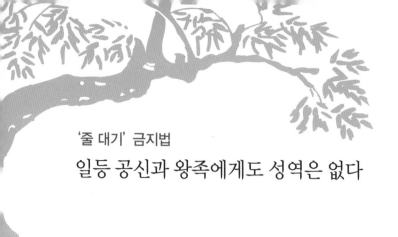

'줄 대기' 금지법
일등 공신과 왕족에게도 성역은 없다

고려 시대 말에는 인사 청탁이 큰 사회 문제로 등장했다. 그 결과 파당이 생기고 정치 질서가 극도로 혼란해지는 심각한 폐단을 낳았다. 시쳇말로 '줄 대기 문화'의 원형쯤 되는 셈인데, 이런 일이 조선 시대에도 일어났다. 조선은 고려 말의 폐해를 거울삼아 집권 초에 아예 법을 제정해 인사 청탁을 제도적으로 금지했다. 정종 원년(1399)에 제정된 분경 금지법이 그것이다.

분경은 '분추경리'의 준말로 벼슬을 얻기 위해 고관대작의 집을 분주히 드나들며 엽관(관직을 얻으려고 갖은 방법으로 하는 노력)과 청탁을 하는 것을 말한다. 정종은 하급 관리가 상급 관리를 방문하지 못하도록 명을 내렸다. 분경 금지를 통해 공신의 경우 3촌, 4촌의 가까운 친척이나 각 절

제사의 대소 군관을 제외한 일체의 관리가 집에서 사사로운 이유로 사람을 만나는 것을 막았다. 만일 억울한 일이 있으면 소속 관서에 고하되, 비밀리에 만나 남을 모함하지 말도록 했다. 이를 어기면 사헌부에서 규찰해 모두 먼 곳으로 귀양 보내고 평생토록 벼슬을 하지 못하게 했다.

분경 금지법은 조선이 건국된 지 8년 만에 제정된 강력한 법령이다. 정종은 왜 분경을 금지하는 법령을 서둘러 만들었을까?

"고려는 말년에 이르러 기강이 해이해져서 서로 파당을 만들고, 군신을 이간시키고 서로 싸우면서 결국 멸망의 길에 이르렀다. 고려의 풍속이 끊어지지 않아서 서로 견제하여 분경을 일삼고, 모여서 남을 헐뜯고 난을 선동하는 자가 많도다. 이렇다면 고려 때보다 무엇이 나을 것이 있겠는가!"

표면적인 이유는 관료 사회에 만연한 붕당을 없애고 정치 질서를 바로잡아 고려의 전철을 밟지 않기 위함이었다. 하지만 그 이면에는 개국 후 한창 벌어지고 있는 개국공신들의 논공행상을 사전에 막아 왕권을 강화하려는 의도가 더 짙었다.

분경 금지법은 실제로 시행되지 못하다가 태종이 즉위하면서 실시되었다. 태종은 즉위 이듬해에 더욱 강력하게 분경죄 척결의 의지를 다졌다.

"관리가 친가, 외가 5촌 밖에 있는 사람을 집에서 사사로이 만날 경우, 신문할 것 없이 관직에서 파직하고 멀리 귀양 보내라."

그러나 왕의 노력에도 불구하고 권세 있는 관료에게 아첨하며 분경하는 일이 끊이지 않았다. 태종 8년(1408)의 박유손 사건이 대표적이다. 국왕의 호위 부대인 별시위의 관리 자리가 비자 병조에서 후보자 세 사람을 왕에게 추천했다. 이때 박유손은 개국공신인 조온을 은밀히 찾아가 자신이 임용되게 해 달라고 부탁했다. 그는 후보자들 중 1순위로 추천을 받게 되었다. 하지만 태종은 관례를 깨고 3순위로 추천된 관리를 낙점했다. 자신이 등용될 것이라고 확신했던 박유손은 울화가 치밀었다. 그는 왕의 비서실장 격인 지신사 황희를 찾아갔다.

"추천장을 주상께서 친히 보시고 낙점하셨습니까? 주상께서 추천장을 보셨다면 어찌하여 끝의 사람에게 낙점하셨겠습니까?"

박유손은 황희가 추천장을 태종에게 보여 주지 않고서는 그런 결정이 났을 리 없다고 따져 물은 것이다. 기가 찬 황희는 태종을 찾아가 자신이 봉변당한 일을 털어놓으면서 사직을 청했다.

"신이 오랫동안 주상을 모시다 보니 갖은 오해를 받게 됩니다. 이제 물러날 때가 되었나 봅니다."

태종은 박유손에게 분경죄를 적용해 관직을 박탈하고 남포로 귀양 보냈다.

태종 이후에도 분경 금지법은 여러 차례 보완되면서 성종 1년(1470) 분경의 금지 대상이 확정되어 조선의 기본법인 〈경국대전〉에 성문화되었다. 이조·병조의 제장, 정 3품 이상의 당상관, 사헌부 및 사간원 관리의 경우 친가 8촌, 외가 6촌 밖의 사람을 사사로이 집에서 만나다 발각되면 모두 분경자로 간주하여 100대의 곤장과 함께 3,000리 밖으로 귀양 보내도록 규정했다.

분경죄에 대한 처벌은 엄격했다. 죄가 확인되면 곧바로 관직이 박탈되거나 유배를 당했다. 하지만 관리들의 출세 욕망을 잠재울 수는 없었다. 관인이 표면에 나서지 않고 뒤에서 몰래 청탁하고 행적을 감추는 일이 빈번했다. 분경을 금지시키려는 왕과 분경을 해서라도 출세하려는 관리들의 숨바꼭질이 계속되었다. 오죽했으면 기습 단속을 생각했을까.

예종은 왕실의 종친과 재상들의 집을 대상으로 기습적인 분경 단속을 벌였다. 그 결과 일등 공신 신숙주의 집에서 함경도 관찰사 박서창이 보낸 노비를 찾아낸 것을 비롯해 여러 건의 분경죄 위반 사범을 적발했다. 예종은 창덕궁 편전에 친히 나가 붙들려 온 사람을 직접 심문하여 함경도 관찰사 박서창이 신숙주에게 노비를 보내 승진 인사를 부탁하는 편지를 전달한 것을 밝혀냈다. 예종은 그 자리에서 곧바로 박서창의 관직을 박탈했다. 또 예종은 분경죄 위반을 확인하기 위해 귀성군 이준의 집에도 불시에 관리를 보냈다. 신숙주는 아버지인 세조가 총애한 일등 공신이었으며, 귀성군 이준은 자신과는 사촌지간인 왕실의 종친이었다. 이들에게까지 수사의 손길이 미쳤다는 것은 분경죄를 다스리는 데 성역이 없었음을 드러낸다.

신문고와 격쟁

신문고는 태종이 억울함을 하소연할 데 없는 백성을 위해 만든 제도다. 북을 쳐서 억울함을 호소하면 왕이 친히 들어 보고 민원을 해결해 주었다. 하지만 백성이 신문고를 두드리기까지는 그 절차가 복잡해 명목상의 제도로 그쳤다. 고을의 수령에게 억울함을 호소하고, 그래도 해결되지 않으면 다시 관찰사, 사헌부를 거치도록 해 일반 백성이 신문고를 두드린 사례는 극히 적었다.

신문고가 폐지된 뒤 실시된 제도는 격쟁이다. 왕이 거동하는 길가에서 징이나 꽹과리를 쳐 왕에게 억울한 일을 하소연하는 것이다. 격쟁도 사실 형식상의 제도일 뿐이었다.

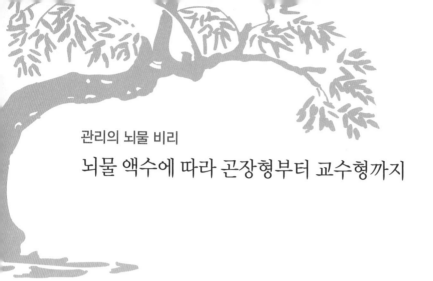

관리의 뇌물 비리
뇌물 액수에 따라 곤장형부터 교수형까지

'독직'이란 스스로 직책을 더럽힌다는 말이다. 공무원이 자신의 직위, 직권을 이용하여 부정한 행위를 저지르는 독직 사건의 뿌리는 깊고도 깊다. 갖가지 청탁을 들어주는 대신 받는 대가성 뇌물은 조선 시대에도 척결해야 할 사회적인 숙제였다. 감찰 기관인 사헌부가 왕에게 뇌물 비리 근절을 호소하는 상소문의 한 대목을 보면 뇌물의 형태가 오늘날과 크게 다르지 않음을 알 수 있다.

"지방 관리로서 뇌물을 받는 데 있어 법을 두려워하여 받지 않는 자도 있고, 여벌로 남은 사소한 물건이라 하여 받는 자도 있습니다. 마음에는 옳지 않은 줄을 뻔히 알면서도 정성을 거스르고 싶지 않아서 받는 자도 있고, 드러나게 주는 것은 아니니 누가 알겠느냐며 덥석 받는 자도 있을 것입니다. 뇌물로 받는 물건이 하늘에서 떨어진 것이 아니고 실상은 다 백성의 피땀 아니겠습니까. 백성을 사랑하고 돌봐 주기는커녕 오직 재물을 훑어 들이는 데 혈안인 것이 옳은 일이겠습니까. 뇌물 주는 사람의 속마음은 자신의 죄를 면할 구실로 삼거나 다른 날에 벼슬을 구하려는 속셈일 뿐이므로 이는 군자의 도리가 아니니 마땅히 큰 벌로 다스리소서."

조선 시대에 뇌물 비리에 따른 관리들의 처벌 건수만 해도 수천여 건에 달한다. 이는 관리들의 뇌물 관행이 고질적인 병폐였음을 드러내는 동시에 근절시키기 위한 노력도 끊이지 않았음을 보여 준다.

〈경국대전〉에 정해진 뇌물죄(장죄)에 대한 처벌은 "준 자와 받은 자 모두 뇌물의 액수를 계산하여 죄를 매긴다."는 것이다. 관리의 경우에는 뇌물의 액수에 따라 관직 박탈과 동시에 곤장형, 유배형, 교수형에 이르는 중형을 받았다.

조선 시대의 뇌물 비리 가운데 조정을 떠들썩하게 한 대표적인 사례는 세종 8년(1426)에 발생한 병조판서 조말생의 뇌물 수수 사건이다. 이는 지방 재력가 김도련이 재판에서 승소하기 위해 조말생을 비롯해 우의정 조연, 곡산 부원군(정 1품 공신) 연사종 등 고관대작들에게 뇌물을 건넨 사건이다. 김도련은 승소를 부탁하면서 조말생에게 노비 24명을 바쳤고, 조연과 연사종에게는 각각 노비 15명과 10명을 바쳤다. 뇌물을 받은 조말생 등은 형조의 관리들에게 압력을 행사해 김도련이 승소하도록 했다.

이 같은 정보를 입수한 사헌부가 수사에 돌입하자 사건이 확대되기 시작했다. 조말생은 김도련의 다른 소송에도 개입해 뇌물을 받았고, 다른 양반들로부터도 임용이나 승진 등의 부탁을 받고 금품과 땅을 받은 것으로 드러났다. 사헌부의 종합 수사 결과를 보고받은 세종의 충격은 이만저만이 아니었다.

"대신으로서 이러한 일을 행할 줄은 꿈에도 생각지 못하였다. 조말생은 내가 신임하기를 다른 신하와 비교가 되지 않을 정도였다. 뇌물이 공공연히 행해지고 있으니 작은 문제가 아니다. 정치가 잘되는 나라에서는 절대로 없는 일이다. 위에서 마음을 바르게 하는 도리가 있으면 곧 대신들이 보고 감화되는 것은 자연스러운 일이니 이는 모두 내 탓이로다."

사헌부는 세종에게 "형법에 따르면 교수형에 해당되고 장물은 관청에서 몰수해야 될 것"이라며 중죄로 다스리길 요구했다. 그러나 세종은 군신 간에 다져 온 오랜 인연을 끊기 힘들었던 모양이다. 뇌물을 압수하고 유배를 보내는 선에서 사건을 종결지었다. 더욱이 그 일이 있고 나서 4년도 채 안 되어 조말생의 죄를 용서하고 다시 관직을 내렸다. 공직자에 대한 사정이 처벌, 사면의 수순을 밟기는 예나 지금이나 마찬가지인 듯하다.

세종은 이 문제로 재임 기간 내내 곤욕을 치러야 했다. 조말생에게 다시 관직을 내리자 사헌부와 사간원의 관리들이 전원 사직서를 제출하는 소동을 빚었고, 조말생이 승진할 때마다 상소와 탄원이 끊이지 않았다.

지방 관리의 뇌물 비리는 더욱 심각했다. 관청의 재산을 횡령하거나 상인들로부터 뇌물을 받아 챙긴 뒤 이를 다시 중앙 행정 관서의 고급 관리들에게 상납했다. 숙종 23년(1696) 경상도 남해 수령 이상휘의 뇌물 비리를 한번 보자.

이 사건은 우연히 적발되었는데 그 전말이 우습기 짝이 없다. 이상휘는 이곳저곳에서 쌀 100가마를 뇌물로 챙겼다. 그는 이를 요직에 있는 관리들에게 상납하기 위해 자신의 하인들을 시켜 쌀을 한양으로 옮겼다. 비리는 이상휘의 하인이 착각하여 배달 명단에 있지 않은 엉뚱한 관리에게 쌀을 배달하면서 들통이 났다. 쌀 짐을 지고 경상도 남해에서 서울까지 몇 날 며칠을 달려왔으니 제정신이 아니었던 모양이다.

사건이 입소문으로 알려지자 뇌물을 받은 관리들이 처벌을 두려워해 쌀을 남해로 다시 돌려보내는 소동이 빚어졌다. 이 가운데에는 형조 판서 이언강도 포함되어 있다는 소문이 장안에 파다하게 퍼졌다. 〈조선왕조실록〉은 그 모습을 이렇게 적었다.

"밤중을 이용하여 쌀섬을 실은 짐바리를 남해 이상휘의 집으로 보내는 자가 매우 많았다. 얼마나 많았는지 어느 곳에서 온 것인지 분간을 할 수 없을 정도였다."

기록에 따르면 이상휘는 의금부에 끌려가 모진 고문을 당하면서도 죽기를 각오하고 입을 다물었던 것으로 전해진다. 그가 진술을 거부하는 바람에 뇌물을 받은 관리를 색출하는 데는 실패하고, 이상휘를 포함해 관리 2~3명을 처벌하는 데 그쳤다.

조선 시대의 뇌물 비리 사건을 돌이켜 볼 때 가장 흥미로운 대목은, 관리들의 기강이 가장 문란했던 조선 후기로 갈수록 뇌물 비리에 관한 기록이 전기나 중기보다 큰 폭으로 줄어들었다는 것이다. 이는 관리의 뇌물 비리를 엄격하게 처벌해야 하는 국왕의 권한이 크게 흔들리면서 감찰 및 사법 기관의 활동도 함께 미약해진 결과의 반증이라 할 수 있다.

자녀 균분 상속

조선 시대에는 부모가 자식들에게 재산을 물려줄 때 장남과 차남, 아들과 딸의 차별이 없었다. 자식들에게 균등하게 재산을 상속하는 것을 원칙으로 한 것이다. 단, 제사를 모시는 장손에게는 족보, 제사 도구와 조상의 사당이 있는 집, 즉 부모가 살던 가옥을 상속했으며, 나머지 동산, 부동산 등 전체 상속분의 2할을 더 상속했다. 이 원칙은 조선 초기부터 적용되다가 18세기를 고비로 제사를 지내는 장손을 더욱 우대하게 되면서 차남이나 딸의 상속분이 상대적으로 크게 줄어들었다.

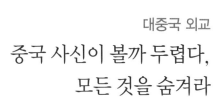

중국 사신이 볼까 두렵다,
모든 것을 숨겨라

역사 교과서들은 조선의 외교 정책을 '사대교린'이란 말로 표현한다. 이는 조선 스스로 표방한 외교 구호이기도 했다. 사대는 중국을 향한 정책이었으며, 교린은 주변 국가인 일본과 여진족을 향한 정책이었다. 즉, 대국인 명을 받들어 섬김으로써 군신 간의 관계를 맺고, 나머지 주변 국가인 일본과 여진족에게는 서로 대등한 입장에서 친선 관계를 유지한다는 외교 정책이다.

명에 대해 사대 정책을 편 배경은 조선 개국 당시 국내의 정치적 상황과도 맞물린다. 고려 말 14세기 중·후반에 중국은 원나라에서 명나라로 권력이 교체되는 시기였다. 원은 이미 몰락의 길로 접어들면서 명에게 대부분의 영토를 넘겨준 상황이었다. 이 같은 대외 정세 속에서 고려는 친원 정책을 펴는 권문귀족과 친명 정책을 주장하는 신흥 사대부가 대립하고 있었다.

원을 몰아낸 명은 고려의 영토인 철령 이북 땅이 원의 지배하에 있었으므로 당연히 자신들의 영토라고 우기기 시작했다. 고려는 원에 이은 명의 사대 요구를 거절하고 싸움을 선택했으며, 1388년 최영을 중심으로 한 요동 정벌론이 대세로 받아들여졌다. 그러나 신흥 사대부의 지지를 받던 이성계는 요동 정벌의 무모함을 강력히 제기하며, 위화도에서 말머리를 돌려 최영을 제거하고 권력 장악에 성공했다.

그리하여 1392년 이성계가 조선을 개국하자 친명 정책이 조선의 공식적인 외교 노선으로 자리 잡았다. 사대 노선으로 인해 주권국가로서의 독립적 지위를 위협받을 수밖에 없었다. 조선은 명의 신하국임을 스스로 자처했기에 왕의 즉위 때마다 명나라의 승인을 받아야 했으며, 국왕의 묘호도 명의 황제가 내리는 것을 받아야 했다.

두 나라 사이의 사신 왕래는 불평등 외교의 극치였다. 조선은 태조 때부터 신년에는 하정사, 황제의 생일에는 성절사, 황태자의 생일에는 천추사 등 1년에 정기적으로 세 차례씩 명에 사절을 보냈다. 비정기적인 사절도 평균 세 차례 정도 더 보냈으며, 그때마다 말과 비단 등의 조공을 바쳐야 했다. 반면 명은 조선 국왕의 즉위 때나 왕비, 왕세자 책봉 시, 또는 처녀나 매의 진헌을 요구하기 위해 연평균 한 차례씩 조선에 사신을 보냈다.

중국 사신은 일행의 우두머리 격인 상사와 부사, 서반(통역관), 두목(물자 운반과 관리를 담당하는 상인), 군관, 의원 등으로 구성되었다. 이들은 국경에서부터 한양으로 들어오는 동안 곳곳에 설치된 역관에 투숙하며 지방관들이 베푸는 극진한 대접을 받았다. 한양에 도착하면 모화관으로 들어가 왕과 왕세자 및 백관의 영접을 받았으며, 황제가 내린 지시 사항이 담긴 칙서를 조선 왕에게 전달했다. 이 때문에 사신 일행을 칙사라 부르기도 했다.

칙사 일행이 태평관에 여장을 풀면 왕이 몸소 태평관에 나와 잔치(하마연)를 베풀고, 떠나는 날 역시 왕이 모화관까지 나와 전송했다. 사신들은 20~25일 정도 머무르는 동안 거의 매일같이 열리는 연회에 참석하고 온갖 예물을 받는 등 황제에 준하는 예우를 받았다. 이들이 명의 황제에게 바치기 위해 조선 처녀를 선발해 갈 때는 온 장안이 두려움에 떨었다.

이 같은 측면에서 보면 대명 사대 정책은 조선이 독립적인 주권국가로서의 위상을 스스로 포기한 굴욕 외교의 상징처럼 비춰진다. 하지만 권력 교체기의 조선에 대명 사대 외교는 여러 가지 정치적 효과를 가져다주었다. 동아시아의 강대국으로 부상한 명나라의 승인을 통해 권력 교체의 정당성을 확보할 수 있었으며, 국제적으로도 개국을 공식 인정받았다. 또한 선진 문물을 수입함으로써 나라의 기틀을 다지는 데 성공할 수 있었다. 말하자면 국제 정치상으로는 힘의 역학 관계에서 나온 실리적인 외교 정책의 결과이며, 국내 정치 면에서는 역성혁명에 따르는 정치적 부담을 덜 수 있는 전략적 선택이었던 셈이다.

조선은 개국 후 사대 외교를 펼치면서도 주권국가로서의 위상을 다지기 위해 부단한 노력을 했다. 조선의 개국공신 정도전과 남은이 다시 요동 정벌을 주창한 것이나, 조선이 고조선과 고구려, 백제, 신라 등 삼국에서 비롯된 것으로 파악해 그 시조를 기리기 위한 사당을 짓고 제사를 지낸 일은 역사적인 자존 의식을 보여 주는 것이다.

조선의 자주성을 상징적으로 드러내는 것은 성종 1485년에 완성된 〈경국대전〉이다. 이는 중국 법을 모법으로 삼으면서도 고유의 법철학을 투영시켜 만든 독창적인 헌법이었다. 사회적으로는 자녀 균분 상속법, 토지·가옥의 사유권 보호 및 사유권 침해 시의 민사소송법, 삼심제 절차법 등은 봉건 사회에서는 상상하기 힘든 조선의 독특한 법 관습을 담고 있다.

정치적으로도 〈경국대전〉은 중요한 의미를 가졌다. 조선은 이 법전의 존재를 중국 측에 100여 년간이나 숨겼다. 어떤 내용이 담겼기에 이미 반포되어 시행 중인 헌법을 숨겨야 했을까?

〈경국대전〉서문에는 국왕이 승하한 뒤 명의 황제가 내리게 되어 있는 묘호를 쓰지 않고, 조선 스스로 정한 묘호가 기록되어 있다. 또한 명이 왜구라 하여 교류를 금지한 일본과 선린 관계를 유지하고 있음을 보여 주는 통신사 관련 규정이 담겨 있다. 명나라 사신이 올 때마다 〈경국대전〉의 존재가 노출되지 않도록 전국에 지시를 내린 것은 〈경국대전〉에 담긴 일부 규정이 사대의 원칙에 어긋나기 때문이었다.

조선이 명나라 사신을 맞을 때마다 각별히 조심한 것은 〈경국대전〉뿐만이 아니었다. 세조는 명나라 사신이 올 때마다 이 같은 지시를 내렸다.

"사신이 경유하는 여러 고을의 문서는 좋은 내용이든 나쁜 내용이든 모두 감추도록 하라. 또한 창과 벽에 바르는 종이는 모두 글자가 없는 종이를 쓰고, 현판과 누각의 글씨 등도 모두 철거하라."

이는 명나라 사신들이 조선에 머물면서 여러 가지 정보를 수집한 뒤

종계변무

'종계'는 '가계'를, '변무'는 '억울한 일의 사리를 따져 바로잡는 것'을 말한다. 종계변무 사건이란 태조 이성계가 잘못 기록된 자신의 가계를 시정해 달라고 명나라에 요청한 것이다.

이성계의 정적들은 명나라로 도주한 뒤, "고려 공양왕은 이성계의 인척이며, 둘이 공모하여 명나라를 치려고 한다."면서 이성계가 고려의 권신 이인임의 후손이라고 모함한 일이 있었다. 이 일을 그대로 믿은 명나라는 역사서에 그대로 기록했는데, 명의 사신을 통해 가계 왜곡 사실을 알게 된 이성계는 시정을 요청했다. 이인임은 이성계의 정적으로, 이성계를 그의 후손이라고 기록한 것은 조선의 수치였다. 거듭된 조선의 요청에도 명나라는 200여 년간이나 기록을 수정하지 않다가 16세기 후반에야 고쳤다.

중국으로 간 조선 처녀

명과 청은 조선에 사신을 보낼 때마다 처녀 진상을 요구했다. 주로 황제의 후궁으로 삼기 위한 사대부의 딸 5~10여 명, 음식 또는 바느질을 잘하는 부녀자 등 20~30여 명을 뽑아 데려갔다. 부모로서 꽃 같은 딸을 중국에 보낸다는 것은 억장이 무너지는 일이었다. 이 때문에 결혼을 서두르거나, 처녀를 선발할 때 일부러 다리를 절거나 입이 돌아간 것처럼 거짓으로 꾸미는 일도 많았다.

세조 때 좌의정을 지낸 한확(1403~1456)은 절세미인이었던 누나와 여동생을 각각 명 태종과 선종의 후궁으로 빼앗기는 아픔을 겪었다. 그러나 대신에 자매 모두 중국 황제의 총애를 받음으로써 벼슬길이 순탄했고, 명과의 외교에서 크게 공헌했다.

명의 황제에게 보고할 것을 염려했기 때문이다.

　이 같은 사례들은 조선이 사대 외교 정책 속에서도 나름대로 독자적인 주권 의식을 지키려 했음을 보여 주는 대목이다. 하지만 조선은 명의 도움을 받아 임진왜란을 가까스로 막아 내면서부터 말 그대로 신하의 나라로 전락할 수밖에 없었고, 그 피해는 고스란히 백성의 몫으로 전가되었다. 수백만 냥의 은을 징발당다고 죄 없는 처녀들을 수없이 바쳐야 했다. 이 같은 사대 외교의 피해는 조선 말기까지 계속되었다.

왜구 방비 목적으로 형식적인 관계만 유지

일본에 대한 조선의 공식적인 외교 정책은 친선 관계를 유지하는 교린 노선이었다. 중국보다 힘이 약한 나라들은 중국에 조공을 보내고, 중국은 이들 나라의 통치자를 책봉해 줌으로써 우호 관계를 유지했다. 이런 관계를 사대 관계라 하며, 중국의 책봉을 받은 나라들끼리는 교린 관계를 유지했다. 일본도 1403년 11월 명나라로부터 책봉을 받게 되면서 이듬해인 1404년 7월 조선 왕과 일본 왕의 명의로 된 국서를 교환해 '국가 대 국가'의 교린 관계를 성립했다.

조선은 표면적으로는 일본을 이웃이라 불렀지만, 내부적으로는 바다 도적 또는 미개한 나라라는 생각이 지배적이었다. 조선이 보기에 일본은 삼국 시대는 물론 고려, 조선 초기에 이르기까지 경제적으로나 문화적으로 줄곧 한반도의 도움을 받아 온 섬나라에 불과했다. 경제적·문화적 필요를 충족시키기 위해 외교 관계를 통하기보다는 해적 행위 등으로 한반도 해안의 주민을 괴롭히는 골칫덩어리일 뿐이라고 생각했다.

조선의 대일본 외교는 대대마도 외교를 벗어나지 못했다. 이는 조선 중기의 임진왜란과 조선 후기의 한반도 강점을 예고하는 것이었다. 조선의 왕들은 임진왜란이라는 동아시아 역사상 최대 전란을 겪으면서도 조선 후기까지 일본에 대해서 올바로 파악하지 못했다. 고작 한반도와 가장 가까운 일본 영토인 대마도 왜구에 대한 방비책이나 그들을 회유하기 위한 정책을 마련하는 선에서 외교 정책을 수립해 왔다. 일본 본토는 관심 밖이었다. 해안 지방에 준동하는 왜구로 인한 피해만 없다면 된다는 안일한 생각에 일본 본토의 정치적 상황은 크게 신경을 쓰지 못했다.

대마도(쓰시마)는 한일 외교사에서 가장 많이 등장하는 지명이다. 부산에서 직선거리로 불과 50km 정도 떨어진 조그만 섬으로, 고려 말 조선 초인 13~16세기 동안 중국과 한반도를 괴롭힌 왜구의 본거지다. 섬 전체가 해발 400m에 이르는 산지로 농경지가 고작 4%뿐인 척박한 땅이어서 거주민들은 항상 식량난에 시달려야 했다. 당시 일본 본토는 내란이 끊이지 않아 정상적인 교역이 불가능한 상황이었고, 대마도민들은 한반도 해안 마을을 약탈해 생존을 유지하고 있었다.

태조 이성계는 고려 말 장군 출신으로서 왜구의 심각성을 인식하고 있었으므로 해안선 방비 대책을 세우는 한편, 상인과 귀화 왜인을 우대하는 등 대마도민 회유책을 썼다. 그래도 약탈이 끊이지 않자 세종 원년(1419)에는 왕위에서 물러나 있던 태종이 대마도 정벌을 통해 왜구의 근거지를 소탕했다. 태종이 정벌에 앞서 백성들에게 발표한 포고문을 보자.

"무력을 행사하는 것은 무릇 성현들이 경계한 일이지만, 죄 있는 자들을 다스리고 군사를 일으키는 것은 제왕으로서 부득이한 일이다. 대마도는 본래 우리나라 땅이다. 다만 궁벽하게 막혀 있고 좁고 누추하므로 왜놈이 살도록 해 두었더니, 개같이 도적질하고 쥐같이 훔치는 버릇을 가지고 마음대로 군민을 살해하고 집에 불을 질러서, 고아와 과부가 바다를 바라보고 우는 일이 해마다 없는 때가 없었다. 이제 그 죄를 바로잡으려 하는 것은 부득이한 일이다. 신민들이여, 간악한 무리를 쓸어버리고 백성을 왜구로부터 보호하고자 하는 내 뜻을 널리 알리노라."

대마도 정벌은 조선 역사상 처음이자 마지막 해외 정벌이었다.

국교가 단절되고 조선으로부터의 물자 공급이 끊어지자 대마도주 종씨는 여러 차례 사신을 보내 교역을 요청했다. 세종은 대마도주로부터 왜구를 진정시킬 것을 약속을 받은 뒤 부산포(동래), 염포(울산), 내이포(웅천) 등 세 곳의 항구를 열어 주었다. 대신 1443년 계해조약을 맺어 대마도가 조선에 보내는 세견선을 50척으로 제한하고, 조선이 대마도주에게 보내는 쌀과 콩을 200석으로 제한했다. 또한 도주의 직인이 찍힌 통행 증명서가 있어야만 입항을 허락했다.

그 후 중종 5년(1510) 삼포에 거주하는 왜인들이 폭동을 일으켜 부산 첨사를 죽이는 등 소란을 피우자 조선은 다시 삼포를 폐쇄하고 교역을 끊어 버렸다. 그러나 3년 뒤 조선은 대마도주가 교류를 호소하자 임신조약을 체결해 교역량을 절반으로 줄였다.

조선이 일본과의 외교를 단지 왜구 근절책의 일환으로만 인식하고 있을 무렵인 16세기 말, 일본 본토에서는 도요토미 히데요시豊臣秀吉가 전국 시대의 혼란을 마감하고 국내 통일에 성공했다. 도요토미는 일본 내 여러 무장들의 힘을 분산시킬 목적으로 중국과 한반도에 대한 침략 의도를 드러냈다. 20여만 명에 달하는 군사, 조총 전투선 등 첨단 무기, 전국 시대를 거치면서 다져 온 전투력 등은 조선이 알고 있는 왜구의 모습이 아니었다. 임진왜란이 일어나기 1년 전의 에피소드는 일본에 대한 조선의 무지함을 여실히 보여 준다.

1591년 3월 1일 일본은 사신 겐소玄蘇를 조선에 보냈다. 겐소는 자신을 접대하는 홍문관 관리 오억령에게 "내년에 조선 땅을 거쳐 명나라를 쳐들어 갈 것"이라고 말했다. 말하자면 선전포고였던 셈이다. 오억령은 왜군이 대거 침입할 것이라고 즉시 선조에게 알리고 대책을 호소했다. 그러나 조정에서는 오히려 공연히 일을 만들어 세상을 시끄럽게 한다는 이유로 그를 좌천시켰다.

한 사관은 〈조선왕조실록〉에 이렇게 적었다.

"억령은 사태가 위급함을 알고서는 미움을 사는 것도 피하지 않고 모두 말하였다. 이로 말미암아 파직되었으니 밀려난 것이었다."

전직 관리 조헌(임진왜란 당시 의병장)도 겐소의 말에 격분해 옥천에서 급히 상경했다. 그는 상소를 올려 일본 사신의 목을 베고 3일간 군사적인 대책을 세울 것을 요구했으나 이 역시 받아들여지지 않았다. 대마도주도 "도요토미가 병선을 정비하고 침략할 계획을 세우고 있으니 조선은 이것을 명나라에 알리는 게 좋겠다."고 알려 주었으나 조선 정부는 이를 왜구의 허풍 정도로만 인식했다. 군사적 대비라고 해 봐야 그저 대마도 왜구를 방비하는 수준에서 해안 요새 등을 점검할 뿐이었다.

결국 도요토미는 1592년 부산에 상륙해 7년여간에 걸쳐 한반도를 유린했다. 전란으로 "백성의 6분의 1만 남았다."(당시 인구 추정치는 최소 1,000여만 명)라고 〈조선왕조실록〉에 기록되어 있을 만큼 조선의 인명 및 재산 피해가 극심했다. 이는 일본에 대한 인식 부족이 빚은 외교 정책의 참담한 결과였다.

임진왜란은 조선과 일본의 교린 관계를 무너뜨렸다. 1598년 도요토미 히데요시가 죽고 에도 막부를 세워 정권을 장악한 도쿠가와 이에야스德川家康는 조선에 통교 허용을 간청했다. 도쿠가와는 조선 사정에 밝은 대마도주를 통해 1599년부터 1600년까지 세 차례에 걸쳐 사신을 보내 외교 교섭을 요청해 왔다. 마침내 선조 40년(1607) 정사 여우길, 부사 경섬, 종사관 정호관, 제술관 양만세 등 500명에 이르는 '회답 겸 쇄환사'를 파견하고, 광해군 1년(1609) 기유약조를 맺어 일본과의 교린 관계가 회복되었다.

그러나 중국이 명·청 세력 교체라는 커다란 변혁의 시기를 맞으면서 조선과 일본 사이에는 변화가 일어났다. 조선은 1636년 병자호란을 겪으면서 새롭게 동아시아의 강자로 떠오른 청나라의 책봉을 받았지만, 명을 향한 사대 관계를 버리지 못하고 조선 중화주의를 강화했다. 일본은 임진왜란 후 명과의 책봉 체제 수립에 실패하고 청에게도 책봉을 받지 못하자 일본식 화이 의식(일본이 주변 국가들보다 우월하다고 생각하는 것)을 기반으로 대외 관계를 새롭게 했다. 조선과 일본은 중국의 세력 변화를 통해 자민족 중심주의의 대외 인식을 가지게 된 셈이다.

병자호란 이후 조선과 일본 사이에 통신사가 왕래하여 양국 간의 교린 관계가 지속되는 것처럼 보였지만, 내면적으로는 대립과 갈등이 오

▲ 통신사. 임진왜란 후 일본과 국교를 단절했던 조선은 1607년 국교를 재개하고 19세기까지 열두 차례에 걸쳐 통신사를 보냈다. 조선 통신사의 규모는 400~500명 정도였다.

갔다. 19세기까지 모두 열두 차례에 걸쳐 통신사를 교환하는 과정에서도, 조선은 메이지 유신을 통해 산업혁명을 이뤄 가던 일본의 정치·경제적 변화를 구체적으로 파악해 대비하기보다는, 교린이라는 형식적인 틀을 유지하는 데 초점을 맞췄다. 결국 1868년 교린 관계 형식을 무시한 메이지 정부의 서계 사건과 1872년 왜관 점령으로 조일 관계는 단절되고 말았다.

서계 사건과 왜관 점령

일본 메이지 정부는 고종 5년(1868)에 왕정복고 사실을 알리는 사절단을 조선에 파견했다. 조선은 동래에 도착한 사절단 대표가 일방적으로 관직과 호칭을 바꾸고, 조선이 준 도서(조선이 왜인을 통제하기 위해 예조에서 대마도주 등에게 준, 동으로 만든 도장)가 아닌 일본 정부가 새로 만든 도장을 사용하고, 황제라는 호칭을 쓴 점을 문제 삼아 서계(외교 문서)를 접수하지 않았다. 1872년 일본 사절단은 동래에서 3년 동안 기다리다 철수했다. 그 뒤 일본은 대마도주에게 대조선 외교를 관할케 하는 관행을 폐지하고, 군함 1척과 보병 1개 중대를 파견해 왜관을 점령했다. 이때 왜관의 명칭을 무단으로 '대일본국공관'으로 바꾸니, 이를 왜관 점령 사건이라 부른다. 이 사건으로 말미암아 조선과 일본의 국교가 정식으로 단절되었다.

역지 교역

조선의 대규모 사절단은 대마도에서 출발해 도쿄에 도착할 때까지 조선의 수준 높은 성리학을 일본 전역에 전파했다. 접대 비용만 80만 냥에 이를 만큼 사절단은 극진한 대접을 받았다. 반면 조선은 임란 후 일본 사절단이 서울에 입경하는 것을 금지시키고 부산의 왜관에서만 머물도록 했다. 사절단에 대한 교섭과 접대도 부산 동래부에 위임했다.

일본 측이 불평등한 외교 관계를 시정토록 요구한 것이 역지 교역이다. 1811년 일본은 상호주의 원칙을 내세워 조선 통신사를 대마도에서만 접대했다. 이에 조선은 일본의 조치를 무례하다고 여겨 개항 때까지 통신사를 보내지 않았다.

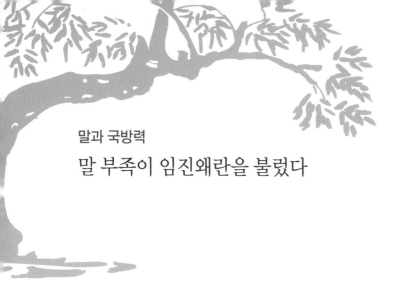

말과 국방력
말 부족이 임진왜란을 불렀다

조선은 임진왜란과 병자호란 등 양대 전쟁을 겪으면서 급격히 무너져 갔다. 조선이 전란을 부른 것은 개국 후 200여 년간 태평세월을 구가하면서 지배층이 무사안일에 빠져들었기 때문이다. 명에 대한 사대 정책은 국방력 약화에 결정적인 원인을 제공했다. 조선은 유사시 명나라가 조선에 대한 안전판 구실을 해 줄 것으로 믿고 국방에 소홀했던 것이다.

16~17세기경 동아시아 국가들의 국방력을 이룬 원천은 훈련된 장수와 병사, 개인 무기 등 군사 장비, 전투 경험 등이다. 조선이 가까스로 임진왜란을 버텨 낼 수 있었던 데는 수군의 역할이 지대했다. 탁월한 명장 이순신 장군, 왜선에 비해 기동력과 화력이 뛰어난 거북선, 해안선

의 지형을 이용한 기막힌 전술이 어우러져 해전에서 대승을 거둘 수 있었다. 그러나 육지에서의 전쟁은 연전연패할 수밖에 없었다. 의병들의 게릴라전이 왜군을 교란시키는 데 공헌했을 뿐이다.

왜 조선은 육지전에서 패배를 거듭한 것일까? 그것은 육지에서 군사 작전을 펼치는 데 가장 필수적인 말이 몹시 부족했기 때문이다. 말의 부족은 기동력을 크게 떨어뜨림으로써 군사 작전을 제대로 펼 수 없는 결과를 낳았다.

고려 시대부터 기마전은 육지에서의 전투력을 가늠하는 절대적인 요소였다. 고려가 여진족을 정벌하고 함경도를 차지할 수 있었던 것도 기마병인 신기군이 여진족 기병을 물리쳤기 때문이다. 몽고족이 대원 제국을 건설하고 유럽 대륙을 정복할 수 있었던 것도 훈련된 기마병 덕분에 가능했다.

조선도 건국 초기에는 기마전의 중요성을 잘 알고 있었다. 삼국 시대 이래 기마전이 한반도 전쟁에서 차지하는 비중을 인식하고 있었다. 당시에는 국가에서 말을 관리하고 보급하는 정책을 마정이라 했다. 조선은 마정을 국가 방위 및 교통, 통신 발달의 원천으로 인식해 마정 육성에 심혈을 기울였다. 개국 직후부터 고려의 제도를 이어받아 사복시라는 관청을 병조 아래 두는 한편, 전국 팔도에도 지방 조직을 두어 말, 목축, 마구, 수레 등을 관장하게 했다.

세종 27년(1445) 사복시에서 올린 상소를 보자.

"마정은 군국의 중요한 일이오라 소홀히 할 수 없습니다. 당나라 태종 시대에 말이 70만 필에 이르렀고, 현조 대에는 그 수가 늘어서 100만 필에 이르렀습니다. 이토록 말의 수가 늘어난 이유는 적당한 사람을 말을 관장하는 관리로 삼고, 물과 먹이를 제때에 공급하여 번식을 늘림과 동시에 들고 나는 것을 삼가 말 씀씀이를 절약한 까닭입니다.

본국에서도 목장을 설치하고 감목관을 두었습니다. 봄, 가을로 조정의 신하를 보내어 점검하오니 마정에 힘쓴다고 할 만합니다. 하오나 제주도 한 섬에서 번식한다고 해야 그 수는 9,792필에 불과하고, 각 도에서 번식하는 것도 2만 2,046필에 불과합니다. 비록 목장의 수가 많다 하지만 실은 그렇지 못하옵니다. 충청도 태안, 경상도 거제에 제주와 같은 목장을 두어 말을 크게 늘려야 합니다."

세종 때 정비되기 시작한 마정은 성종 때에 와서 〈경국대전〉에 법제화됨으로써 조선 특유의 마정 조직을 정비하게 되었다. 전국 군 단위마다 목장을 두어 200여 개에 달했으며, 각 군에는 수령의 감독하에 암말 100필과 수말 15필을 갖추게 하고 말 사육사 6명을 배정했다. 새끼 생산 책임량을 매년 85필 이상으로 규정했으며, 만약 말을 상하게 하거나 잃어버리면 태형, 장형에 처하고 잃어버린 만큼 변상토록 했다. 군사용 말은 정기적으로 건강 상태를 검열받았다. 만일 남의 말을 빌려서 검열을 받거나 말의 상태가 좋지 못할 경우 해당 군인은 형법에 의거해 처벌되었다.

말을 전담하는 수의사를 육성하거나 〈마의서〉, 〈마경〉 등 말의 사육과 관련된 의학서를 편찬한 것도 말의 중요성을 인식했기 때문이다. 우량마를 확보하기 위해 여진족으로부터 우수한 종마를 들여와 종자 개량에 힘써 20여 종의 명마를 생산할 수 있었다. 그 가운데 철청준, 오명마 등 20여 종은 동아시아 여러 나라에까지 알려질 만큼 뛰어난 말이었다. 이 같은 강력한 마정 정책에 힘입어 조선 초기에는 전국적으로 2만

~3만여 마리를 보유할 수 있었다.

그러나 조선 초기의 마정 정책은 명과의 조공 관계로 급속히 허물어져 갔다. 개국 이래 해마다 평균 1,000마리 이상을 명나라에게 조공으로 바쳐야 했다. 명나라는 중국 대륙에서 여진족이 힘을 뻗치기 시작하던 16세기경에는 자국의 안보를 염려해 더욱 많은 말을 징발해 갔다. 더욱이 조선은 사화와 당쟁에 휩싸이기 시작하면서 마정을 소홀히 해 목장이 줄어들기 시작했다. 급기야 임진왜란(1592) 직전에는 조선 초기에 비해 말이 절반이나 줄어들었다. 그나마 준마는 거의 다 빼앗기고 조랑말 수준의 말들만 남게 되었다. 말 부족은 당연히 군사력의 약화로 이어졌다.

임진왜란이 일어나자 조선의 육군은 이렇다 할 저항도 못해 본 채 무너졌다. 군사들은 기마는 물론 통신용 말마저 부족한 상황에서 우왕좌왕했다. 개전된 지 사흘이 흘렀건만 한양에서는 전쟁이 난 것조차 모르고 있었다. 결국 왜군의 1진이 부산에 상륙한 지 한 달도 안 되어 한양이 함락되는 수모를 겪고 말았다. 왜군의 위력은 대단했지만, 산악 지형에 익숙한 조선의 육군이 기마병을 활용해 왜군의 1진을 저지했다면 후방에서 시간을 벌어 충분히 전열을 가다듬을 수도 있었을 것이다.

7년여간에 걸친 임진왜란으로 말이 더욱 줄어들어 병자호란(1636) 때는 전투 한번 제대로 치러 보지 못한 채 청군에 치욕적인 항복을 해야 했다. 병자호란이 끝난 뒤의 마정 상황은 더욱 비참했다. 인조 19년(1642) 청에서 1,000필의 기마를 요구하자 인조와 조정의 대신들이 회의를 열고 걱정하는 장면은 당시의 마정이 완전히 붕괴되었음을 보여준다.

"1,000필의 말을 무슨 수로 변통할 것인가. 태운마라도 징발해야 할 상황이다."

기마 1,000필이 없어서 태운마, 즉 짐을 운반하는 말까지 징발해야 할 지경이었던 것이다. 목장의 숫자도 숙종 대에 전국적으로 70여 개로 줄어들었다. 서유구, 유형원 등 일부 실학자들 사이에서는 목장의 재건을 통한 말의 육성을 주장했지만 성과를 거두지 못했다.

한민족은 기마 민족의 후예라고 일컬어진다. 하지만 삼국 시대, 고려 시대를 찬란히 이어 온 명마 생산국으로서의 지위가 조선 시대에 들어 그 맥이 끊겼다. 마정의 공백은 숱한 외침을 부르는 하나의 원인으로 작용했다. 이제는 대륙을 호령하던 준마들이 사라지고 제주 조랑말만이 그 명맥을 유지하고 있다.

말의 다양한 쓰임새

말은 교통·통신·군사용 등 국방의 중요한 요소였으며, 그 밖에도 밭갈이와 식용으로도 사용되었다. 말갈기는 머리에 쓰는 갓, 가죽은 신발, 힘줄은 활, 똥은 종이 원료로 쓰이는 등 말은 쓰임새가 무궁구진한 동물이었다.

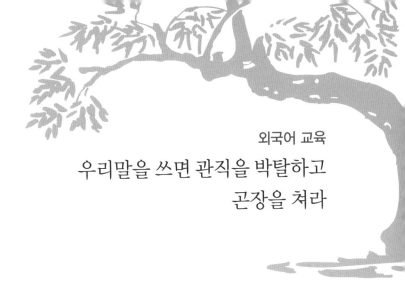

외국어 교육

우리말을 쓰면 관직을 박탈하고
곤장을 쳐라

"작은 나라로서 큰 나라를 섬기는 데는 지극한 정성을 요하며, 바르고 곧아야 한다. 해가 어디에서 떠서 어디로 떨어지겠는가. 천하에는 한 개의 해가 있을 뿐이니, 해는 속일 수 없는 것이다. 그대 나라에서 사신이 다시 올 때에는 중국 말을 아는 사람을 보내고, 중국 말을 못하는 사람은 올 필요가 없다. 어찌 사신 세 사람 모두 중국 말을 모르는가."

중국 명나라 태조(주원장)가 사신으로 간 조선의 권근 등을 통해 태조 이성계에게 내린 황제 칙서의 한 구절이다. 명 태조는 사대를 서약한 조선의 사신이 중국어를 구사할 줄 모른다고 이성계에게 트집을 잡았던 것이다.

조선 시대에도 외국어는 매우 중요했다. 그러나 지금과 같은 사교육

4부
정치 · 외교 이야기

의 일환은 아니었다. 외국어는 중국과 일본, 여진족 등 주변 국가와의 외교 관계에서 필수적이었으므로 국제 관계에서 통역사가 필요했던 것이다. 그렇다면 조선은 어느 나라 말을 외교상의 공식 언어로 사용했을까?

외교 관계에서의 공식 언어는 사대교린 정책에 따라 정해졌다. 중국과의 교류에서는 사대 원칙에 따라 중국어(한어)를 공식 언어로 사용했고, 여진족이 청나라를 세우고 중국 대륙을 평정한 조선 후기에는 여진어로 중국과 교류했다. 한편 일본, 여진족, 몽골족과의 교류 시에는 조선 사신이 방문할 때는 그 나라의 언어를 사용하고, 반대로 외국 사신이 조선을 방문할 때는 우리말을 공식 언어로 사용했다.

조선의 왕들은 외국어 학습을 각별히 장려했으며 교육도 나라에서 책임졌다. 태조는 즉위 2년 만인 1393년 외국어 통역과 번역을 담당하는 관청인 사역원을 설치했다. 사역원은 관청으로서의 기능과 함께 중국어, 일본어, 몽골어, 여진어 등 외국어 및 각국의 문화를 가르치는 교육 기관으로서의 역할도 했다. 이곳에서 공부하는 학생들은 신분에 따라 두 가지 부류로 나뉘었다. 중국어 등 외국어를 익혀 외교 활동에 이용하려는 문신들, 그리고 통역관이 되기 위해 과거 시험을 준비하는 학생이었다.

사역원은 전문 통역 요원을 양성하기 위해 전국에서 15세 이하의 양민 자제 또는 중인, 서얼의 자제 중 자질이 뛰어난 자를 매년 한 사람씩 뽑았다. 선발된 학생들은 사역원에 들어가 외국어 전공을 선택한 뒤 회화, 문장 번역 등 기본 과목은 물론이고 해당 국가의 풍속과 문화 같은 교양 과목도 공부했다.

사역원의 교수들은 주로 외국인이었다. 중국이나 주변 국가에서 귀화한 사람이거나 그들의 후손이었다. 〈조선왕조실록〉에 등장하는 당성, 설장수, 방화, 형화 등은 조선 초기의 사역원 교수로 모두 외국인이었다. 당성은 원나라 출신으로 내란을 피해 조선에 온 사람이고, 설장수는 위구르 출신으로 고려 말에 귀화했다. 또한 설장수는 소학을 중국어로 번역하여 〈직해소학〉이란 외국어 교재를 편찬하기도 했다.

사역원의 교육은 엄격했다. 외국어 성취도에 따라 학생들에게 상벌을 내렸으며, 교수들도 이에 준하는 상벌을 받았다. 3년을 공부해도 외국어에 능통하지 않은 학생은 퇴학시키고 군역을 담당케 했다.

하지만 외국어를 익힌다는 것은 예나 지금이나 쉬운 일이 아니었던 모양이다. 실록에는 "사역원에서 중국어를 10년 동안 익혔어도 사신으로 중국에 두어 달 다녀온 사람보다 못하다."는 말이 자주 나온다. 외국인 교수를 영입하고 온갖 혜택을 주는데도 학생들의 외국어 실력이 향상되지 않자 세종은 사역원에 극약 처방을 내렸다.

"사역원 내에서는 일체 우리말을 금지하고, 오로지 외국어만 쓰도록 하라."

이를 어기면 벌까지 내렸다. 문신의 경우 다섯 번 이상 우리말을 쓰다 적발되면 관직을 박탈당하고 1년 동안 관직에 나가지 못했으며, 학생은 적발된 횟수만큼 매를 맞았다.

동역관이 되기 위해서는 사역원에서 일정 기간 공부를 한 뒤 과거 시험에 합격해야 했다. 기술관 시험(잡과) 중 역과에 응시했는데, 전공에 따라 중국어, 몽골어, 일본어, 여진어 등 4개 부문으로 나뉘어 시험을 치렀다. 초시와 복시를 거쳐 중국어 13명, 나머지 언어는 각각 2명을 선발하여 합격자에게는 종 7품에서 종 9품까지의 품계를 주었다. 통역관은 당상관(정 2품까지)에도 오를 수 있었으나 문인 관료들의 심한 멸시와 차별을 받았다.

성종 18년(1487) 사헌부 대사헌 성건이 올린 상소를 살펴보자.

"장유성, 황중은 역관으로 기용되어 지위가 2품에 이르렀습니다. 하오나 조정의 대신들은 그들을 잡류로 취급하여 재상의 반열에 끼는 것을 허락하지 않습니다. 정전에서 잔치에 참여하는 자는 의정부의 대신이거나 육조의 판서들로 백관이 모두 우러러 보는 모범이 되는 자들인데, 어찌 역관들이 그 사이에 끼게 할 수 있겠습니까."

역관을 차별한 것은 출신 성분이 다르다는 이유에서였다. 조선 시대의 역관은 중인 계층이나 서얼 출신이었기 때문에 양반들은 일반적으로 외국어를 잡술로 여겨 배우려 하지 않았다. 태종 때에는 문과 시험을 준비하는 성균관의 유생들이 잡과 시험 응시생들과 같은 장소에서 시험을 치르는 것은 수치라며 수업을 거부한 적도 있었다.

그러나 조선 후기로 갈수록 역관의 사회적 역할이 점점 커졌다. 이들은 외국의 학문과 과학 기술 등 선진 문화를 수입해 오는 문화 전령사의 역할을 하는가 하면 외국의 정보를 수집해 왕에게 보고하는 비밀 첩보원의 역할도 수행했다.

고종 때 활약한 오경석은 역관이 된 뒤 열세 번이나 중국을 왕래하면서 외국 문물을 소개한 〈해국도지〉, 〈영환지략〉 등의 서적을 국내에 들여와 이를 널리 권장했다. 그는 세계 정세에 대한 해박한 지식을 바탕으로 개화를 역설해 박영효, 김옥균 등 개화파에 큰 영향을 끼쳤다.

역관들은 외국어를 무기로 중국, 일본과의 중계무역을 통해 사대부부럽지 않은 부를 쌓았다. 역관 신분은 대체로 세습되었기 때문에 엄청난 부와 권세를 누리는 역관 가문이 탄생하기도 했다. 특히 밀양 변씨 변승업 가문의 위세가 대단했는데, 17~18세기 중반까지 수많은 일본어 역관을 배출하면서 중계무역을 통해 엄청난 부를 축적했다. 이 집안이 얼마나 부자였는지를 알려 주는 일화가 있다.

숙종 22년(1696)에 역관 변승업의 부인이 죽자 관에 옻칠을 해 큰 물의를 빚었다. 관에 옻칠을 하는 것은 임금과 왕비 등의 국상에만 가능했기 때문이었다. 조정에서는 큰 파문이 일어났지만 변씨 일가는 각계 요로에 수만 냥의 금을 뿌려 사태를 해결했다. 조선 후기 역관의 위력을 짐작케 하는 대목이다.

밀양 변씨 가문 이외에도 많은 역관 가문이 무역을 통해 이른바 역관 자본을 탄생시킴으로써 조선 후기 상공업 발전에 지대한 공헌을 했다. 이를 가능케 했던 것은 단 하나, 외국어 구사 능력이었다.

중국어 회화 교재

조선 초기에 사역원은 중국어 역관들의 외국어 학습 및 시험용으로 〈노걸대〉를 편찬했다. '노걸대'란 중국인을 높여 부르는 호칭이다. 중국어 회화 책 〈노걸대〉는 조선인이 중국을 여행하며 마주치게 되는 여러 가지 상황을 정리해 구어체로 엮은 것이다. 여관에 투숙하거나 음식을 주문하는 방법, 시장에서 물건을 사는 방법 등 여행자에게 필요한 여러 가지 중국어 표현과 일반 지식을 비롯해 인삼 등 조선의 특산물을 중국인에게 소개하는 대화도 담겨 있다.

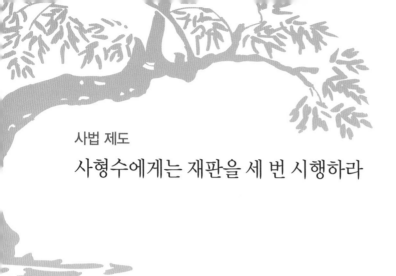

사형수에게는 재판을 세 번 시행하라

조선은 법치국가로 건국 직후부터 새 왕조의 안정과 법치주의의 실현을 위해 법전 편찬에 전력을 기울였다. 그 결과 통일된 법전을 통해 국민을 규율하게 되었다.

초기에는 왕의 명령이 법의 기본이었다. 왕명은 '왕지', '교지'라 하여 형식화되었고, 세세한 일에 관련된 것을 '전지'라 하여 그 뜻을 담당 관청이나 관리에게 전했다. 각 관청이 왕으로부터 받은 행정 명령서는 '수교'라 하는데, '교'는 법·육·영의 효력을 가진 왕명을 의미한다. 이 왕명을 문자화한 것이 '교서'이고, 각 관청이 받은 교서가 수교다. 그리고 수교로서 법조화된 것을 조례, 조획, 조령이라 했다.

법전을 통치 수단의 기본 도구로 삼으려는 노력은 성종 때 〈경국대전)으로 결실을 맺었다. 세조 때 조선의 법전을 집대성하는 작업이 시작되어 성종 때 완성되어 법전이 간행되니, 이것이 조선의 기본 법전인 〈경국대전〉이다. 건국 초의 법전인 〈경제육전〉을 비롯해 그 이후의 법령을 종합하여 만든 법전이다.

〈경국대전〉은 세조 14년(1468) 1월 1일 반포하여 시행하기로 했으나 세조는 신중을 기해 반행을 보류했다. 그 뒤 예종 때 반포하려 했지만 갑작스러운 죽음으로 시행하지 못했다. 결국 성종이 즉위하면서 〈경국대전〉을 수정해 1471년 1월 1일부터 시행하게 되었다. 비로소 영세 불변의 법을 통치의 기본으로 삼고 시대를 규율하게 된 것이다.

죄를 지은 사람은 이제 법전의 명문에 따라 처벌을 받게 되었다. 죄형 법정주의의 기본 골격을 갖춘 셈이다. 죄인의 재판을 담당하는 사법 기관은 중앙의 형조, 사헌부, 의금부 등과 지방의 관찰사, 수령 등이 있었다. 재판은 범죄자가 옥에 갇히면서 시작된다. 죄인을 조사하고 심리하는 데에는 일정한 기한을 못 박아 놓았다. 사건을 신속하게 처리하고, 심리 과정에서 죄수가 받게 되는 고통을 줄이려는 의도에서였다. 심리 기한은 사형죄인 경우 30일, 도형(강제 노역)·유배형은 20일, 태형·장형은 10일로 규정했다. 형조에서는 매월 1일에 사법 관리들을 조사하여, 고의로 심리 기한을 늦춘 사실이 밝혀지면 그 이유를 물어 파직까지 시킬 만큼 엄격히 심리 기한을 지키도록 했다.

모든 죄인은 일단 옥에 가두는 것이 원칙이지만 예외가 있었다. 문무관, 내관, 사대부의 부녀자, 승려 등은 왕의 허락 없이는 수감하지 못했다. 70세 이상의 노인과 15세 미만의 어린아이도 강도, 살인죄가 아니면 수감하지 않았다.

죄인에 대한 심리는 죄인 스스로 범죄 사실을 자백토록 하는 형식으로 진행되었다. 죄인에 대한 심리가 끝나면 증인을 불러 증거를 제출하도록 했다. 이때 죄인과 부자간, 형제간, 부부간인 사람의 증언은 증거로 채택하지 않았다.

명백한 증인이나 증거가 없으면 죄인의 자백 기록을 유무죄를 판단하는 유일한 재판 자료로 삼았다. 이를 토대로 형을 확정짓고 형을 집행한 것이다. 하지만 죄인의 자백 기록을 가장 효력 있는 증거 수단으로 삼았기에 사법관의 신문 과정에서 온갖 고문이 행해지는 부작용을 낳았다.

"네 죄는 네가 알렸다. 어서 이실직고하지 못할까."

TV 사극에서 이렇게 죄인을 취조하는 장면은 크게 과장된 것이 아니다.

죄인은 자신의 죄에 대한 1차 판결이 부당하다고 생각될 때 상급 기관에 상소할 수 있었다. 서울에서는 형조·사헌부·의금부 등 각 사법 기관에, 지방에서는 관찰사에게 상소를 올릴 수 있도록 했다. 그래도 불만이 있을 때에는 신문고를 두드려서 왕에게 직접 상소할 수 있었다.

태형, 장형, 유배형 등 경범에 대한 심리는 대개 초심으로 끝난다. 그러나 사형과 같은 중죄에 대해서는 삼복법를 도입했다. 현대 사법 제도의 삼심제와 비슷한 형사소송 제도로서 고려 시대 후기에 초기 형태로 도입되었다가 태조 즉위 때부터 시행되었다.

"형벌을 쓸 때에는 신중을 기해야 하니, 사형과 같은 중죄는 반드시 세 번을 고한 다음 결정하라."

즉, 죄인의 자복을 받아 냈다 해도 사헌부나 의금부 같은 상위 기관의 재심을 필요로 했고, 마지막으로 왕의 허락이 있어야 형을 집행할 수 있었다. 지방에서는 대개 관찰사에 의해 삼심까지 진행되었으며, 이 경우도 최종적으로는 형조를 통해 왕에게 심리 과정을 알리도록 했다. 여기서 인명을 중시하고 애민 사상이 녹아 있는 조선 왕조의 법 정신을 엿볼 수 있다.

세종 때는 모함에 빠져 초심과 복심에서 사형을 선고받은 임성부라는 사람이 마지막 삼심에서 진실이 밝혀져 무죄로 석방된 일이 있었다. 임성부가 모진 고문에도 재심 과정까지 범행을 부인하는 것을 의심스럽게 여겨 세종이 의금부에 재수사를 지시했던 것이다.

하지만 사법 관리들이 삼복제를 적극적으로 실행하지는 않았던 듯하다. 태종 1년(1401)에 올라온 상소를 보자.

"근일에 변남룡 부자가 거짓말을 하여 여러 사람들을 현혹하게 하였습니다. 그 죄상을 신문하고 극형에 두는 것은 의심이 없사옵니다. 하지만 신문하고 형을 집행한 것이 모두 하루 사이에 이루어졌으니, 예전의 삼복하여 아뢰던 것에 어그러짐이 있습니다. 원컨대 이제부터 사형죄는 반드시 의정부에 내려서 다시 의논하게 하시고, 전하께서도 수라의 반찬을 감하고 풍악을 정지한 연후에 형벌을 행하게 하옵소서. 그러하면 함부로 형벌을 가하는 잘못이 없을 것입니다."

조선 전기에는 형식적으로나마 시행되던 삼복제가 조선 후기에 들어서는 지켜지지 않았다. 후기에 편찬된 〈속대전〉에도 삼복제는 명문화되어 있으나, 조정 중신들은 물론 왕조차 별다른 관심을 보이지 않으면서 사실상 사문화되었다. 오히려 죄인의 자백만 얻으면 그 자리에서 형을 내리는 '결안정법'을 시행하는 사례가 잦았다.

이 같은 사실로 미루어 조선의 삼복제는 나름대로 진보적인 법 정신을 보여 주지만 실제 사법 과정에서는 제대로 적용되지 못한 봉건 시대의 절름발이 삼심제였음을 알 수 있다.

보석 제도

세종 때의 보석금 규정에 따르면 태형 10대는 저화 75장(약 쌀 2말 5되), 장형 100대는 저화 750장(약 쌀 2가마 5말)을 내면 매를 맞지 않고 석방될 수 있었다. 하지만 백성들 사이에 보석금이 너무 많다는 원성이 커지자 조정은 보석금의 3분의 2를 감면해 주었다. 오늘날처럼 감옥에서 중병을 얻은 경우 석방하는 병보석도 흔했다. 세종은 겨울철마다 사형수를 제외한 죄인들에 대해 보석을 자주 실시했다. 죄인이 감옥에서 동사할 수도 있고, 가족이 옥바라지하기가 어렵다는 것이 이유였다.

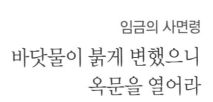

임금의 사면령

바닷물이 붉게 변했으니
옥문을 열어라

오늘날 대통령의 특별 권한으로 죄인에 대해 형벌의 전부 또는 일부를 면제해 주거나 상실된 자격을 회복시켜 주는 것을 사면 제도라고 한다. 형의 선고는 사법부의 고유 권한으로 정부의 권력으로도 이를 변경할 수 없는 것이 죄형 법정주의의 대원칙이지만, 유일하게 이에 적용을 받지 않는 것이 대통령의 사면 권한이다. 국가 원수의 특권으로 이루어지는 것이기 때문에 사법권에 속하지 않는 행정권, 통치권의 범주로 여겨진다. 우리나라의 경우에는 정권이 바뀌거나 성탄절, 석가 탄신일, 광복절 등 중요한 기념일 또는 축일에 국민 대화합 차원에서 일반 사면과 특별 사면이 실시되고 있다.

사면 제도는 현대적인 제도라기보다는 봉건 군주국에서 비롯되었다고 할 수 있다. 동서양을 막론하고 고대와 중세의 옛 군주들은 사면을 군주의 덕과 선정을 널리 베푸는 수단으로 생각해 종종 사면령을 내렸다. 동양에서는 사면을 하면 음양의 조화를 통해 기상이변이나 정치적·사회적 재앙을 막을 수 있다는 신비주의적인 의미를 지녔다.

우리나라 사면 제도의 역사는 삼국 시대까지 거슬러 올라간다. 〈삼국사기〉에는 사면에 관한 기사가 여러 차례 보인다.

"왕이 몸소 시조의 종묘에 제사를 지내고 크게 사면하다."(신라, 유리왕 2년)

"원자 기루를 태자로 세우고 죄수를 사면하였다."(백제, 다루왕 28년)

"국내에 참수형과 교수형을 제외한 모든 죄인을 사면하였다."(고구려, 산상왕 2년)

삼국 시대 사면 제도의 전통은 고려를 거쳐 조선에까지 이어졌다. 〈조선왕조실록〉에는 사면에 관한 기록이 수없이 나온다. 나라에 천재지변이나 기이한 기상 현상이 일어났을 때 가장 많이 행해졌다.

정종 원년(1399) 8월에 경상도 울주에서 동래에 이르기까지 바닷물이 붉게 변해 물고기가 떼죽음을 당하는 일이 발생했다. 이에 정종은 참수형과 교수형을 제외한 모든 죄를 면제하라는 사면령을 내렸다. 정종이 사면을 내린 이유를 보자.

"최근 하늘과 땅의 변고가 여러 차례 과인의 허물을 깨우쳐 보이었으니, 실로 과인의 부덕한 소치로 말미암은 것이다. 위태롭고 두렵기가 연못의 얼음을 건너는 것과 같으니, 백성의 괴로운 것을 불쌍히 여겨 하늘의 뜻에 조금이라도 보답하여야겠다."

정종은 해수면의 온도 상승으로 나타난 적조 현상을 보고 하늘의 재앙이라 여겨 사면령을 내린 것이다.

세종 26년(1444)에는 궁궐에 벼락이 떨어져 궁녀가 죽자 사면을 실시했다.

"하늘이 경계함을 보이어 연생전에 천둥 벼락을 치니 내가 매우 두렵고 어찌할 바를 모르겠다. 마땅히 덕을 베풀어 하늘의 꾸짖음에 답하여야 할 것이다. 모반죄 등 대역죄와 살인죄, 강도죄를 범한 자를 제외하고는 모두 용서하여 죄를 면제한다."

조선의 왕들은 이처럼 가뭄, 장마, 적조 현상 등과 같은 자연재해가 있을 때 사면을 내렸다. 군주가 백성을 잘못 다스려 하늘이 진노한 것이라고 믿었기 때문이다. 사면령을 통해 자연 재앙을 막을 수 있다는 음양오행의 믿음을 반영한 것이다.

한편 상서로운 조짐이 있을 때에도 사면을 실시했다. 세조 때에는 원각사의 탑에서 사리 분신(부처의 사리가 중생을 구하기 위해 나타나는 상서로운 현상)이 일어나고, 경복궁의 후원에 감로(천하가 태평하면 하늘이 복으로 내린다는 단이슬)가 내려 죄인들을 사면해 준 일도 있다.

기상이변뿐 아니라 왕의 즉위식이나 생일, 왕실의 결혼 등 경축일, 또는 왕실의 장례식과 같이 불행한 일이 있는 경우에도 사면령이 내려졌다. 태조는 둘째 부인인 신덕왕후 강씨의 생일에 죄수를 사면하고, 매년 자신의 생일에 사면을 실시했다. 세종 32년(1450)에는 왕의 병이 중해지자 전국에 사면령을 내렸다. 이 때문에 조정에서는 한바탕 논쟁이 벌어졌다. 얼마 뒤 세종의 병이 호전될 무렵 사법 기관인 사헌부에서 상소가 올라왔다.

"이적, 김세민, 이현로, 윤배의 죄는 용서할 수 없는 것입니다. 청하

4부 정치 · 외교 이야기

옵건대 사면을 거두소서. 세민과 현로 등이 환관의 부탁을 들어 법을 무시하고 벼슬을 제수하여 자신들의 신분을 남용하였사오니 이는 신하된 도리가 아닙니다. 이적은 할아버지를 꾸짖고 나무란 죄이온데, 사람의 자식으로서 있을 수 없는 악행입니다. 모두 용서할 수 없는 것이옵니다."

세종은 이렇게 대답했다.

"내 처음 병이 심해 세자의 청으로 사면령을 반포하였을 때에는 한 사람도 안 된다고 말하는 자가 없었다. 병이 나은 지금에서야 비로소 말한다면 너무 무례하지 않은가. 사면한 것은 다른 일 때문이 아니고 나 때문인데 이제 와서 그렇게 말하면 내 심히 부끄럽다."

결국 사헌부의 상소는 받아들여지지 않았다.

궁궐이나 사찰이 건립되었을 때, 날씨가 너무 덥거나 추운 경우에 사면이 내려지기도 했다. 그러나 큰일만 생기면 사면령이 내려지자 그로 인한 폐단이 생겨났다. 죄인들이 사면을 국왕이 내리는 은혜로 생각하지 않게 된 것이다.

명종 2년(1547)에는 1월에 중종의 신주가 종묘에 모셔진 것을 기념하여 대사면을 단행하자, 사람들은 인종의 신주를 모시는 5월에도 사면이 있을 것이라 예상하고 함부로 죄를 짓는 사태가 벌어지기도 했다. 사형에 처해질 중죄가 아니면 언제든지 사면될 수 있다고 여겨서 법을 어기는 일이 빈번해진 것이다.

신하들은 "성군은 사면을 드물게 내리지만 대신 알차고, 혼탁한 세상일수록 사면을 자주 내리지만 형식적이다."는 옛말을 들어 사면을 자제하도록 왕에게 자주 상소를 올렸다. 사면이 잦아지면 법의 권위가 땅에 떨어지고 세상을 올바로 다스리기 힘들다는 것이었다. 하지만 왕들은 전대로부터 내려온 전통이라는 이유로 이런 의견을 외면하곤 했다.

우리나라 현대 정치사에서도 국가 원수에 의한 특별 사면 제도가 남용되는 경우가 잦아, 법의 권위를 무너뜨리고 권력형 비리의 청산을 조장한다는 비판을 받고 있다. 오늘날이건 봉건 왕정이건 사면 제도가 정권의 정치적 목적으로 남용될 때 그 폐해는 고스란히 국가가 떠안게 된다.

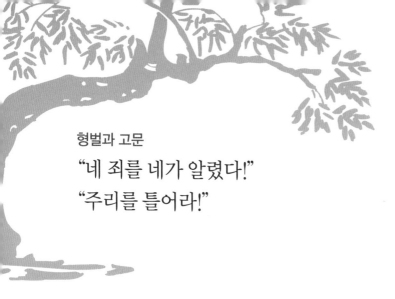

형벌과 고문
"네 죄를 네가 알렸다!"
"주리를 틀어라!"

　간혹 어르신들은 야단을 칠 때 "이런 경을 칠 놈이 있나."라는 말을 하곤 한다. 경을 친다는 말은 조선 시대 형벌에서 유래되었다. '경(黥, 묵형할 경)'이란 도둑의 얼굴이나 팔뚝의 살을 따고 흠을 내어 먹물로 죄명을 찍어 넣는 형벌을 말한다. 이 외에도 '육시랄 놈', '박살을 내다' 등 흔히 욕으로 사용하는 표현 중에는 형벌에서 비롯된 것이 많다. 도대체 옛날의 형벌은 어땠기에 이런 말들이 지금까지도 남아 있는 것일까?

　조선의 형벌 제도는 독자적으로 만들어진 것은 아니다. 〈경국대전〉 '형전'의 첫 부분을 보면 명나라의 형법전인 〈대명률〉에 근거해 법전을 만들었다고 되어 있다. 조선을 건국한 태조 이성계는 중국의 형법인 〈대명률〉을 통치 수단으로 삼았다. 고려 말에 형법 제도가 없어서 형벌이 제대로 적용되지 않은 것을 보았던 태조는 사회질서를 유지하기 위해 형벌 제도를 마련했다. 개국 이래 〈대명률〉을 형법전으로 적용한 조선이지만 〈대명률〉 외에 새로운 형벌을 추가함으로써 조선 특유의 형벌 제도를 갖췄다.

〈경국대전〉 '형전'은 태형, 장형, 도형, 유형, 사형의 다섯 가지를 형벌의 기본으로 한다. 태형은 도둑이나 절도범 등의 경범죄인에게 가하는 것으로 죄인의 볼기를 치는 형벌이다. 죄의 정도에 따라 태형 10대, 20대, 30대, 40대, 50대의 5등급으로 나눈다. 태형에 쓰이는 형구는 작고 가는 가시나무 회초리다. 길이는 3척 5치(약 106cm)에 지름이 손잡이는 약 1cm, 때리는 부분은 0.7cm로 옹이와 나무눈을 깎아야 하며, 규격 검사를 거쳐 힘줄이나 아교 같은 다른 물건을 덧붙이지 못하게 했다. 태형을 집행할 때는 죄인을 형틀에 묶은 다음 바지를 벗겨 드러난 엉덩이를 때렸다. 부녀자의 경우에는 옷을 벗기지 않는 것이 원칙이나, 간음한 여자는 예외로 옷을 벗기고 집행했다.

장형도 경범죄에 해당하는 형벌이지만 태형보다는 중죄에 내려졌다. 태형처럼 죄인의 볼기를 치는데, 죄의 정도에 따라 장형 60대, 70대, 80대, 90대, 100대의 5등급으로 나누어 집행했다. 장형에 사용되는 형구는 태형에 사용하는 것보다 굵은 회초리다. 장형은 잘못 시행할 경우 죄인이 목숨을 잃을 수도 있어서 형 집행자의 남형을 방지하기 위해 장의 규격과 집행 방식을 엄격하게 규정했다.

흔히 사극에서 "어서 곤장을 쳐라!"라며 죄인을 때리는 장면을 보게 된다. 여기서 말하는 곤장형은 장형이 아니라 곤형이다. 형구인 곤으로 볼기와 허벅다리를 번갈아 치는데, 도둑과 군대의 법을 어긴 죄인을 다스리는 데 주로 사용되었다. 곤은 버드나무로 만들며, 배를 젓는 노처럼 손잡이는 둥글고 끝은 넓적하게 되어 있다. 너비, 두께가 태형이나 장형에 사용되는 형구와는 비교도 안 될 정도로 두껍고 무거워서 인명 피해가 심한 악형이었다. 〈흠휼전칙〉에 기록된 곤의 규격은 크기가 큰 것이 5척 6촌(약 170cm)에 이른다. 곤형은 조선 초기의 형법에는 보이지 않고 영조 때 제정된 〈속대전〉이나 〈영조실록〉에 처음 나타나는 것으로 보아 영조 때 만들어진 조선 시대 고유의 형벌로 추정된다.

도형은 비교적 중형에 속한다. 죄인을 관아에 가둬 두고 노동으로 죗값을 치르게 하는 형벌로 오늘날의 징역형과 같다고 할 수 있다. 죄인은 관아에서 소금을 굽거나 쇠를 달구는 등의 힘든 일을 하게 되며, 기간은 1년, 1년 반, 2년, 2년 반, 3년까지 다섯 가지로 정해져 있었다. 도형에 처해지는 죄인은 언도받은 형량에 따라 반드시 이전 단계의 형벌인 장형 60대, 70대, 80대, 90대, 100대가 뒤따랐다. 또한 노동 대신 일정 기간 동안 군역에 복무하는 충군이라는 것도 있었다.

유형은 유배형을 말하며, 무거운 죄를 지은 죄인에게 내려지는 중형이었다. 사형보다 한 단계 낮은 것으로, 죄인을 먼 지방으로 귀양 보내 살게 하는 것이다. 죄의 무게에 따라 유배 보내는 거리를 2,000리, 2,500리, 3,000리의 세 등급으로 구분했는데, 이는 중국의 법제를 수용한 것으로 땅덩이가 작은 조선에서는 이를 적용할 수 없었다.

유형은 단독으로 시행되지 않고 반드시 장형 100대와 함께 집행되었다. 이로 인해 유뱃길에 오른 죄인이 장형의 고통을 참지 못하고 죽는 경우도 많았다. 장형으로 인한 고통이 극심해 죄수들 사이에서는 뇌물을 써서 이를 면하려는 일이 비일비재했다. 영조 때에는 진사 이상인

자는 유배형에 처해져도 아예 형장을 치지 말도록 지시하여 귀양 가는 자가 적어도 형장의 고통은 면하도록 해 주었다.

사형은 모반을 기도하거나 왕을 모욕한 대역죄인, 삼강오륜을 저버리고 패륜의 범죄를 행한 중죄인에게 내린 무서운 형벌이다. 〈대명률〉에는 교수형과 참수형의 두 가지가 명시되어 있다. 교수형은 죄인의 목에 줄을 묶어 나무에 매달아 질식시켜 죽이는 형벌로 감옥 안이나 교외에서 행해졌다. 그러나 조선 시대에는 교수형이 그리 많이 행해지지 않았다.

참수형은 칼이나 도끼로 목을 베어 죽이는 형벌이다. 머리를 몸에서 분리시키기 때문에 신체를 온전히 유지할 수 있었던 교수형보다 더 무서운 형벌이었다. 참수형은 사형 판결을 받아도 춘추분이 올 때까지 기다려 집행하는 대시참과, 때를 기다리지 않고 언제든지 집행하는 부대시참으로 구분된다. 일반적으로 반역 또는 모반을 저지른 정치범, 강간·살인범, 패륜범을 제외한 죄수의 사형 집행은 추분 후, 춘분 전에 행하는 것이 원칙이었다.

참수형은 주로 한강 근처의 새남터나 당고개, 청계천 다리 위, 서소문 밖 등에서 행해졌다. 새남터와 당고개에서는 주로 대시참을 받는 죄수의 참수형이, 청계천 다리 위에서는 부대시참을 받는 죄수의 참수형이 행해졌다. 참수하는 방법도 달라 새남터에서는 형목에다 머리를 달아매고 목을 베는 데 반해, 청계천이나 서소문 밖에서는 무릎을 꿇린 채목을 베었다.

참수형은 그 방법이 야만적이라고 해서 1894년에 폐지되었고, 1896년 형률명례부터 시행되었다. 그러나 고종 37년(1900) 천주교도를 처형하기 위해 참형을 부활했다가 고종 45년 형법대전을 제정하면서 영구 폐지했다.

〈대명률〉의 사형 방법은 두 가지인데 실제로는 예부터 전해 오는 방법도 병행해서 사용되었다. 그 종류와 방법은 아래 표와 같다.

| 사형의 종류 |

종류	방법
사사	죄인에게 독약을 내려 강제로 마시게 함으로써 죽이는 형벌이다. 왕족 또는 세도 있는 고관대작의 명예를 존중해서 왕이 직접 사약을 내려 자살하게 하는 것이다.
거열	참형에 처한 후 그 머리를 나무에 매달거나 높은 데 올려놓아 다른 사람이 볼 수 있도록 전시하는 형벌이다.
효수	환형이라고도 한다. 사람의 두 발을 각각 다른 수레에 매어 놓고 수레를 서로 반대 방향으로 끌게 하여 찢어 죽이는 형벌이다.
기시	사람들이 많이 모이는 곳에서 죄인의 목을 베고 시신을 길거리에 버리는 형벌이다. 죄인의 시신을 토막 내 시장에 전시함으로써 범죄 예방 효과를 거두려는 목적이 있었다.
팽형	솥에 넣고 끓여 죽이는 형벌이다. 가장 참혹한 형벌로 영조 초에 탐관오리를 팽형에 처하자는 논의가 있었으나 실형에 처한 일은 없다.
오살	죄인의 머리를 칼이나 도끼로 베어 죽이고 양 어깨와 다리를 자르는 형벌이다. 역적을 처형할 때 내리는 최고의 극형이다.
능지처참	죽은 사람에게 가해지는 형벌이다. 신체와 목을 모두 베어 분리시키고 매장을 허용하지 않는 극형이다. 반역자나 대역죄인에게 행해졌다.

법에 명시되지 않고 시행된 형벌은 사형뿐만이 아니라 육체에 고통을 주는 형벌도 있었다. 절도범을 다스리기 위한 단근형도 자주 시행된 형벌이다. 발꿈치의 힘줄을 끊어 버리는 단근형은 세종 때인 1435년 신개에 의해 실시되었다. 본래 절도 재범과 삼범은 섬으로 보냈으나 죄

인이 도망하는 사례가 늘어나자 재범자는 경을 치고 삼범자는 단근을 하게 되었다.

법에 명시된 형벌은 죄인에 대한 재판 절차가 끝난 뒤 시행되었지만, 죄인이 받는 고통은 감옥에 갇히면서 시작되었다. 죄인은 죄상의 조사 과정에서 상상을 초월한 고문을 겪게 된다. 조선 시대에는 일반적으로 중죄인에 대한 고문이 허용되었다.

고문에 사용된 형구는 매우 다양했다. 법으로 허용한 형구에는 태, 장, 신장, 가, 축, 철삭, 요 등이 있었다. 태와 장은 앞에서 설명했고, 신장은 가시나무로 만든 몽둥이로, 고문하면서 신문을 하는 데 사용되었다. 나머지 형구는 죄인의 도주를 방지하기 위한 것이다. 가는 죄인의 목에 씌우는 나무칼로, 흔히 사극에서 죄인이 목에 차는 긴 나무틀이 바로 이것이다. 축은 죄인의 손에 채우는 수갑인데 오늘날의 수갑보다 훨씬 크고 무겁다. 주로 사형에 해당하는 죄를 지은 사람에게 축을 채웠다. 철삭과 요는 모두 쇠사슬로, 철삭은 죄인의 목이나 발목에 채우고 요는 발목에만 채웠다.

사법 관리들은 죄인의 자백을 받아 내기 위해 매우 잔인한 고문을 행했다. 지금이야 고문으로 얻은 자백은 법적으로 아무런 효력이 없지만 당시에는 유죄의 명백한 증거로 채택되었다. 따라서 관리들은 법에 명시되지 않은 고문도 서슴지 않았다.

'주리를 틀 놈'이란 말이 있을 정도로 자주 해해진 고문은 주리형이다. 죄인의 양다리를 묶고 그 사이에 2개의 붉은 몽둥이를 넣어 가위를 벌리듯이 좌우로 벌리는 고문이다. 한 번 당하면 죽을 때까지 제대로 걸을 수 없을 정도로 후유증이 매우 컸다. 다음으로 많이 행해진 고문은 신장으로 신체 부위를 가리지 않고 몸을 마구 내려치는 난장형이다.

이 밖에도 양다리의 무릎 뼈를 둥근 나무 막대로 누르는 압슬형, 양다리를 묶고 양손을 뒤로 묶은 채 뜨겁게 달군 쇠를 발가락 사이에 넣는 포락형 등도 많이 자행되던 고문이다. 또한 형틀에 묶어 놓고 곤장의 두 끝으로 문질러서 볼기의 가죽을 벗기는 것, 나무집게로 죄인의 급소를 짚어 누르는 것, 양다리를 묶고 나무 위에 거꾸로 매달아 잿물을 콧구멍에 부어 넣는 것 등 고문의 종류는 매우 다양했다.

모든 사람들에게 고문이 적용된 것은 아니다. 70세 이상의 노인과 15세 이하의 어린아이에게는 고문을 금지했다. 또한 문무 관리나 사대부도 대역죄와 같은 중죄가 아니면 고문을 받지 않았다.

죄인의 신문 과정에서 고문이 일반화되자 그 폐단이 극심했다. 죄인에게 받는 뇌물 여부에 따라서 고문의 정도에 차이가 있었던 것이다. 고문의 폐단이 심해지자 법률로 규제하여, 고문을 한 관리는 장형 100대에 3년 유배형에 처하고, 죽음에 이르게 한 자는 장형 100대에 관직을 박탈해서 중용하지 않도록 했다. 하지만 이는 적용된 경우가 거의 없었다. 고문은 법에 명시된 공식적인 형벌은 아니지만 조선 시대 사법 관리들은 형벌로 간주해 고문을 제멋대로 남용했다.

조선의 법체계는 삼심 제도, 사면령, 상소 제도, 병보석 제도와 같은 다소 진보적인 법철학을 보여 주지만, 이는 단지 국왕의 애민 사상을 형식적으로 강조한 것일 뿐 실제로 인권을 보장하기 위한 것은 아니었다.

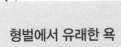

형벌에서 유래한 욕

　사람을 초주검이 되도록 흠씬 두들겨 패거나, 물건이나 건물을 때려 부숴 조각내는 것을 '박살 낸다'고 한다. 이 '박살'은 형벌에서 비롯된 말이다. 칠 박撲, 죽일 살殺, 글자 그대로 죄인을 때려죽이는 것이다.

　'육시랄 놈'이란 욕도 형벌에서 비롯된 것이다. 육시는 시신을 관에서 꺼내 몸을 토막 내고 소금에 절인 뒤 사방에 뿌리는, 역모 죄인에게 내리는 극형이 다. '우라질 놈'도 죄인의 양손을 묶는 줄인 '오라'와 묶는다는 뜻의 '지다'가 합쳐져서 만들어진 욕이다.

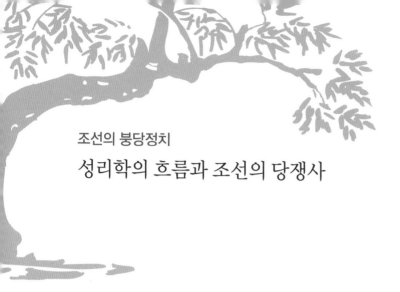

조선의 붕당정치

성리학의 흐름과 조선의 당쟁사

"조선의 역사는 당쟁의 역사"라는 것은 부정적인 시각에서 폄하한 말이다. 그러나 굴곡진 한국 현대사와 겹쳐서 생생하게 귀에 들려오는데, 이 같은 인식의 저변에는 일제의 식민지 사관이 자리 잡고 있다. 일제는 한반도 강점을 합리화하기 위해 식민사 학자들을 동원해 조선의 당쟁에 나타난 대립과 분열상이 한국인의 민족성인 양 왜곡했다.

그러나 당쟁, 그 한가운데에는 성리학이 자리하고 있다는 것을 분명히 알아야 한다. 성리학은 우주와 자연, 인간의 본성을 탐구하는 철학이면서 동시에 도덕 정치를 실현하려던 정치 이념이다. 조선 개국 당시에는 고려 귀족 사회를 무너뜨린 진보적인 이념이기도 했다.

당쟁이란 성리학이 현실 정치와 만나면서 구체적인 적용 방식을 놓고 벌어진 당파 간의 대립을 말한다. 붕당정치라고도 하며, 조선 중기부터 나타난 정치 운영 형태다. 무릇 정치란 집단과 집단 간 투쟁의 역사다. 지방별 이해관계, 학문의 계통에 따른 견해 차, 연령·직위의 고하에 따른 시국관의 차이 등으로 견해를 달리하는 집단 간의 대립과 반목이 당쟁이다.

성리학은 당쟁을 통해 전제 왕권을 견제하고 민본 정치를 이끌어 내면서 훌륭한 유교 문화를 꽃피웠다. 하지만 당쟁이 심화되면서 국가와 백성을 위한 것이 아니라 권력을 지닌 자들의 기득권 유지를 위한 수단으로 전락했다. 성리학이 새로운 정치 철학으로 대체되어야 할 낡은 정치 이념으로 변질된 것이다. 성리학과 현실 정치에서 나타난 붕당정치는 긍정과 부정이라는 두 가지 얼굴을 동시에 지닌 것이었다.

고려 말~조선 초 : 성리학과 신진 사대부의 등장

고려 말의 정치 상황은 매우 불안했다. 북방의 잦은 외침, 권문세족의 무분별한 재산 증식, 이들과 결탁한 불교 교단의 폐단 등으로 백성의 삶이 황폐해졌다. 이 같은 정세 속에서 부패한 권문세족에 대항하기 위한 개혁 사상이 절실히 필요했다. 그 대안으로 우주의 근본 원리와 인간의 심성 문제를 철학적으로 해명하는 성리학이 중국으로부터 수용되었다. 정치적으로 성리학은 군신 간의 의리에 바탕을 둔 왕도 정치를 중시했다.

고려 말에 들어온 성리학은 이색, 정몽주, 길재, 권근, 정도전 등에 이르러 토착 학문의 수준에 오르게 되었다. 이들은 대지주인 권문세족에 대항하는 지방 중소 지주로 성장하는 한편 과거 시험을 통해 중앙 정계에 진출하기 시작했다. 신진 사대부로 불린 이들은 성리학을 국가 통치에 적용하면서 권문세족에 의해 난장판이 된 정국을 개혁하려고 했다.

신진 사대부들은 개혁의 노선에 따라 역성혁명을 강조한 급진 개혁파(정도전, 권근, 조준)와 정치적 의리를 강조해 고려를 유지시키려던 온건 개혁파(길재, 정몽주, 이색)로 나뉘었다. 결국 급진 개혁파는 이성계를 도와 조선을 건국하고 성리학을 조선의 정치 이념으로 확립했다.

조선 건국의 주체 세력은 왕을 보좌하고 제도를 정비하면서 점차 세력을 넓혀 갔다. 이들은 왕조의 통치 이념을 체계화하면서 공신이라는 명목으로 고려 말의 권문세족처럼 높은 관직과 방대한 토지를 소유한 집권 세력으로 변해 갔다. 정도전 등 개국공신들과 단종을 폐위시키고 세조를 왕으로 추대한 신숙주, 서거정, 정인지 등이 여기에 포함된다. 이들은 집권 100여 년이 흐르면서 역성혁명의 동기를 잃어버린 채 서서히 부패의 늪으로 빠져들어 훈구파로 불리게 된다. 훈구파는 15세기 중반 이후 향상된 농업 경제력을 바탕으로 국내 상업과 중국, 일본 등과의 국제 교역을 통해 사적인 경제 기반의 확대에 열중했다.

조선 초기 : 훈구파와 사림파의 대립

중앙 정치 무대에서 훈구파가 득세하는 동안, 지방에는 성리학적 명분과 의리를 중시하며 이를 현실 정치에 적용하려는 이른바 사림파가 자리를 잡아 가고 있었다. 특히 영남의 사림은 조선에서 벼슬하기를 거부하고 지방으로 낙향해 성리학 연구에 전념한 길재의 학풍을 이어받은 이들이었다. 훈구파와 사림파의 정치적 대립은 세조의 왕위 찬탈로 표면화되기 시작해 성종 대에 본격화되었다.

어린 나이에 왕위를 계승한 성종은 훈구 세력을 견제하기 위해 사림파를 중앙 정치 무대로 불러들였다. 길재의 제자인 김종직, 김굉필, 정여창, 조광조 등 영남 지방의 사림은 사상적 바탕을 송대에 발달한 주자학에 두어 경학에 능했으며, 도덕 및 윤리 이념의 사회적 실천을 강조해 훈구파와 대립했다.

사림파는 훈구파의 토지 사유화와 이로 인한 농민의 몰락 등 과전법의 모순을 문제 삼았다. 사림의 비판에 훈구파는 수세에 몰린 듯했으나, 성종에 이어 연산군이 즉위하면서 무오사화(1498), 갑자사화(1504) 등을 일으키며 대반격을 했다.

반정이 일어나 연산군이 쫓겨나고 중종이 즉위하면서 사림의 정계 진출이 재개되었다. 중종이 연산군에 의해 무너진 유교 정치를 회복하기 위해 조광조 등 사림파를 중용한 것이다. 조광조는 유교적인 도덕 국가 건설을 정치적 목표로 삼았던 사림의 선두 주자다. 하지만 이것도 잠시, 또다시 훈구파의 반발을 불러왔다.

훈구파는 조광조가 역모를 꾸몄다는 누명을 씌워 사림파를 탄압했다. 이때 조광조를 비롯한 사림파는 사형을 당하거나 유배를 가게 되어 정치적 시련을 맞았다. 이것이 기묘사화(1519)다. 사림은 곧이어 중앙으로 진출하지만 인종과 명종의 왕위 계승을 둘러싼 외척 싸움에 휘말려 다시 역모죄로 처형당하는 시련(을사사화, 1545)을 겪었다.

장기간에 걸친 네 차례의 사화로 사림은 매번 심한 타격을 입었다. 향촌에 기반을 두고 성장했던 사림들은 낙향하여 서원과 향약을 기반으로 학문 연구와 제자 양성에 전념하게 된다.

조선 중기 : 붕당정치의 시작

훈구파의 정점을 이루던 문정왕후가 죽자, 선조의 중용으로 사림파는 다시 중앙 정계에 진출해 정권을 장악한다. 하지만 훈구 세력의 척결을 둘러싸고 이견을 보이기 시작했다. 구체제를 완전히 척결하자는 신진 사림인 동인과, 정쟁보다는 민생 안정에 주력하자는 기존 사림인 서인 세력으로 갈라진 것이다. 사림은 동인과 서인으로 나뉘어 소위 '동서 분당'이 시작되었다. 이른바 붕당정치의 시작을 알리는 신호탄이었다.

붕당의 계기는 선조 8년(1575)에 김효원의 이조전랑 추천 문제로 나타났다. 이조전랑은 정 5품직인 정랑과 정 6품직인 좌랑을 일컫는데, 직급은 높지 않지만 관원을 천거 또는 전형할 때 가장 많은 권한을 지닌 요직이었다.

김효원은 장원급제를 해서 관계에 진출한 선비로 직무에 충실했던 인물이다. 마침 이조전랑에 있었던 오건이 자리를 떠나면서 후임으로 김효원을 추천했으나 심의겸이 반대하고 나섰다. 김효원이 권신으로 을사사화를 일으킨 윤원형의 집에 머무른 일이 있었다는 이유에서다. 그러나 김효원은 이조전랑에 임명되었으며, 그가 자리를 떠날 때 사람들이 심의겸의 아우 심충겸을 천거했으나 이번에는 김효원이 반대하고 나섰다. 심충겸은 왕실의 외척으로, 조정의 인사를 처리하는 막중한 직책을 맡아서는 안 된다는 것이었다.

이조전랑 자리를 두고 김씨와 심씨 집안은 두 차례에 걸쳐 논쟁을 벌여 불화가 깊어졌고, 사림 사이에서도 김효원을 지지하는 측과 심의겸을 지지하는 측으로 갈라지게 되었다. 이때 김효원의 집이 서울 동쪽인

낙산 밑의 건천동이었기 때문에 그를 지지하는 일파는 동인, 심의겸의 집은 서울 서쪽인 정동이었기 때문에 그를 지지하는 파는 서인으로 부르게 되었다.

동인과 서인은 성리학의 해석에도 큰 차이를 보였다. 동인은 주리론을, 서인은 주기론을 채택했다. 주리론은 이언적에서 시작되어 이황에 이르러 꽃을 피웠다. 이황은 '동방의 주자'라 불리는 대학자다. 그의 학통은 유성룡 등 제자에 의해 영남학파를 형성했다. 반면 서인의 주기론은 서경덕을 선두로 해서 이이, 성혼에 의해 대성을 이루었다. 이이의 학통은 제자인 김장생, 정화 등에게 이어져 기호학파를 형성했다.

16세기의 사림파는 동인과 서인으로 나뉘었지만 서로 건전한 논쟁을 펼치면서 이황과 이이라는 걸출한 대유학자를 배출하는 등 한국 성리학의 전성기를 구가했다. 하지만 동인과 서인의 화합을 이끌던 이황과 이이의 죽음은 또다시 동인과 서인의 대립을 부르는 계기가 되었다.

동인은 정여립 역모 사건으로 수세에 몰렸으나, 2년 후 서인의 영수였던 정철이 광해군을 세자로 책봉하자고 건의했다가 선조에 의해 축출되자 다시 세력을 회복했다. 정권을 잡은 동인은 서인의 처벌 문제를 두고 강경파인 북인(조식 계열)과 온건파인 남인(이황 계열)으로 나뉘어 논쟁을 벌이다 북인의 승리로 귀착되었다.

북인은 다시 선조의 왕위 계승을 놓고 영창대군을 지지하는 소북과 광해군을 지지하는 대북으로 나뉘었다. 광해군의 즉위로 소북은 몰락하고 대북이 정권을 잡았다. 대북은 자신들의 학문적 정통성을 확립하기 위해 이황의 문묘 종사를 반대했다. 광해군의 왕좌를 군건히 하고자 영창대군을 강화도로 유배 보내 살해하고, 인목대비를 유폐시키는 등

악행을 서슴지 않았다.

대북의 행동은 남인과 서인의 불만을 샀고, 서인이 주도한 인조반정이 일어났다. 인조반정으로 광해군이 쫓겨남에 따라 대북도 몰락했다. 서인의 도움으로 왕위에 오른 인조는 서인과 남인의 구별 없이 고루 등용시켰다. 정계는 서인의 우세 속에 남인이 참여하는 양상이었다.

효종 대까지 서인의 주도하에 각 계파 간에 조화를 이루던 양당은 현종의 재위와 함께 다시 대립하게 되었다. 도화선은 인조의 계비인 조대비의 복상 기간을 둘러싼 두 차례에 걸친 예송 논쟁이었다.

제1차 예송 논쟁은 현종이 즉위한 해인 1659년에 일어났다. 효종이 죽자 송시열을 위시한 서인은 효종이 장자가 아닌 차남이기 때문에 '천하동례(왕과 신하의 예법은 같다)'의 예법을 따라 1년 상이 당연하다고 주장했다. 반면 허목을 중심으로 한 남인은 효종이 둘째 아들이긴 하지만 왕위를 계승했으니 장자로 대우하여 삼년상을 치러야 한다는 주장을 폈다.

1년과 3년 상을 놓고 벌인 1차 예송 논쟁에서는 서인이 승리했다. 하지만 효종의 비인 인선왕후의 복상 기간을 놓고 벌어진 2차 예송 논쟁에서는 남인의 주장이 받아들여져 정세가 단숨에 역전되었다. 1, 2차에 걸친 예송 논쟁은 성리학이 점차 교조주의로 흐르면서 명분에 집착하는 당리당략의 도구로 변질되어 감을 의미했다.

붕당정치의 변질

새롭게 집권한 남인은 서인에 대한 처벌을 놓고 강경파와 온건파가 대립해 청남과 탁남으로 분열되었다. 온건론이 우세를 점해 서인에 대한 혹독한 탄압은 이뤄지지 않았다. 이로 인해 남인과 서인은 서로 공존하며 붕당정치의 틀을 유지했다.

숙종 6년(1680)에 남인이 역모 혐의를 받아 대거 축출되는 사건이 벌어졌다. 다시 서인이 집권하게 되었고, 서인은 남인의 재기를 막기 위해 철저하게 탄압했다. 이 과정에서도 서인은 남인에 대해 온건적 입장을 지키려 한 소론과 강경한 입장을 보인 노론으로 대립하게 되었다. 이 싸움에서 송시열을 중심으로 한 노론이 주도권을 잡았다. 남인의 영수였던 영의정 허목을 비롯한 중심인물이 사형에 처해졌는데, 이때부터 붕당정치는 새로운 양상을 띠게 되었다. 서로 견제하며 발전을 추구하던 기본 원리가 무너지고 하나의 당이 정권을 독점하는 일당 전제의 성향을 보인 것이다.

종래의 붕당정치에서 크게 억제되었던 척신의 비중이 높아지고, 이를 중심으로 한 벌열 세력이 붕당의 자리를 독점해 갔다. 붕당정치의 중요한 기반이었던 서원의 지나친 건립도 공론 결집을 어렵게 만든 요인으로 작용했다. 이는 당시의 경제적 변동과 깊은 관련이 있다. 대동법 시행 이후 새로운 재부 획득의 기회를 둘러싼 이해관계가 붕당 간의 공존 의식에 균열을 일으키고, 정파의 가장 중요한 요소인 학연마저 퇴색시켰던 것이다. 붕당의 허울은 존속하지만 실제 정치 운영에서는 개인이나 가문의 입장이 앞섰다. 산림 제도마저 권세가의 인척 또는 왕실의 외척을 중심으로 운영되어 사림의 공론을 반영하기 힘들었다.

정국은 각 당의 치열한 정권 다툼으로 바뀌었다. 숙종 때 노론과 소론, 남인 사이에 벌어진 환국은 이 시기 정치의 파란을 잘 보여 준다. 잦은 환국으로 정치적 입지가 불안해진 각 정파는 서로 특정한 왕위 계승

권자를 지지했고, 실패했을 때는 반란을 일으키는 사태도 벌어졌다.

숙종 15년(1689) 희빈 장씨의 아들이 세자(훗날의 경종)로 책봉되자 인현왕후를 지지하던 서인이 몰락하고 남인이 재집권했다. 하지만 숙종 20년(1694) 폐출되었던 인현왕후가 복위됨으로써 서인이 정권을 잡았다. 재집권한 서인의 노론과 소론은 왕위 계승 문제를 놓고 분쟁을 벌였는데, 소론이 지지한 경종이 등극함으로써 소론이 승리하게 되었다. 그러나 경종이 재위 3년 만에 병사하고, 노론이 지지하던 영조가 즉위하게 되었다.

조선 말기 : 탕평책의 실패와 성리학의 몰락

왕실의 권위마저 크게 손상시킬 만큼 정쟁이 격화되자 왕권은 이를 무마하는 개혁에 나설 수밖에 없었다. 노론의 지지 속에 즉위한 영조였지만 사림에 대한 왕권의 우위를 주장하고 전통적인 붕당론을 부정했다. 왕권을 강화하고 붕당의 정치적 폐단을 극복하기 위해 소론과 남인도 두루 등용하는 탕평책을 실시했다. 탕평책의 실시로 왕권이 강화되고, 사회적·정치적 동요도 안정시킬 수 있었다. 그러나 붕당정치의 폐단을 근본적으로 해결하지는 못했다. 노론은 사도세자의 죽음을 놓고 이를 당연시하는 벽파와 반대하는 시파로 갈리게 되었다.

18세기에 접어들면서 성리학은 더 이상 사회질서를 유지하는 버팀목 구실을 할 수 없었다. 도덕 정치 구현이라는 대의명분은 허울일 뿐, 기득권을 유지하기 위한 보수적인 정치 이념으로 전락했다. 설상가상으로 탕평책은 기존의 벌열 세력에게 강한 반발을 샀다. 그 결과 19세기에 어린 나이에 왕위를 계승하는 일이 계속되자 벌열 세력이 담합하여 군주권을 억제하는 반동적인 정치 형태가 나타나게 되었다. 안동 김씨, 풍양 조씨 등 외척에 의한 세도정치가 그것이다.

19세기 초·중반에 계속된 세도정치는 노론계 벌족을 중심으로 한 것으로 이들은 왕실과의 외척 관계를 권력 기반의 확보 및 유지 수단으로 삼았다. 이들은 탕평 군주들이 추구한 소민 보호 정치보다 사적 치부에 모든 권력 장치를 악용했기 때문에 백성들의 광범한 저항을 불러일으켰고, 이는 19세기 중반 전국적인 민란으로 이어졌다.

한편 성리학의 모순을 변화시키려는 모습이 없지는 않았다. 개혁적인 성향의 실학자들이 등장했는데, 이들은 실용성을 강조하는 양명학과 중국, 서양의 기술을 폭넓게 받아들이면서 여러 가지 사회 개혁안을 제안했다. 하지만 성리학의 틀 속에서 교조화된 지배 계층을 넘어서기에는 역부족이었다.

성리학은 조선의 정치 이념 체계로 500여 년간 존속했다. 그 과정에서 우리에게 훌륭한 문치주의의 전통을 물려주었다. 어쩌면 당쟁이라는 사상적 대립을 통한 끊임없는 견제와 균형이 이를 가능케 했는지 모른다. 성리학과 붕당정치가 끼친 영향을 한마디로 정의할 수 없는 이유가 바로 여기에 있다.

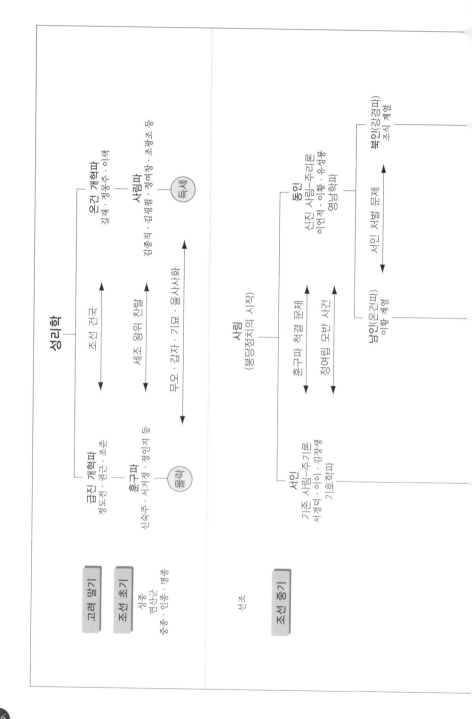

성리학

고려 말기

조선 초기
성종
연산군
중종 · 인종 · 명종

조선 중기

선조

급진 개혁파
정도전 · 권근 · 조준

훈구파
신숙주 · 서거정 · 정인지 등

무오 · 갑자 · 기묘 · 을사사화

세조 왕위 찬탈

조선 건국

온건 개혁파
길재 · 정몽주 · 이색

사림파
김종직 · 김굉필 · 정여창 · 조광조 등

물락

득세

서인
기존 사림-주기론
서경덕 · 이이 · 김장생
기호학파

사림
(붕당정치의 시작)

훈구파 척결 문제

정여립 모반 사건

동인
신진 사림-주리론
이언적 · 이황 · 유성룡
영남학파

서인 처벌 문제

남인(온건파)
이황 계열

북인(강경파)
조식 계열

276

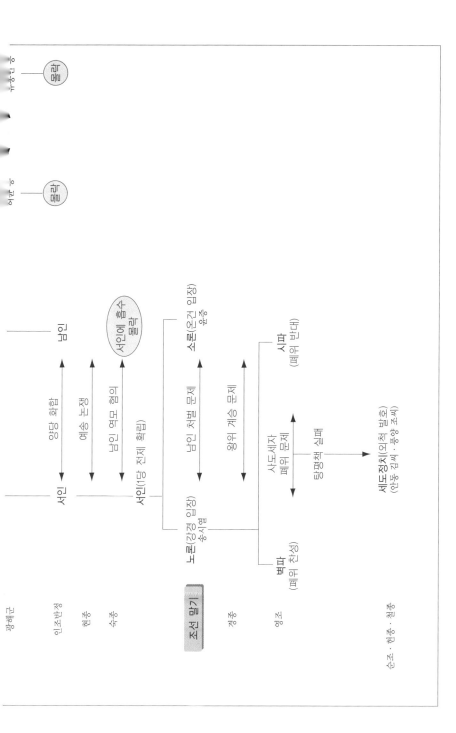

조선 말기

광해군

인조반정

효종

현종

숙종

남인 — 앙당 화합 — 서인

예송 논쟁

남인 역모 혐의

서인(1당 전제 확립)

서인에 흡수
물림

노론(강경 입장)
송시열

남인 차별 문제

왕위 계승 문제

소론(온건 입장)
윤증

벽파
(폐위 찬성)

사도세자
폐위 문제

탕평책 실패

시파
(폐위 반대)

경종

영조

순조 · 헌종 · 철종

세도정치(외척 발호)
(안동 김씨 · 풍양 조씨)

어린 ᄋ

물림

나중 나 ᄋ

물림

주리론과 주기론

　주리론은 동인의 사상적 바탕으로 주자의 견해를 충실히 받아들여 더욱 발전시킨 것이다. 우주의 근본을 이루는 이(본질)와 기(현상)는 서로 의지하면서 떠날 수 없는 관계에 있지만, 이가 기를 움직이는 본질이라는 철학적 견해다. 동인은 주리론을 바탕으로 한 이기이원론의 입장을 취했다. 성리학에서 중시한 인간의 본성에 대해서도 본성은 선한 것이고, 사람마다 타고나는 개성(기)은 선하기도 하고 악하기도 하다는 입장이다. 주리론은 이언적에서 시작되어 이황에 이르러 대성해 영남학파를 형성했다.

　주기론은 주자의 학설을 비판적으로 인식해 우주의 근본을 신비적인 이보다는 물질적인 기에 두고 모든 현상을 이와 기의 변화, 운동으로 보는 견해다. 서인은 주기론을 사상적 바탕으로 한 이기일원론의 입장을 취했다. 이는 기를 움직이는 법칙에 불과한 것이다. 그러므로 인성 문제에 있어서도 본연의 성보다는 타고난 기질을 더욱 중요시했다. 주기론은 서경덕을 필두로 이이, 성혼에 의해 꽃을 피워 기호학파를 형성했다.

규장각

　규장각은 정조가 역대 왕들의 친필, 서화, 왕세보(족보) 등을 보관하기 위해 설치한 왕실 도서관이다. 정조는 즉위하자 곧 창덕궁의 후원에 새로 집을 짓고(오늘날 창덕궁 주합루) 규장각이라 했다. 규장각의 설치 목적은 역대 국왕이 몸소 지은 글이나 글씨를 보관하려는 것도 있었지만, 무엇보다 당시 왕권을 위태롭게 하던 외척과 환관의 세력을 억제하는 데 있었다.

　규장각 관리들은 책을 수집, 보존하는 한편 편찬하기도 했다. 매일매일의 정사를 기록한 〈일성록〉은 〈승정원일기〉 이상으로 상세한 내용을 담고 있다. 일제하에 경성제국대학 도서관에 보관되었던 규장각 도서는 광복 후에 서울대학교에서 인수, 관리하고 있다.

PART 5

사회·문화 이야기

그린벨트 제도
나무를 보호하고 건축물을 규제하라

청계천 준설 공사
21만 5,000명이 일궈 낸 조선 최대의 공사

여성의 가발
가발 무게에 짓눌려 목뼈가 부러질 정도

강간범의 처벌
피해 여성의 행실에 따라 장형부터 교수형까지

차와 다방
술 문화에 밀린 차 문화

금은 이야기
중국의 지나친 징발로 세공술 끊겨

김치의 변천
200년 전부터 고춧가루 넣은 김치 먹어

조선의 외국 동물
일본 사신이 바친 코끼리가 살인죄로 귀양 가다

천상열차분야지도
일식과 월식은 왕에게 내린 하늘의 경고

세계지도 '혼일강리역대국도지도'
600년 전에 조선 중심의 세계지도 완성

화원과 도화서
예술가에서 지리학자, 스파이 노릇까지

도자기의 변천
귀족 취향의 청자에서 서민적인 백자로

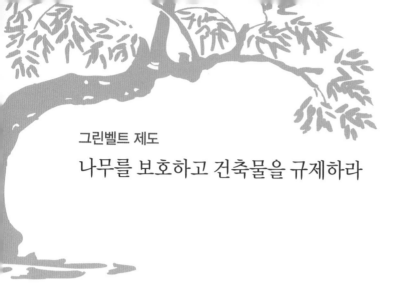

그린벨트 제도
나무를 보호하고 건축물을 규제하라

도시의 환경을 보전하고 경관을 정비하기 위해 설정된 녹지대를 그린벨트greenbelt라고 한다. 그린벨트는 도시가 무제한으로 확장되는 것을 막고 도시민에게 쾌적한 환경을 제공하기 위해 도시 외곽에 설치된다. 우리나라에서는 1971년 제정된 도시 계획법에 따라 도시의 무질서한 확산을 방지하고 도시 주변의 자연환경을 보전하기 위해 도입되었다. 외국의 경우 그린벨트 제도의 역사는 고대 도시로 거슬러 올라간다. 고대 도시들은 도시민의 식료품 공급을 위해 농지, 목초지를 확보하거나 각종 재해를 예방하고 외적의 침입을 방지하기 위한 수단으로 그린벨트 제도를 이용했다.

조선 시대에는 현대의 그린벨트 제도와는 개념은 조금 다르지만 '금산'이라는 제도가 운영되었다. 인구가 늘어나고 개간이 진행됨에 따라 삼림을 보호하고 국가가 일정한 용도에 쓸 목재를 안정적으로 확보하기 위해서였다. 고려 시대에는 소나무가 귀한 목재로 취급되어 왕명으로 보호받았다. 조선 시대에 소나무는 궁궐을 지을 때나 군사용 배를 건조할 때 중요한 자원으로 활용되어 소나무 숲 보호에 적극적이었다. 법으로 소나무를 심도록 권장하고 벌채를 금지했으니 이것이 금산 제도다. 금산으로 지정되면 땔감 채취, 밭갈이, 화전 등이 금지되었다. 이를 어기면 처벌을 받았다.

금산 제도는 태조 때 도입되어 태종, 세종 대를 거치면서 확대되었다. 〈경제육전〉에는 '송목금벌'이라는 규정이 있다. 이 조항은 궁궐 건축 등 국가의 건설 사업에 사용될 소나무를 안정적으로 확보하는 한편, 한양 도성의 아름다움을 보존하기 위해 도성 주위 산(도성사산)의 벌채와 목석 채취를 금하는 것이었다.

도성사산은 한양 도성을 에워싸고 있는 동서남북의 산을 말한다. 즉 북쪽의 백악산, 남쪽의 목멱산, 서쪽의 인왕산, 동쪽의 타락산이다. 세종 27년에는 의정부에서 올린 의견에 따라 산을 보호하기 위해 산지기를 별도로 두었다.

"도성 외면의 사산에서 아차산까지는 모두 나무하고 벌채하는 것을 금하오나, 오직 주산의 내맥인 삼각산과 청량동 및 중흥동 이북과 도봉산은 금하는 것이 없기 때문에 나무하고 벌채하는 무리가 날마다 모여서 작벌하여 점점 민숭민숭하게 되었습니다. 청하옵건대 산 밑 근처의 거민으로 산지기를 정하여 벌채를 금하소서."

하여 그대로 따랐다.

도성사산에 대해서는 한성부의 낭관(5~6품의 문관)이 수시로 검찰해서 매달 보고하도록 했다. 검찰을 게을리하면 해당 관리는 강등시키고 산지기는 장 100대로 징계하여 다스리는 등 금제 규정이 엄격했다.

금산은 더욱 강화되어 도성 안팎의 경우 삼각산, 도봉산, 인왕산 등 모두 여섯 곳의 산이 금산으로 지정되었다. 전국적으로는 섬과 곶, 포구 등에도 금산이 설정되었다. 금산 제도는 목재 채취를 금하는 것만이 아니라 지방관들로 하여금 적극적인 조림 사업도 병행토록 했다. 세조는 1457년 안면도의 송림을 보호하기 위해 주민들을 독진으로 이주시키기도 했다. 안면도가 오늘날 소나무로 유명한 것은 바로 이 같은 보호 정책의 결과다.

금산의 종류는 앞에서 말한 도성사산 외에도 관방금산, 연해금산, 태봉금산 등이 있다. 관방금산은 군사용 시설이다. 조령, 죽령, 추풍령, 동선령, 마천령, 철산 등 높은 곳을 방어선으로 해서 군병을 상주시켰기에 울창한 숲이 필요했다. 청일전쟁(1894~1895) 전까지만 해도 숲이 울창했으나 지역 군수에게 관할이 넘어가면서 벌목이 행해져 숲이 황폐해졌다.

연해금산은 섬이나 바닷가의 소나무 숲을 보호하고 범선 건조나 건축 용재를 확보할 목적이었다. 15세기 중반에는 연해금산으로 지정된 곳이 200군데가 넘었다고 한다. 그중 약 70%는 포(강이나 하천의 조수가 드나드는 곳), 도(섬), 곶(육지가 바다 쪽으로 튀어나온 곳)으로 된 지명이다. 가장 대표적인 장소가 전라남도 완도다.

태봉금산은 왕실의 태를 봉안하는 태실 중에서 태의 주인이 왕으로 즉위한 태실이 있는 산을 대상으로 한다. 태봉은 나무의 벌목뿐만 아니라 태실을 중심으로 사방 300보 안에는 경지를 개간하는 행위도 금지된다.

금산은 아니나 금산과 마찬가지로 나무를 베지 못하게 한 산이 봉산이다. 봉산은 왕릉을 보호하고 태를 묻기 위해 정해진 태봉봉산, 황장목을 생산하기 위한 황장보산, 밤나무를 생산하기 위한 율목봉산 등이 있다. 봉산은 금산보다 더 특수한 목적으로 정해져 특별한 보호를 받았다.

세종 18년(1436)에는 태실수호군으로 하여금 능실의 규정 조례에 의거해 봉산 가까이 주거를 금하게 하고, 3년마다 관원을 파견해 순찰하게 하는 한편 잡목을 제거하게 했다. 영조 10년(1734)에는 봉산에 대한 교령을 정리해 〈신보수교집록〉을 편찬했다. 여기서 봉산 지역의 산허리 위로는 화전 개간을 못하도록 강조하고 벌채 금지, 화기 금지 등을 밝혀 두었다.

〈속대전〉에는 1746년 "황장봉산이 경상도에 7개 소, 전라도에 3개 소, 강원도에 2개 소"이며, "각 도의 황장목을 키우는 봉산에는 경차관(각 지방에 임시로 파견하는 관리)을 파견하여, 경상도와 전라도에서는 10년에 한 번씩 벌채하고 강원도에서는 5년에 한 번씩 벌채하여 재궁감을 골라낸다."고 기록되어 있다.

봉산은 나라에서 필요한 나무를 충당하기 위해 벌목을 금지했는데 금산과 별 차이가 없이 혼용되기도 했다. 안면도, 장산곶, 변산반도, 완도 등은 연해금산으로 알려져 있지만 황장봉산으로도 기록되어 있다. 금산이나 봉산에서 베지 못하게 한 나무가 주로 소나무이며, 목재의 공급이라는 측면에서는 금산이나 봉산이 매한가지였으므로 구분이 의미 없었기 때문이다.

금산 제도는 성종 대에 이르러 제도가 완비되었다. 〈경국대전〉에 따르면 금산에 표식을 세워 주민들이 나무와 돌을 채취하는 것을 금지하고, 만일 이를 어기면 곤장 90대를 때렸다. 벌채 사실이 나중에라도 발각되면 곤장과 함께 베어 간 만큼 그 자리에 나무를 다시 심도록 했다. 또한 전국적으로 산림 보호관과 산지기를 임명했다.

금산 제도는 단지 벌채만을 금지한 것은 아니었던 모양이다.

"도성 안팎 금산에 무식한 승려들이 새로 암자를 지어 사람들이 모여들고 소나무와 잡목을 다 베어 버리니 정업원 이외에는 암자를 다 철거하라."

"도성의 사방 산에는 사람들이 집을 짓는 것을 금지시키고, 오래된 집을 만약 헐었으면 다시 짓지 못하게 하라."

이처럼 금산 구역 내에서는 건축물이 들어서는 것도 엄격히 규제되었다.

"백성들이 화전을 일구려고 금산에서 나무를 모두 베어 내 산의 붉은 흙이 드러나게 하고 샘을 말라붙게 하므로 전국의 관찰사들은 다시 한번 엄중히 금산을 시행하시오."

당시의 식수원이었던 샘물을 보호하려는 것도 금산의 시행 이유 중 하나였다.

정조 대에 들어와서는 금산 제도의 완결판이라 할 수 있는 〈송금사목〉을 제정해 소나무 보호에 더욱 정성을 쏟았다. 그 서문에는 "소나무는 전함이나 세곡 운반을 위한 수송선의 건조, 그리고 궁실의 건축 용재로 효용이 크기 때문에 국정의 하나로서 남벌을 금지하고 보호 육성해

▲ 울진 소광리 소나무 숲. 조선 숙종 6년(1680) 황장봉산으로 지정되어 보호받았다. 황장봉산이란 황장목의 생산지로 지정한 산림이다. 조선 왕실에서는 소광리 금강송을 베어다 궁궐을 짓고 관을 짰다.

야 한다."고 기록되어 있다.

　세부 항목을 살펴보면 마치 현대적인 산림 정책을 보는 듯하다. 금산 구역을 확대 지정하는가 하면 해안가 주변 30리에서는 개인 소유의 산이라 하더라도 일체 벌채를 금지시켰다. 금산 구역 내의 소나무 숫자를 파악하고 말라 죽거나 산불에 타서 죽은 것을 일일이 장부에 기록하도록 했다. 산림 행정 기구를 체계화하고 벌칙 조항은 더욱 강화한 것이다. 나무를 벤 자는 장 100대의 벌을 내리고, 관리인 경우 관직을 박탈했다. 한산(직책이 없는 사람)이면 외방으로 보내고, 평민은 장 80대에 벌금을 징수했다. 특히 〈송금사목〉을 한글로 번역하여 일반 백성들에게 주지시키도록 규정했다.

　이 같은 강력한 보호 정책에 따라 금산 구역은 정조 대에 이르러 600여 곳에 달했다. 산지보다는 섬이나 곶 등 울창한 소나무 숲이 많은 해안 지역에 금산 구역이 훨씬 많았다. 해안 지역의 경우 군사용 선박과 운송용 선박 건조를 위한 조선소가 들어서기에 적합하고, 목재를 운반할 필요 없이 조선소로 곧바로 공급할 수 있었기 때문이다. 수시로 남해안에 상륙해 소나무를 베어 가던 왜구의 횡포를 막기 위한 노력의 일환이었다.

금산 제도는 산림을 보호하는 긍정적 효과도 있었지만, 왕가와 양반 세도가들에게만 소나무가 편중되는 결과로 나타나기도 했다. 평민들은 삼림의 이용을 극히 제한받아 불만이 팽배해 있었다. 이를 타개하기 위해 평민들은 금산 이외 지역의 숲을 공동으로 가꿔 이용하기 시작했다. 이른바 '소나무계'라는 자치 조직을 만들어 정부의 정책에 대항한 것이다. 정조 대에 이르러서는 마을마다 부락 공유림이 확보되어 소나무를 가꾸고 이용할 수 있었다.

조선 시대의 금산 제도는 그린벨트의 전신으로 우리나라 전역에 소나무가 울창하게 번성할 수 있도록 한 역사적 배경이다. 금산 구역에 나무를 심고 정기적으로 나무의 숫자를 파악하도록 한 것은 세계적으로도 드문 임업 장려 정책이었다.

최고의 소나무

    금산 제도로 보호하기 위한 나무는 소나무가 전부였다고 해도 과언이 아니다. 소나무는 삼국 시대부터 우리나라 전역에 분포하기 시작해 역사상 우리에게 가장 친숙한 나무로 기록되어 있다. 소나무는 기후와 지질에 따라 동북형(함경 해안 지방), 금강형(강원, 경북 북부), 중남부 평지형, 안강형(경북 동남부), 중남부 고지형으로 나뉜다.

    강원도 태백산맥과 경상북도 북부 지방에서 나는 금강송은 춘양목이라 하여 최고의 목재로 손꼽혔다. 나무가 굵은 반면 나이테의 너비가 좁으며 결이 곱고 광택이 있다. 궁궐 건축에는 반드시 춘양목을 썼으며, 나무속이 황적색을 띤 것은 왕의 관으로 쓰였다.

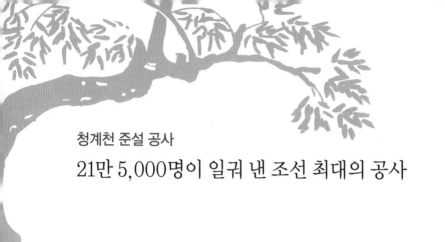

청계천 준설 공사
21만 5,000명이 일궈 낸 조선 최대의 공사

　청계천은 서울의 중심부인 종로구와 중구 사이를 서쪽에서 동쪽으
로 흘러 나가는 하천이다. 조선 시대에는 개천, 청풍계천으로 불렸다.
인왕산 골짜기와 남산에서 내려오는 물길이 흘러 들어가 중랑천을 거
쳐 서해 바다로 빠져나간다.

　조선 초기에 청계천은 여름철이면 홍수로 물이 넘쳐 수많은 인명 피
해를 내곤 하던 애물단지였다. 일부 신하들이 한양 천도를 반대했던 이
유 중 하나가 청계천의 범람이었다. 남산 골짜기와 인왕산 골짜기의 토
사가 흘러내려 하상에 쌓이면 조금만 큰비가 와도 범람하기 일쑤였다.
하천 양편에 살던 주민들은 각종 오물을 그대로 청계천에 쏟아 내 불결
하기 짝이 없었다.

조선 시대 내내 한양의 치수 정책은 청계천과의 싸움이었다. 청계천의 홍수를 막기 위해서는 하상에 쌓인 흙을 퍼내는 준설 공사와 제방 축조가 필수였다. 첫 청계천 준설 공사는 태종 때 시작되었다. 태종 11년 (1411) 12월 청계천 준설 공사를 위한 개천도감을 설치해 1월 중순쯤 공사에 들어갔다. 공사에 적합하지 않은 계절인 겨울철에 준설 공사를 벌인 것은 농번기를 피하기 위해서였다. 경상도, 전라도, 충청도 3도에서 군인 5만 2,800명을 징발했으며, 이들을 먹이기 위한 쌀만 4만 석에 달하고 공사 도중 목숨을 잃은 사람의 수만도 64명이나 될 만큼 대역사였다. 한 달간의 공사 끝에 하상의 흙을 파내 넓은 수로를 만들고 제방을 쌓는 데 성공했다.

태종의 청계천 제방은 그 뒤 300여 년간 홍수 피해를 줄이는 데 크게 기여했다. 그러나 18세기 중엽에 이르자 다시 토사가 쌓여 하상이 높아졌다. 더욱이 주민들이 분뇨 등의 오물과 전염병으로 죽은 시체마저 내다 버려 악취가 진동하고 전염병과 피부병이 창궐했다.

이번에는 영조가 나섰다. 우선 홍수를 막기 위해 청계천을 준설하고 백악, 인왕, 목멱, 낙산 등 도성 4개 산의 수목을 보호하는 관청인 준천사를 설치했다. 홍봉한, 홍계희 등 관리들을 준천 당상관에 임명해 준설 공사에 대한 구체적 계획을 수립하고 노동력과 소요 경비를 산출하도록 했다. 드디어 영조 36년(1760) 2월 착공에 들어갔다.

같은 해 4월 공사가 끝난 뒤 편찬된 공사 내역서 〈준천사실〉에 따르면, 준설 공사는 개천 내의 오물과 토사를 말끔히 제거하는 것으로 시작되었다. 준설 작업에서 퍼낸 흙의 양은 수백만 가마니에 달했다. 퍼낸 흙으로 다시 제방으로 쌓고, 토양 유실을 막기 위해 버팀목을 박았다.

마지막으로 제방 위에 버드나무를 심는 것으로 공사는 끝이 났다. 공사에 동원된 노동력은 연 인원 21만 5,000여 명에 달했고, 이 중 5만여 명은 품삯을 받고 일한 임노동자였다. 소요 경비만 3만 5,000냥(쌀로 환산하면 1만 2,000석)이 들어갔을 만큼 조선 최대 규모의 준설 공사였다.

구부러졌던 청계천의 흐름이 준설 공사로 곧게 펴졌다. 청계천 주변도 말끔히 정리되었다. 서울의 백성들은 홍수 피해에 대한 걱정을 덜게 되었다. 도성 안의 주요 다리도 정비되어 서울은 계획도시로서의 면모를 갖추었다.

영조의 자부심은 대단했다. 스스로 준설 사업을 건극지공(천자가 나라의 근본을 세워 천하를 다스린다)으로 평가했다. 영조는 준설 공사를 마친 뒤인 같은 해 4월 말 창덕궁 영화당에서 잔치를 열어 준설 사업에 공이 큰 신하들에게 상을 주고 음식을 내려 노고를 치하했다. 모화관에서는 준설 공사가 완공된 것을 기념해 무과 과거 시험을 치렀다.

영조는 준설 공사를 영원히 기억하기 위해 기념 책자인 〈준천계첩〉을 만들기도 했다. 책에는 영조가 공사 현장을 둘러보는 장면, 잔치와 과거 시험을 베푸는 장면이 담긴 채색 그림 네 점과 신하들의 노고를 치하하는 친필 및 자세한 공사 내역 등이 담겨 있다. 책자는 안타깝게도 일제강점기에 서울에서 판사를 지낸 일본인 아사미 린타로가 수집하여 1950년 미국 버클리대학 동아시아 도서관에 팔아 버림으로써 현재는 미국에 있다.

청계천은 순조 때 한 차례 준설 사업을 거친 뒤 1958년까지 그 모습을 유지했다. 하지만 급속히 늘어 가는 교통량과 악취 문제 때문에 복개 공사가 시작되어 1961년 12월 5일 완전히 덮어 버리고 청계천로가 들어서게 되었다. 길 위에는 광교에서 마장동에 이르는 5.6km의 고가도로도 건설되었다. 시간이 흐르면서 복개로인 청계천로와 청계고가로의 노후화로 인한 안전 문제를 해소하고 서울의 역사성과 문화성을 회복하기 위해 2003년부터 시작된 청계천 복원 사업으로 고가도로가 헐리고 2005년 다시 청계천이 흐르게 되었다.

목수의 우두머리, 도편수

도편수는 궁궐을 짓는 목수들 중 우두머리 목수를 일컫는 말이다. 대목수라고도 불렸으며, 벼슬이 정 5품에 이르렀다. "도편수는 정승감이어야 한다."는 속담이 있을 만큼 도편수는 왕으로부터 우대를 받았다. 그 밑으로는 정 7품에 이르는 좌변 목수, 우변 목수가 있었다. 〈경국대전〉에 따르면 궁궐 건축을 맡은 목수(경공장)의 숫자가 74명에 달했으며, 도편수는 이들을 총괄하는 역할을 했다. 현재 경복궁 복원 공사를 벌이고 있는 대목수 신응수 씨가 구한말 도편수의 맥을 잇고 있다.

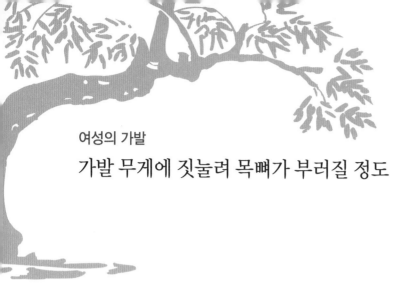

여성의 가발
가발 무게에 짓눌려 목뼈가 부러질 정도

    머리 모양을 아름답게 가꿔 예쁘게 보이려는 여성의 욕구는 동서고
금을 막론한다. 우리나라에서도 숱이 많고 윤기 있는 검은 머리는 여성
들의 오랜 소망이었다. '삼단 같은 머릿발', '치렁치렁한 검은 머리',
'구름 같은 머리'는 미인을 상징하는 조건이었다.

    여성들이 머리숱이 많아 보이기 위해 다른 사람의 머리카락을 모아
머리 위에 덧넣어 장식하는 풍속은 삼국 시대부터 나타났다. 이를 '다
리' 또는 '다래'라 불렀으며 한자어로는 '다리를 덧넣는다'는 뜻의
'가체加髢' 또는 '월자月子'라 하는데, 가발의 원조 격인 셈이다. 다리를
얹는 형식에 따라서는 트레머리, 조짐머리, 큰머리 등으로 부르기도
했다. 통일신라 시대에는 아름다운 다리라는 뜻으로 '미체美髢'라고 불

렀다.

〈당서〉 신라조에 머리를 깎아 팔았다는 기록이 있을 만큼 다리는 일반적이었다. 그리 멀리 갈 것도 없다. 나이 지긋한 분들은 기억하겠지만, 1950~1960년대 동네 골목길을 다니며 특유의 가락으로 "머리카락 사요."라고 외치고 다니던 아주머니들을 연상하면 좋을 듯싶다.

머리에 다리를 얹는 풍습은 조선 시대에 가장 성했다. 고려 말 원나라의 다리 풍습이 전해지면서 더욱 크고 사치스러운 다리가 등장한 것이다. 다리는 젊은 처녀보다는 아낙네들이 즐겨 사용한 머리 장식이다. 왕비는 물론 사대부가의 아낙네, 평민, 기생 등 조선 시대 모든 여성들은 정도의 차이는 있지만 다리를 조금이라도 더 얹어 미를 한껏 과시하고자 했다.

다리에 관한 기록은 〈성종실록〉에서 처음 보인다.

"부녀자들이 높은 다리를 좋아하여 사방의 높이가 한 자나 되었다."

높이가 한 자나 된다는 것은 머리 위로 다리가 30cm나 부풀어 올랐다는 말이다. 머리 사치를 위해 가산을 탕진했다거나, 다리 무게에 짓눌려 목뼈가 부러졌다거나, 가체를 마련하지 못한 집에서는 혼례를 치르고도 시부모 보는 예를 행하지 못했다는 우스갯소리가 전해져 오는 것을 보면 부녀자의 꾸밈에 가체가 절대적이었음을 짐작할 수 있다.

다리는 숱이 많고 검고 윤기가 나는 것이 최상품이었다. 물론 이를 구하기란 쉽지 않은 일이었다. 한 자나 얹으려면 머리카락의 양이 많아야 했으니 양질의 다리를 구입하기 위해서는 큰돈이 필요했다. 오죽했으면 다리를 장만하지 못해 혼례를 치르지도 못하는 경우가 있었을까.

조선 후기로 갈수록 다리는 하나의 사치품으로 성행해 커다란 사회 문제가 되었다. 아낙네들의 다리가 점차로 더 높아지고 사용 계층도 평민은 물론 천민에게까지 확대되었다. 혜원 신윤복의 그림에서는 기생들이 한결같이 큰 다리를 이고 있는 모습을 볼 수 있다.

이런 탓에 조선 초기부터 다리를 제도적으로 금지시키려는 논의가 여러 차례 있었지만 모든 여성들이 워낙 광범위하게 사용해 손을 쓸 길이 없었다. 이를 보다 못한 영조가 칼을 뽑아 들었다. 영조 32년(1756) 조선 왕들 중 처음으로 다리 금지령을 내려 대신 족두리를 쓰도록 명령한 것이다. 당시의 기록을 보자.

"양반 부녀자의 다리를 금하고 족두리로 대신하도록 하였다. 사대부가의 사치가 날로 심해 부인이 한 번 다리를 구입하는 데만 몇 백 금을 썼다. 게다가 갈수록 서로 자랑하여 높고 큰 것을 숭상하기에 힘썼으므로 임금이 금지시킨 것이다."

그렇다고 수백 년 내려온 여성들의 풍속을 쉽게 끊기는 힘들었다. 사대부의 아낙네들은 이번에는 족두리에 진주, 비취, 금, 옥 등의 보석을 주렁주렁 매달아 다리를 금지시킨 영조의 의도를 무색케 했다. 그러더니 다시 슬그머니 다리가 등장해 금새 전처럼 성행했다.

영조의 손자 정조는 1788년 왕족을 제외한 양반의 처첩, 평민 부녀자의 다리를 금지시키는 더욱 엄한 규정을 만들었다. 다리는 물론 머리장식을 일체 금지시키는 이른바 '가체신금사목'을 반포했다.

그 내용을 보면 다음과 같다.

"사족(문벌이 좋은 집안의 자손)의 처첩이나 여항(백성의 살림집이 많이 모여 있는 곳)의 부녀로 편발(변발, 머리를 뒤로 묶어 길게 땋은 머리)을 얹는 일과 제 머리를 머리에 얹는 일을 일체 금한다.

딴머리로 대신할 것으로 두 가닥을 각각 동글게 서린 낭자머리와 새 앙머리(사양머리, 미혼녀가 예복을 입을 때 하는 머리 모양)는 혼인 전에 하는 것이니 쓰지 못한다. 본머리에 작은 첩지와 달래를 조금 넣어 두 가닥으로 땋고, 끝을 댕기로 감아 올려 꺾어 쪽지게 하되 머리 위에 쓰는 것은 전대로 족두리로 하고, 무명 솜과 얇게 깎은 대나무를 물론하고 다 검은색으로 겉을 싸도록 하라.

족두리를 대신으로 쓴다 하고 칠보 같은 종류로 전같이 꾸며 쓰면 법제를 고치는 이름만 있을 뿐 검소함을 밝히려는 그 실질적인 면은 없어지는 것이니 무릇 수식의 금옥 주패 및 진주 댕기, 진주 투심붙이를 일체 금지한다.

어유미[어여머리, 크게 땋아 올린 예장용 머리. 궁중의 왕비, 공주, 옹주와 지체 높은 지밀상궁 및 당상관 이상 반가 부녀자만이 할 수 있었다. 머리 가리마 위에 첩지(쪽머리의 가리마에 얹어 치장하던 장신구)를 드리우고 가체 여러 개를 두 갈래로 땋아 어염족두리 위에 얹고 비녀와 매개댕기로 고정시킨다.]와 거두미(큰머리, 궁중 의식 때 하던 머리 모양으로 어염족두리를 쓰고 말아 올린 가체 위에 목제 가발을 얹은 머리 형태)는 명부가 항상 착용하는 것이고, 민간에서도 결혼할 때 사용하는 것이므로 금지시키지 않는다.

족두리에 장식한 것은 금지 조항에 있는 것인즉 혼례 때 소용되는 칠보족두리를 세를 내주고 받는 것을 금지한다. 금지령이 내린 후에 범하는 자는 수모(혼례 때 신부의 단장과 여타 제반사를 돌봐 주는 여자)와 여쾌(여자 상인)도 관원에게 보내 법에 의하여 정배시키고, 여쾌가 잡패물이라고 해서 여러 가지 물건을 매매하는 악습은 어떤 것이나 없애고 전과 같이 포도청에서 보이는 대로 다스리라.

평민과 천민의 여인으로 거리에서 얼굴을 내놓고 다니는 자와 공사천(공·사노비)은 밑머리를 허락하되 첩지와 딴머리를 하는 것은 각별히 금한다. 각 궁방에 소속되어 있는 무수리와 의녀, 침선비, 그리고 각 영읍의 기녀들은 밑머리 위에 가리마를 써서 등급을 구별하되, 내의녀는 모단冒緞으로 하고 기녀는 흑삼승黑三升으로 하라."

그래도 잘 지켜지지 않았는지 6년 뒤 좌의정 김이소가 다시 한 번 엄격히 규격을 정하자는 의견을 냈다. 정조는 "안방에 있는 부녀자의 뒷머리가 큰지 작은지 어떻게 알아내서 금하게 할 수 있겠는가. 굳이 계속해서 거듭 금할 것 없이 당신들이 각자 자기 집에서 정해진 제도를 어기지 않게 부인들을 다스린다면 서로 본받게 될 것이다."라고 했다. 집안 단속부터 하라는 의미였다.

조정에서 끊임없이 계도한 덕분에 다리는 점차 사라져 순조 대에 이르러서는 사대부나 일반 평민의 다리 풍습이 자취를 감추었다. 하지만 궁중의 경우 왕비, 세자빈, 상궁들은 조선 말기까지도 국혼이나 큰 잔치 때 다리로 머리를 장식했다.

안경과 임금

안경이 우리나라에 처음 들어온 것은 선조 대 임진왜란을 전후한 시기로 추측된다. 임진왜란 때 우리나라에 온 명나라 사신 심유경과 일본 중 현소가 안경을 쓰고 작은 글씨를 읽었으며, 선조가 안경을 신하들에게 하사했다는 기록이 있다.

그러나 우리나라에서는 '신체발부수지부모'라 해서 신체의 어느 부분도 함부로 해서도 안 되었고, 웃어른 앞에서는 안경을 써서는 안 된다는 예법 때문에 오랫동안 일반 백성들에게까지 보급되지 않았다. 고종 26년에는 일본 전권공사이던 오이시가 우리 예법을 무시하고 안경을 쓴 채로 왕을 알현하여 조선에서는 일본에 정식으로 항의하기도 했다. 순종도 심한 근시여서 안경을 썼으나 고종 앞에서는 역시 안경을 쓰지 못했다.

노리개의 쓰임새

노리개는 저고리 고름이나 치마허리에 차는 부녀자의 장신구를 말한다. 노리개는 삼국 시대와 고려 시대에 유행한 목걸이와 귀걸이를 대신해 조선 시대에 널리 애용된 여성용 장식품이다. 패물, 매듭, 술, 고리 등 네 부분으로 구성되며, 주체부가 되는 패물의 재료는 금, 은, 백옥, 비취, 산호 등이 기본이고 형태도 정사각형, 직사각형, 원형, 꽃 모양 등 다양하다. 패물과 술이 1개이면 단작노리개, 3개이면 삼작노리개라고 불렀다.

실용적인 노리개도 흔했다. 패물 대신 사향 주머니를 단 향갑 노리개는 정원이나 동산을 거닐 때 뱀의 접근을 막아 주었고, 체했을 때에는 사향을 물에 타 마셔 응급 용품의 구실을 했다. 이 밖에도 은장도를 단 호신용 노리개, 바늘통을 달아맨 노리개도 흔했다.

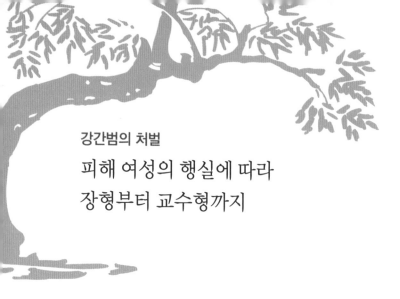

강간범의 처벌

피해 여성의 행실에 따라
장형부터 교수형까지

강간이란 폭행, 협박 등의 불법적인 수단으로 부녀자를 강제로 겁탈하는 행위를 말한다. 이는 인륜을 저버린 범죄로 여겨 예부터 매우 엄한 벌로 다스렸다.

조선은 여성의 정절을 무엇보다 강조한 유교 사회였다. 남녀 차별이 있었다고 해도 여성의 정절을 보호한다는 차원에서 강간범에 대해서는 중형으로 다스렸다. 일반 폭력이나 절도죄에 비해 강간죄는 형량이 월등히 높아 살인죄와 동급으로 취급했다.

조선 시대 강간죄에 대한 법률은 〈대명률〉에 기초를 두고 있다. 강간을 한 죄인은 최고형인 교수형에 처했다. 12세의 어린 여아를 강간했을 때는 이유를 불문하고 교수형에 처하도록 했다. 〈조선왕조실록〉을 보면 강간범을 엄벌에 처한 사례가 수도 없이 나온다.

태조 때는 잉읍금이란 노비가 11세 여자아이를 강간해 교수형을 당했다. 세종 때는 정경이라는 남자가 양인의 딸을 범하기 위해 밤새도록 협박하고 때리다가 죽음에 이르게 한 사건이 벌어졌다. 정경은 교수형을 당했으며, 피해자인 처녀에게는 정려문을 세워 정절을 표창했다. 영조 때는 박지성 등 세 청년이 민가를 지나다가 부녀자가 홀로 있는 것을 보고 차례로 겁탈한 일이 있었다. 여자는 즉시 형조로 달려가 고발했고, 왕은 법률에 따라 세 사람을 모두 교수형에 처하도록 명했다.

강간 미수의 경우에는 교수형보다 한 등급 아래인 장형 100대와 3,000리의 유배형으로 다스렸다. 창녕에 사는 문옥이란 여인은 8촌간으로 나이가 동갑인 사내에게 겁탈당할 뻔하자 끓어오르는 수치심에 약을 먹고 죽었다. 여인을 강간하려 했던 사내는 결국 유배형에 처해졌다.

강간범을 엄격하게 다스린 것은 정절을 지키고자 한 여인에 국한된 것이었다. 행실이 부도덕한 여인을 강간한 경우에는 형량이 상대적으로 가벼웠다. 세종 때 한 선비의 아내였던 감동에 대한 강간 사건이 대표적인 사례다. 〈세종실록〉에 따르면 그녀는 무려 39명의 양반들과 간통하여 조선 시대 최고의 스캔들을 일으킨 장본인이다. 어느 날 감동은 김여달이라는 관리에게 강간을 당하자 형조에 달려가 고발했다. 형조는 〈대명률〉에 따라 김여달을 교수형에 처해 마땅한 데도 장형 80대만 선고했다. 그 이유를 실록은 이렇게 밝혔다.

"감동은 선비의 아내로서 간통한 자가 하나둘이 아니다. 거짓으로 창기라 일컬으며 밤낮으로 음란한 짓을 하니 이는 감동이 음탕한 탓이다. 감동의 행동은 추악함이 비할 데가 없으니, 그녀와 간통한 사람들은 모두 용서함을 받았다."

조선 시대에는 강간의 경우라도 여인의 행실에 따라 가해자의 형량을 매긴 것이다. 이는 1960년대 강간범에 대한 판결에서 나온 판결문을 생각나게 한다.

"법은 보호받을 가치가 있는 정조만 보호한다."

친족 간의 강간은 처벌이 더욱 무거워 모두 참형에 처했다. 다만 첩이나 첩의 딸에 대한 강간은 친족 강간에 포함하지 않고 교수형에 처했다. 엄격한 신분제 사회였기 때문에 노비가 주인의 아내나 딸 등을 강간할 경우에는 친족 간 강간의 경우처럼 참형으로 다스렸다.

하지만 강간범에 대한 처벌이 신분 고하를 막론하고 모두 똑같이 적용된 것 같지는 않다. 양인이나 천민의 경우에는 형법대로 처리되었지만, 지배 계층인 사대부가 연루된 강간 사건에서는 상대적으로 처벌을 가볍게 내렸다.

세조 때 정 4품 관리 유효반이 양인의 딸 영금을 유인하여 강간한 일이 있었다. 사헌부에서 잡아다 국문하고 교수형에 처할 것을 상소했다. 왕은 유효반이 공신이라는 이유로 죄를 한 등급 감해 장형 100대와 유배 3,000리를 명했다. 게다가 장형 100대도 보석금을 내게 해 면제해 주었다. 성종 때는 왕실의 종친인 청풍군 이원이 유배지에 있으면서 이웃의 과부를 강간했다. 성종은 종친이란 이유로 장형을 내리지 않고 유배지를 다른 곳으로 옮기는 데 그쳤다.

유학의 이념이 백성들에게까지 널리 퍼진 조선 중기에는 여성의 정조를 중시하는 경향이 더욱 짙어져 강간 범죄를 엄격히 다뤘다. 간통과 강간의 구별에 있어서 남성이 여성의 의사에 반해 범했다면 무조건 강간죄로 취급했다. 사정이 이렇자 남성들 사이에서는 "세상에 강간은

칠거지악과 삼불거

조선 시대에는 아내와 이혼할 수 있는 일곱 가지 이유를 '칠거지악七去之惡'이라 했다. 부모에게 순종하지 않는 여자, 자식을 낳지 못하는 여자, 음탕한 여자, 말이 많은 여자, 투기하는 여자, 몹쓸 병에 걸린 여자, 도둑질한 여자 등은 내쫓을 수 있었다. 하지만 칠거지악에 해당된다고 해도 부모의 삼년상을 같이 치렀거나, 결혼해서 집안을 일으킨 경우, 친정 부모가 죽어 의지할 곳이 없는 경우에는 '삼불거三不去'라 해서 절대 내쫓을 수 없었다.

여성들이 이어 온 불교의 맥

조선은 억불 숭유 정책을 편 까닭에 불교가 급속도로 쇠퇴했다. 하지만 불교는 사라지지 않고 명맥을 꾸준히 이어 갔는데 그 일등 공신은 바로 여성들이었다. 불교는 정치적·경제적 기반을 잃자 여성들이 쉽게 공감할 수 있도록 주술적인 요소를 강화했다. 불교의 크고 작은 행사에서 극락왕생과 현세 구복을 기원한 것은 당시 여성들에게 쉽게 다가가기 위해서였다. 남성들에 비해 소외되었던 여성들은 불교가 가진 내세관, 현세 구복적인 성격에 빠져들었던 것이다. 조정의 억압과 통제 속에도 왕비나 궁녀들이 불교를 숭상한 것도 같은 맥락이다.

없다."는 남성 중심의 편견을 늘어놓게 되었다. 여성이 목숨을 걸고 정조를 지키고자 한다면 절대 강간할 수 없다는 논리였다.

조선 후기 실학자 이익은 "여성이 거부하는 데 남성이 강제로 겁탈하려 했다면 성관계 여부에 상관없이 강간죄에 해당한다."고 남성들의 삐뚤어진 성 의식을 개탄한 바 있다.

일반적으로 조선 시대는 여성에 대한 성차별이 심한 사회로 알려져 있다. 하지만 여성의 정조를 매우 중시하여, 여성이 동의하지 않은 성행위는 인륜에 반하는 것으로 인식해 양반이든 평민이든 가리지 않고 엄히 다스렸다.

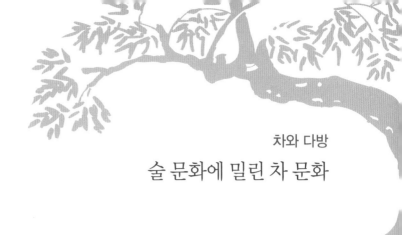

차와 다방

술 문화에 밀린 차 문화

차는 우리 선조들이 즐겨 마신 기호 식품으로 그 역사가 매우 길다. 〈삼국사기〉에는 신라 27대 선덕여왕(재위 632~647) 때 차가 전래되었다고 전한다. 이는 당나라에서 수입한 차였으며 승려나 상류 계층에 국한되었다. 신라 42대 흥덕왕 3년(828)에 당나라에서 가져온 차 종자를 지리산에 심은 이후로 국산 차가 재배되기 시작했다.

통일신라 시대에는 일부 승려와 화랑들 사이에 차 문화가 퍼져 있었다. 〈삼국유사〉에는 경덕왕 때 승려 충담이 매년 3월 3일과 9월 9일에 경주 남산의 삼화령에 있는 미륵세존에게 차를 공양했다는 기록이 있다. 이때까지만 해도 차는 기호품이라기보다는 부처에게 바치는 공양물이었다.

▲ 보성 차밭. 차는 신라 시대에 전해져 고려 시대에 왕실, 귀족, 사찰 등에서 널리 유행했다.

고려 시대에는 차를 마시는 풍습이 보다 넓게 퍼져 왕실, 귀족, 사찰 등에서 유행했다. 궁중에서는 연등회나 팔관회 등의 국가적인 행사 때 차를 올리는 의식이 행해졌다. 귀족들 사이에서는 중국산 차를 수입해 마시는 것이 일반적이었다. 식사 뒤에 차를 마시고 다시 숭늉을 마시는 것이 그들의 생활 습관이었다.

차를 즐기는 풍습은 왕실이나 귀족들보다 사찰에서 더욱 유행했다. 사찰의 승려들은 단순히 차를 마시는 데 그치지 않고 도를 수행하는 한 방편으로 이용했다. 졸음을 예방하는 약효 덕분이기도 했지만, 차의 성품이 속되지 않아 욕심에 사로잡히지 않는다는 다도의 정신과 일치했기 때문이다.

조선 시대에 이르러서는 차가 이전 시대만큼 유행하지는 못했다. 하지만 궁궐에 다방이라는 관청을 설치해 다례를 담당하게 했다. 다방은 이조에 소속되어 외국 사신의 접대는 물론 꽃, 과일, 술, 약, 채소 등을 관리하던 곳이다.

태조는 경복궁에 다방을 설치하고 신입 관리는 반드시 다방을 거치도록 했다. 대우도 좋아서 수령을 임명할 때는 다방 출신 관리에서 선출했다. 태종은 임금이 무술을 연마할 때 다방의 관리에게 어가를 수행토록 해 하루에 세 번 차를 올리게 했다. 국가 행사 때도 하루 한 번씩 차를 올리도록 해 차를 즐겼다. 세종 때에는 다방의 관리를 채용하는 특별 시험을 보기도 했다. 글씨, 계산, 시, 가례, 육전 등의 과목을 시험 보아 세 가지만 합격하면 다방의 관리로 채용했다.

서울에 있는 각 관청에서는 다시라 해서 차를 마시는 시간이 있었다. 차를 마시는 시간이 언제였는지는 정확히 알 수 없지만, 서거정의 〈재좌청기〉에는 "날마다 한 번씩 모여서 차를 마시는 자리를 베풀고 파하는 것이다."라고 기록되어 있다. 이를 통해 관청에서 하루 일과를 마칠 때 차를 마신 것으로 추측된다. 요즘으로 보면 관리들이 하루를 정리하면서 티타임을 가진 것이다.

각 관청에는 다모라는 차 심부름하는 여성을 두어 관리들이 차를 마시는 풍속을 장려했다. 다모는 서민 계층에서 선발하는 것이 일반적이었지만, 여성의 질병을 치료하기 위해 둔 의녀 중에서 성적이 떨어지는 사람을 다모로 강등했다.

조선 중기에 와서는 차 마시는 풍습이 쇠퇴해 다방이 사라지게 되었다. 선조 31년 명나라의 장수 양호는 선조에게 지리산에서 생산된 차를 보여 주며 왜 차를 마시지 않느냐고 물은 적이 있다. 선조가 "우리나라의 풍습상 차를 마시지 않는다."고 대답했을 만큼 조선 중기에 이르러

▲ 조선 중기 이후 차 마시는 풍습이 쇠퇴해 사찰의 승려와 일부 문인들 사이에서 명맥을 유지해 나갔다. 차 마시는 풍습이 다시 성행하게 된 것은 19세기 해남 대흥사의 초의선사와 정약용, 김정희 등 일부 문인들에 의해서다.

차 마시는 풍속이 사라지게 되었다.

각 관청에 소속된 다모의 기능도 변질되어 관청에서 차를 끓이던 일에서 포도청의 비밀 여자 형사로 성격이 바뀌었다. 몇몇 문인들과 사찰의 승려들 사이에서만 차 문화의 명맥이 이어졌다. 대다수의 양반층과 일반 백성들은 차보다는 술 문화를 더욱 가까이했다.

차 마시는 풍습이 다시 성행하게 된 것은 19세기에 들어서 해남 대흥사의 초의선사와 정약용, 김정희 등 일부 문인들에 의해서다. 초의선사는 〈동다송〉이란 시집을 지으면서 차를 만드는 일, 물에 대한 품평, 차를 끓이고 마시는 법 등 다도를 정리했다. 그는 스스로 직접 차를 재배하면서 다도의 이론을 실행함으로써 우리나라의 다도를 크게 일으켰다. 차와 선이 서로 별개의 것이 아니라는 그의 '다선일미' 사상은 조선 후기 한국 선 사상에 지대한 영향을 미쳤다.

"차의 맑고 깨끗한 정기를 마시는데 어찌하여 대도를 이룰 날이 멀다고만 하겠는가."

공중목욕탕

법흥왕 때 불교를 수용한 신라는 처음으로 사찰마다 공중목욕탕을 설치했다. 물론 일반 가정에도 목욕 시설이 있었지만 공중탕의 개념은 이것이 처음이었다. 불교에서는 '목욕재계'라는 말이 있을 정도로 목욕을 종교 의식으로 발전시켰다. 고려 시대에는 목욕 문화가 한층 더 발전했다. 〈고려도경〉을 보면 개성에는 남녀 혼탕까지 있었다고 한다. 여인들은 목욕할 때 모시 치마를 입었으며, 난초 삶은 물로 목욕하여 몸에서 향기가 나도록 했다고 한다. 조선 시대 사대부들은 집 안에 부방이란 목욕탕을 갖춰 놓고 인삼 잎을 달인 물 등으로 목욕을 했다.

최고의 물, 우통수

물은 차 맛을 좌우하는 중요한 요소다. 다도를 정립한 초의선사는 다도에 쓰이는 좋은 물이란 가볍고, 맑고, 차고, 부드럽고, 아름답고, 냄새가 없고, 비위에 맞고, 탈이 없어야 한다고 했다. 이런 까다로운 조건을 모두 지닌 물이 오대산 서대 밑에서 솟아나는 우통수다. 우통수는 한강의 근원으로 빛깔과 맛이 다른 물보다 뛰어나 조선 시대 최고의 샘물로 여겨졌다. 물맛이 너무 차지도 따뜻하지도 않고, 맑은 산의 정기를 담고 있어 그윽함이 묻어난다고 한다.

한 잔의 차를 통해 선의 경지에 들어선 기쁨을 맛본다고 설파한 것이다.

정약용은 강진에서 18년간 유배 생활을 하는 동안 초의와 교류하면서 차를 즐겼다. 그는 술 마시는 풍속을 혐오해 이런 말을 남겼다.

"차를 즐기는 백성은 흥하고, 술을 즐기는 백성은 망한다."

전통 깊은 우리의 차 문화가 사라진 것은 우리 물이 깨끗해 끓여 먹을 필요가 없었던 이유도 있지만, 정약용의 말대로 술 문화가 지나치게 번성했던 것도 한 원인이다.

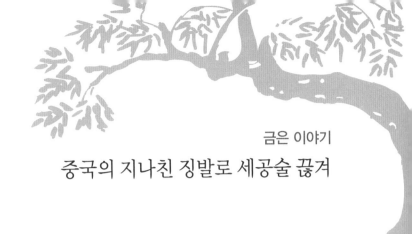

금은 이야기

중국의 지나친 징발로 세공술 끊겨

기원전부터 고구려는 금을 채굴해 사용했으며, 3세기경에는 백제가 일본에 야금술을 전하는 등 삼국은 역사 시대 초기부터 채광 및 야금 기술이 고도로 발달했다. 6~9세기경 신라의 금은 세공술은 가히 세계적인 수준에 이르렀다.

이는 고려에도 그대로 이어져 은향로나 은화의 일종인 은병은 정교하고 세련된 야금술 및 세공 기술을 보여 준다. 그러나 고려 시대 후기부터 시작해 조선 시대 초기에 이르면 금은 광업과 금은 세공 기술이 크게 쇠퇴한다. 그 이유는 무엇일까?

아무래도 중국의 영향력을 벗어날 수 없었던 것 같다. 고려는 1231년 몽골 사신 저고여의 피살을 계기로 몽골과 40여 년간 여섯 차례에 걸친

5부 사회·문화 이야기

전쟁을 치렀다. 고려는 개경에서 강화도로 옮겨 항몽했으나 결국 무릎을 꿇었다. 몽골은 1271년 국호를 원나라라 하고 중국 역대 왕조의 계보를 잇는 정통 왕조임을 선언했다. 전쟁 후 고려는 원나라의 공주를 왕비로 맞아들이는 등 부마국의 지위로 전락했다. 원은 조공을 요구하면서 금과 은, 삼베, 비단, 인삼 등을 닥치는 대로 쓸어 갔다. 고려의 금은 광산은 쇠퇴하게 되었고, 자연스레 야금 기술력도 현저히 떨어지기 시작했다.

원에 이어 주원장이 명나라를 세운 후에도 마찬가지였다. 역성혁명을 성공한 이성계는 조선 건국 초부터 명나라를 종주국으로 사대를 선언하고 조공을 바쳤다. 이성계는 명에 조공을 바치면서 보호를 청했으나 명으로부터 왕위를 승인받는 문서(고명)를 받지 못했다. 고명은 오늘날의 '국가 승인'과 같은 의미를 지닌다. 태종 3년(1403) 영락제에게 고명책인(중국에서 이웃 여러 나라 왕의 즉위를 승인하여 고명과 금인을 보내던 제도)을 받으면서 대가로 조공을 바치기 시작했다. 조공품 중에는 금과 은이 포함되어 있었다. 개국 초기에 해마다 명에 진상해야 하는 금은 150냥, 은은 700냥에 달했다.

조선의 고민은 이만저만이 아니었다. 금과 은을 바치자니 번거롭기 짝이 없었고, 안 바치자니 명의 보복이 두려웠다. 그렇다고 금은광을 개발하는 데도 한계가 있었다. 광산 개발에는 수많은 인력과 비용이 소요되기 때문이었다.

태조와 태종은 관리들과 백성들이 금과 은을 사용하거나 매매하지 못하도록 금지령을 선포했다. 금은의 밀무역도 금지시켰다. 심지어 관리의 품계에 따라 금은을 할당 거출하기도 했다. 명나라 조정에 들어가는 금과 은을 안정적으로 확보하려는 조치였다. 이 모든 것은 표면적으로 드러난 이유였다. 그 속에는 금과 은을 명에 노출시키지 않음으로써 조공의 양을 제한하려는 숨은 의도가 담겨 있었다.

태종은 여러 차례에 걸쳐 조선에서는 금은이 생산되지 않는다는 점을 명에 알려 금은 조공을 면제받으려고 노력했다. 그의 노력은 세종 대에 가서 결실을 맺었다. 세종은 명의 황제를 설득하도록 사신을 보냈다.

"우리나라는 해마다 금은 그릇과 삼베, 비단, 인삼, 화문석 등의 예물을 바치었습니다. 금은은 예로부터 본국에서는 생산되지 않았습니다. 다만 원나라 때 외국 상인들이 왕래하면서 약간의 금은이 매매되었던 것인데, 지금은 이미 거의 다 없어졌습니다. 이제 금은의 조공을 면제하고 토산품으로 대신 바치게 하옵소서."

몇 차례에 걸친 끈질긴 외교 교섭 끝에 세종 12년(1430) 금은 조공을 면제받는 데 성공했다. 그 뒤에는 조정에서 사용할 만큼의 금은을 채굴하는 정도에 그쳤다. 중종 때는 대규모 은광 개발이 재개되었다가 명의 금은 조공을 부추길 뿐이라는 판단에 따라 채광을 중지해 광산업이 부진을 면치 못하게 되었다.

그러다 임진왜란을 계기로 상황이 반전되었다. 조선이 명의 도움을 받아 일본의 한반도 침공을 방어하는 데 성공하자 명의 조공 압력은 더욱 거세졌다. 당시 명의 화폐 제도는 은본위제. 조선으로의 출병, 여진족과의 잦은 전쟁으로 재정이 고갈되면서 은을 확보하기 위해 전국적으로 한바탕 홍역을 치르고 있던 시기였다.

〈선조실록〉은 당시 명의 상황을 이렇게 설명했다.

"현재 중국에서는 모든 은광을 개발한 뒤 내시들이 여러 지방으로 나누어 내려가 은을 다 거둬들여 그 화가 구천에까지 미치게 되었다. 이들은 무덤까지 파헤쳐서라도 은을 색출해 그 해독이 이만저만이 아니다. 혹시라도 조선 땅 곳곳에 은맥이 있다는 소리가 내시들의 귀에 들어가기라도 하면 그들은 필시 조선 쪽을 바라보며 말하기를 '어쩌면 소식이 이렇게도 늦었단 말인가'라면서 조선에 들어와 광산을 개발하려고 들 것이다."

우려는 곧 현실로 드러났다. 이미 명은 참전 과정에서 조선의 여러 지방에 은 광산이 있음을 알아챘던 것이다. 기회만을 엿보던 명은 선조의 뒤를 이어 1608년 즉위한 광해군의 자격 문제를 걸고 넘어졌다. 서얼 출신이면서 차남인 광해군의 즉위는 유교의 법도를 어긴 것으로 용납할 수 없다는 입장이었다. 명은 진상을 조사한다는 명분으로 조선에 사신을 파견하여 광해군의 형인 임해군을 면담하는 등 부산을 떨었다. 하지만 이는 순전히 은을 징발해 가기 위한 으름장일 뿐이었다. 중국 사신은 결국 수만 냥의 은을 받고 나서야 못 이기는 척 돌아갔다. 광해군은 인조반정에 의해 물러나기까지 15년 재위 기간 동안 명나라 사신의 은 조공 압력에 시달려야 했다.

명나라 사신의 은 징발이 얼마나 가혹했으면 이런 시가 장안에서 유행했을 정도다.

올 때는 사냥개 갈 때는 바람처럼
모조리 실어 가니 조선 천지 텅 비었네
오로지 청산만은 옮기려 해도 요지부동
다음엔 와서 그림 그려 가져가겠네

명의 은 징발은 광해군 이후에도 계속되었으며, 명이 망하고 청이 들어선 뒤에도 상황은 바뀌지 않았다. 조선은 500년간 수백만 냥에 달하는 금과 은을 중국에 징발당하는 치욕을 겪으면서 약소국의 비애를 곱씹을 수밖에 없었다. 이 같은 상황에서 금은 세공품을 만든다는 것은 아무런 의미도, 소용도 없는 일이었다. 페르시아에도 소문이 날 만큼 찬란했던 신라의 금은 세공 기술은 바로 이 같은 과정을 밟으면서 그 맥이 끊어지게 되었다.

외국인 광산업자

우리나라에서 처음으로 활동한 외국인 광산업자는 아라비아에서 온 도로 都老다. 그는 태종 7년(1407) 아내와 아이들을 데리고 조선에 들어와 귀화했다. 이슬람교 승려였는지, 일개 신자였는지 분명치는 않지만 채광 기술을 갖고 있었으므로 태종과 세종의 명에 따라 수정을 채굴했다. 그는 강원도와 경상도 일대에서 수정 광산을 찾아내고 수정 300근을 캐내어 왕에게 바쳤다.

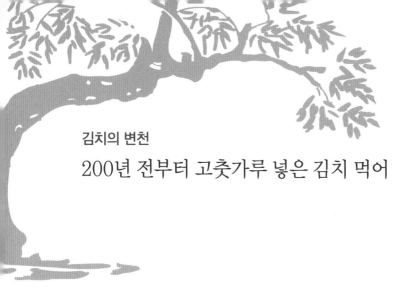

김치의 변천
200년 전부터 고춧가루 넣은 김치 먹어

　한국을 넘어 세계인의 입맛을 사로잡은 김치. 우리나라 고유의 채소 발효 식품인 김치의 역사는 언제부터 시작되었을까? 문헌상으로 전해지는 바는 없지만 아마도 기원전 부족 국가 시기부터였을 것으로 짐작된다. 중국 기록에 채소를 절인다는 뜻의 '저'라는 이름으로 3,000여 년 전부터 채소 발효 식품이 등장하기 때문이다.

　중국에서 가장 오래된 시집인 〈시경〉에는 "밭에 오이가 열렸다. 오이를 깎아 저를 담자."고 기록되어 있다. 한나라 때의 〈주례〉에는 무, 아욱, 미나리 등으로 여러 가지 김치를 담그는 관청에 관한 기록이 보인다. 한나라가 위만 조선을 무너뜨리고 낙랑을 건설했던 시기에 김치가 낙랑을 통해 한반도 여러 부족 국가에 전래되었던 것으로 보인다.

일본의 김치 유래를 보면 더욱 분명해진다. 일본의 대표적 김치인 단무지는 중국의 김치인 수수보리지에서 유래되었다. 백제가 중국의 문물을 일본에 전한 것에 비추어 볼 때, 수수보리지가 백제를 통해 일본에 전래되었음을 알 수 있다.

김치에 관한 우리의 문헌상 첫 기록은 고려 후기 때의 관리이자 문인이었던 이규보(1168~1241)가 무, 오이, 가지 등 여섯 가지 채소에 대해 읊은 시인 〈가포육영〉에 등장한다.

"무장아찌 여름에 먹기 좋고 소금에 절인 무는 겨울철에 반찬되네"

고려인은 소금에 절인 무김치를 겨우내 먹었다는 얘기다. 고려인들은 김치를 물에 담근다는 뜻의 '지漬'나 절인다는 뜻의 '저菹'로 불렀다.

배추, 무, 오이, 갓 등 소금에 절여 먹는 여러 종류의 김치는 조선 시대에 들어오면서 대중화되었다. 김치는 '딤채'라 불렸는데 채소를 물속에 담가 적신다는 뜻의 '침지'가 변형된 말이다. 그 뒤 김채, 김치로 변화되었다.

김치에 일대 변혁이 일어난 것은 임진왜란 직후 고추가 수입되면서부터다. 중앙아메리카가 원산지인 고추가 일본을 통해 전래된 것이다. 처음에는 맵다는 뜻의 '고초'라 불렸으며, 수입 당시에는 가공식품으로 활용되지 못했다.

고추가 수입된 지 50여 년이 흐른 17세기 중반에도 고춧가루가 김치의 양념으로 들어가지는 않았던 것 같다. 당시의 음식 조리법을 담은 책인 〈음식디미방〉의 산갓김치 담그는 법에도 고춧가루의 사용은 보이지 않는다.

"산갓을 다듬어 찬물과 더운물에 헹군 뒤 항아리에 넣는다. 물을 데

워서 붓고 구들이 너무 뜨겁거든 옷으로 싸서 익혀도 되고, 구들이 차면 솥에 중탕해 익혀도 된다. 너무 익혀도 나쁘고 덜 익혀도 나쁘다.”

이 시기의 김치는 이미 중국에까지 수출되었다. 18세기 초 중국에 사신으로 갔던 김창업이 지은 〈연행일기〉를 보자.

“우리나라에서 중국으로 귀화한 한 할머니가 김치를 만들어 팔아 생계를 유지하고 있는데, 맛이 서울의 것과 같다.”

당시 중국인 중 조선을 다녀간 사람들은 우리의 김치 맛에 반해 중국에 돌아가서도 김치를 담가 먹었다는 기록도 있다.

김치에 고춧가루 양념이 들어간 것은 고추가 수입된 지 150여 년이 흐른 18세기 중반쯤이다. 유중림이 1766년 홍만선의 〈산림경제〉를 증보해 펴낸 〈증보산림경제〉를 보면 비로소 김치에 고춧가루를 넣었음이 확인된다. 책에는 무와 무청, 마늘, 고추, 가지, 호박 등을 넣어 총각김치를 담그는 법, 오이의 3면에 칼집을 넣어 고춧가루, 다진 마늘 등의 양념을 넣는 오이소박이 만드는 법이 소개되어 있다. 이 밖에도 배추김치, 동치미, 전복김치, 굴김치 등 요즘의 김치가 모두 등장한다. 담백한 김치의 맛이 매콤한 맛으로 바뀐 시기인 것이다.

이 시기를 전후해 겨우내 먹을 수 있도록 가을철에 담그는 김장 배추김치도 보급되기 시작했다. 여기에는 잦은 전쟁과 기근으로 인한 백성들의 고통을 덜어 주기 위해 구황 식품을 보급하려는 실학자들의 노력이 크게 작용했다. 홍만선, 서유구, 유중림 등 실학자들은 김치를 비롯한 여러 가지 음식에 관한 조리법을 체계적으로 정리해 보급시켰다.

김장 김치는 19세기 초에 이르러 비로소 우리의 대표적인 세시 풍속의 하나로 완전히 정착되었다. 조선 헌종 때 정학유가 지은 장편 가사인 〈농가월령가〉를 보면 김장 담그기가 농가의 월동 준비 행사로 완전히 자리 잡았음을 알 수 있다. 10월령을 보면 "무, 배추 캐어 들여 김장을 하오리다. 앞 냇물에 깨끗이 씻어 간을 맞게 하소. 고추 마늘 생강 파에 젓국지 장아찌라."고 노래한다. 김칫독을 짚에 싸 땅속 깊이 묻는다는 대목도 보인다.

김장 김치는 고춧가루를 얼마나 사용하느냐에 따라, 젓갈의 종류에 따라, 기후에 따라 각 지방마다 특색 있는 김치가 개발되어 오늘에 이르고 있다. 기온이 낮은 함경도, 평안도 등 북쪽 지방에서는 고춧가루와 소금을 적게 사용하고, 젓갈도 새우와 조기를 사용해 담백한 맛의 김장 김치를 즐겨 한다. 반면에 전라도, 경상도 등 남쪽 지방에서는 고춧가루와 소금을 많이 넣고 멸치젓을 애용해 매콤하고 짠맛의 김장 김치를 만든다.

고춧가루를 이용한 김장 김치의 역사는 200여 년 정도로 짧다. 하지만 김장은 우리 전통 음식의 맛과 영양을 상징하는 대표적인 겨울철 발효 음식이며, 세시 풍속의 하나로 오늘날까지 훌륭히 전승되고 있다.

국은 언제부터 먹기 시작했을까?

우리 밥상에서 빼놓을 수 없는 음식은 국이다. 밥과 국이 기본 상차림이 된 것은 고려 시대부터다. 몽골인의 영향으로 탕이 들어오면서 여러 가지 국이 생겨났다고 전해진다. 금나라 사신 채송연은 고려를 방문한 뒤 지은 시에서 "시원한 조갯국 아침 해장에 좋다"라고 노래했다. 이규보의 시에도 토란국이나 냉국 등이 보인다.

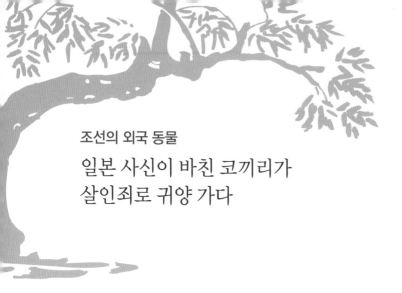

조선의 외국 동물

일본 사신이 바친 코끼리가
살인죄로 귀양 가다

조선 초기에 인도나 아프리카에 사는 코끼리가 살인죄로 귀양을 가는 초유의 사건이 벌어졌다. 문제의 코끼리는 태종 12년(1412)에 일본 왕 원의지가 조선과 일본 간의 친선을 도모하자며 사신을 통해 진상품으로 바친 것이다. 왕은 외교적 선물이기에 목장과 동물을 담당하던 사복시에 명해 잘 기르도록 했다. 코끼리는 하루에 콩을 너댓 말씩 먹고 괴물 같은 덩치에 귀가 크고 코가 기다란 모습이 여간 신기한 게 아니었다. 당연히 많은 구경꾼들이 몰려들었다.

전 공조판서 이우도 코끼리를 보러 왔다. 이우는 코끼리의 꼴이 추하다고 비웃으면서 장난기가 발동해 침을 뱉기까지 했다. 그런데 잘 길들여진 코끼리였지만 성이 나서 그만 이우를 밟아 죽이고 말았다.

살인죄를 저지른 코끼리를 두고 태종 13년(1413) 11월 5일 조정에서는 회의가 열렸다. 병조판서 유정현은 "코끼리는 전하께서 아끼시는 동물도 아니요, 또한 나라에 이익도 없습니다. 이미 두 사람을 다치게 하였는데, 만약 법으로 논한다면 사람을 죽인 죄는 죽이는 것으로 마땅합니다. 1년에 먹이는 콩이 거의 수백 석에 이릅니다. 청컨대 죽일 수 없다면 전라도의 외딴섬에 두소서."라는 의견을 내놓았다.

 이 사건으로 코끼리는 전라도 순천의 장도라는 섬으로 귀양 아닌 귀양을 가게 되었다. 귀양 간 코끼리는 이후에도 계속 골칫거리로 남았다. 전라도 관찰사는 왕에게 보고를 올렸다.

 "장도에 방목하는 코끼리가 물과 풀을 먹지 않아 날로 수척해지고, 사람을 보면 눈물을 흘립니다."

 태종은 코끼리를 불쌍히 여겨 전라도 육지로 옮겨 기르도록 사면령을 내렸다. 이번에는 전라도 관찰사로부터 "코끼리가 곡물을 너무 많이 먹어 도내 백성들이 괴로움을 겪으니 충청도, 경상도에서도 돌아가면서 기르도록 해 주십시오."라는 상소가 올라왔다.

 충청도, 전라도, 경상도가 돌아가면서 코끼리를 키우도록 명이 내려졌고, 이내 충청도 공주로 옮겨졌다. 하지만 문제의 코끼리는 세종 때 또 한 차례 대소동을 일으켰다. 사육을 맡은 노비를 발로 짓밟아 숨지게 한 것이다. 이에 대해 세종 3년(1421) 3월에 충청도 관찰사가 올린 상소를 보자.

 "공주에서 코끼리를 기르는 종이 코끼리에 채여서 죽었습니다. 코끼리는 나라에 유익한 것이 없습니다. 먹이는 다른 짐승보다 열 갑절이나 많이 듭니다. 하루에 쌀 두 말, 콩 한 말씩이온즉, 1년에 소비되는 쌀이

48섬이며 콩이 24섬입니다. 화를 내면 사람을 해치니 오히려 해가 됩니다. 청컨대 바다 섬 가운데 있는 목장에서 기르소서."

세종은 물과 풀이 좋은 섬을 골라서 코끼리를 보내고, 병들어 죽게 하지 말라는 명을 내렸다. 이것이 조선에 처음 들어온 코끼리에 대한 마지막 기록이다.

왜 조선은 사람을 셋이나 죽이고 아무짝에도 쓸모없는 코끼리를 죽이지 못하고 쩔쩔맸을까? 코끼리가 희귀한 동물이었기 때문도 아니고 동물을 사랑하는 마음에서도 아니었다. 단지 외국에서 조공으로 바친 선물이었기 때문이다. 당시에는 다른 나라가 보내온 희귀한 동물이나 값비싼 물건은 함부로 하지 못하고 조심스럽게 다뤄야만 했다. 그렇지 않으면 양국 간에 커다란 외교 문제를 낳을 수도 있었다. 실제로 고려 때는 낙타 때문에 전쟁이 날 뻔한 적도 있었다.

고려 태조 때 거란이 사신을 보내 낙타 50필을 바쳤다. 태조는 "거란은 발해와의 맹세를 저버리고 하루아침에 멸망시킨 무례한 나라이므로 교류할 수 없다."며 사신은 섬으로 유배 보내고 낙타는 개경의 만부교 밑에 붙들어 매어 굶어 죽게 했다. 거란은 이 사건을 빌미로 대군을 이끌고 고려를 침입해 들어왔다. 이 같은 역사를 알고 있는 조선은 애물단지에 불과한 코끼리를 함부로 할 수 없었던 것이다.

원숭이의 경우도 마찬가지였다. 연산군 8년에 일본 사신이 진상한 원숭이와 말을 놓고 회의가 벌어졌다.

"일본에서 진상한 원숭이는 쓸 곳이 없으니 물리치는 것이 마땅합니다. 다만 먼 나라 사람이 진상하는 것을 받지 않고 거절한다면 대국으로서 먼 나라 사람을 대우하는 도리에 어긋남이 있을 것입니다. 임시 형편에 따라 받고 다시는 진상하지 말라고 타일러 가르치는 것이 어떻겠습니까?"

선조는 공작을 받았는데, 우리나라에 없던 새인지라 외딴섬에 놓아두자는 의견과 궁중 정원 관리를 하던 장원서에서 다른 새와 함께 관리하도록 하자는 의견이 분분했다. 왕은 제주도에 놓아 기르도록 했다.

이처럼 대외 관계를 통해 선물로 희귀한 동물이 들어올 때마다 조정에서는 사육하는 문제를 놓고 갑론을박을 벌였지만 외교 관계를 고려해 마지못해 키울 수밖에 없었다.

외국 동물의 가격은?

오늘날에도 애완용으로 수입된 동물들이 매우 비싼 가격에 거래되는 것처럼, 조선 시대에도 외국에서 들어온 수입 동물의 가격은 매우 비쌌다. 낙타는 그 가격이 흑마포 60필이었다고 한다. 당시에 흑마포 1필은 정포 10필, 콩 100두에 해당되었다. 그러니 낙타 한 마리의 가격이 정포 600필, 콩으로는 6,000두였던 셈이다. 이것을 쌀로 환산하면 90가마나 되는 거금이었다. 또 다른 수입 동물인 앵무새는 그 값이 명주 1,000여 필에 달했다.

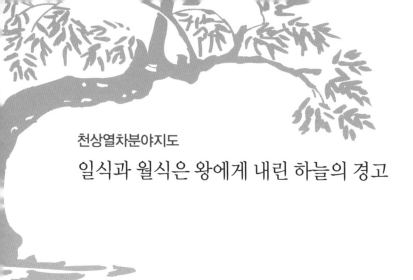

천상열차분야지도

일식과 월식은 왕에게 내린 하늘의 경고

옛사람들에게 밤하늘의 별은 미지의 세계에 대한 동경의 대상만이 아니었다. 자신들이 발 딛고 있는 지상과 머리 위 천상을 이어 주는 매개체였다. 그렇기에 인간 세상의 길흉화복이 모두 별자리에 나타난다고 믿었다. 천문대를 세워 천체의 운행을 관측하고 별자리를 관찰하는 것은 단순한 과학적 호기심이 아니었다. 국가의 안녕 및 번영과 직결된 것이라고 여긴 탓이다.

조선을 건국한 태조 이성계는 즉위 4년째인 1395년에 새로운 천문도를 만들도록 명을 내렸다. 당시의 대학자 권근을 비롯한 11명의 학자들이 천문도를 만들어 바치니, 바로 '천상열차분야지도天象列次分野之圖(국보 제228호)'다. 건국 초기 문물과 제도를 정비하기도 바쁜 와중에 태조는 왜 천문도를 완성하라고 한 것일까?

조선이 건국 이념으로 삼은 유학의 기본 이념에 따르면 새로운 나라를 세우고 왕이 되는 것은 천명을 받아야 가능한 일이었다. 역성혁명을 일으켜 조선을 건국한 태조에게 왕조의 정통성은 무엇보다 중요했다. 따라서 조선의 건국은 하늘의 명에 의한 것, 하늘의 순리에 따른 일임을 강조하기 위해 천문도를 만들고 하늘과 우주의 현상에 세심한 관심을 기울였던 것이다. 동기야 어찌되었건 태조의 노력으로 조선은 천상열차분야지도라는 자랑스러운 천문도를 제작해 냈다. 그렇다면 천문도를 제작한 철학적 배경은 무엇이었을까?

하늘과 땅이 상응한다는 동양 천문학의 기본 논리가 밑바탕이 되었다. 한나라 때의 재상인 동중서에 의해 제시된 '재이론', 즉 일식·월식, 혜성, 기상이변 등은 군주가 정치를 잘 못해서 하늘이 내린 경고라는 이론은 조선 시대에도 매우 강하게 작용했다. 지상의 재앙을 막기 위해서라도 군주에게 천문 관측은 필수적인 일이었다.

"제왕의 정치는 역법과 천문으로 때를 맞추는 것보다 더 큰 것이 없다."

이 말처럼 천문 관측은 왕의 학문으로 인식되었다.

〈조선왕조실록〉에는 일식이나 월식, 혜성의 출현과 같은 기이한 천문 현상을 관찰한 기록이 하나도 빠짐없이 쓰여 있다. 이러한 현상의 원인이 왕이 정치를 잘 못해서 생긴 현상이라고 여겼던 것이다.

세종 13년(1431)에는 예소에서 "일식과 일식이 있는 날에는 조회를 정지하고, 음악을 삼가며, 죄인의 사형 집행과 짐승의 도살을 금지하여야 한다."고 보고해 세종이 그대로 따른 적이 있을 정도다. 조선의 왕들은 천문 현상을 재앙으로 인한 변고라고 생각해서 '두려워하고 몸을 닦아 반성해야 한다'고 믿었다.

천문도의 제원은 높이 2.09m, 폭 1.22m, 두께 11.8cm. 검은 대리석에 1,400여 개의 별을 새겨 놓은 천문도는 1241년 제작된 중국의 순우천문도에 이어 세계에서 두 번째로 오래된 석각 천문도다. 600년이 넘는 세월을 비바람에 시달려서 표면이 마모되어 점과 선이 흐릿하게 남아 있지만, 미세한 흔적을 통해서도 당시 우리나라의 천문학 수준이 매우 높았음을 짐작할 수 있다.

천상열차분야지도라는 이름이 길고 어렵게 다가오지만 여기에는 우리나라 천문도만의 고유한 양식이 표현되어 있다. '천상'이란 구체적으로 말해 하늘에 떠 있는 천체다. '열'은 '벌여놓다, 나열하다'는 뜻이고, '차'는 목성의 운행을 기준으로 설정한 적도대의 12구역을 말한다. 목성의 위치는 매년 다른데, 약 12년을 주기로 제자리로 돌아온다. 해마다 목성이 보이는 곳을 기준으로 천구의 적도를 12구역으로 나누고 그 영역을 차라고 본 것이다. '분야'는 하늘의 별자리 구역을 열둘로 나눠 지상의 해당 지역과 대응시킨 것을 뜻한다. '지도'는 우리가 흔히 알고 있는 땅 위의 지형을 축소해 그린 그림인 지도地圖가 아니다. 한자어로 표기된 지도之圖에서 '지'는 '~의', '도'는 '그림'이나 '도면'이라는 의미다. 이름을 풀이하면 하늘의 모습(천상)을 차와 분야에 따라 벌여놓은 그림이 된다.

목성이 12년을 주기로 지구 둘레를 돌아 제자리에 돌아오는 것에 착안해 목성이 어느 차(간지)에 들어 있느냐에 따라 그 해의 간지를 결정하는 것이다. 76cm나 되는 원의 중심에는 북극성이 있고, 바깥쪽에는 작은 원이 있다. 큰 원과 작은 원 사이에는 적도와 태양의 궤도가 그려져 있다. 그리고 태양의 궤도를 기준으로 28개의 기본적인 별자리가 지정되었으며, 별자리 주변으로 1,464개의 크고 작은 별들이 배치되어 있다.

그렇다면 천상열차분야지도는 조선의 독자적인 천문 기술로 제작한 것일까? 궁금증은 덕수궁 궁중 유물 전시관에 전시된 천상열차분야지도각석에 새겨진 천문도의 내력을 통해 해소할 수 있다.

"천문도의 석본은 옛날 평양성에 있었는데 전쟁 통에 강물에 빠뜨려 잃어버렸고, 세월이 이미 오래되었으므로 복사본도 없었다. 아아! 우리 전하께서 천명을 받으시던 첫해에 어떤 이가 복사본 하나를 바쳐 왔다. 전하께서는 이를 보물로 귀중하게 여기셔서 서운관에 명하여 다시 돌에 새기게 하셨다. 본관이 말씀 올리기를 '이 그림은 세월이 오래되어 별의 도수가 이미 차이가 나므로 마땅히 도수를 다시 측량하여 오늘날 사중월의 저녁과 아침에 남중하는 별을 정한 다음에 새 별 그림을 지어서 후세에 보여야 합니다' 하니, 임금께서 옳다고 말씀하셨다."

천상열차분야지도는 고구려의 천문도를 바탕으로 해서 만들어졌다. 고구려의 탁본을 기본으로 하되 700여 년의 시차를 감안해 오차를 줄이기 위한 의도로 당시의 천문 기상대인 서운관에서 새로 별자리를 찾아내 추가했다. 이 덕분에 우리가 북반구에서 눈으로 관찰할 수 있는 대부분의 별자리가 기록되고, 중국의 천문도를 능가할 수 있었다. 또 하나의 특징은 별의 밝기를 별의 크기로 표시해 밝은 별은 크게, 희미한 별은 작게 그렸다는 점이다.

심혈을 기울여 제작한 천문도였지만 천상열차분야지도는 임진왜란 (1592)과 병자호란(1636)을 겪으면서 행방불명이 되고 말았다. 누구도 난리 통에 화재로 전소된 경복궁 안에 천문도가 있었다는 사실을 기억하지 못하고 시간이 흘렀다. 숙종 13년(1687)이 되어서야 이민철이 남아 있던 복사본을 바탕으로 새로운 돌에 다시 새겨 관상감에 보관했다. 영조 때 불타 버린 경복궁 터에서 태조본 천상열차분야지도석각을 발견하고 흠경각을 지어 두 각석을 함께 보관했다. 그리고 보존 상태가 좋은 숙종본은 목판에 새겨서 120부를 인쇄해 대신들에게 나눠 주어 널리 퍼지게 했다.

천상열차분야지도의 시련은 여기서 그치지 않았다. 일제강점기 동안 제대로 관리하지 않아 행방이 묘연해졌고, 1960년대에 다시 발견했을 때는 흠경각이 아닌 창경궁 명정전 추녀 밑에 있었다. 위대한 과학유산이 한낱 돌덩이가 되어 사람들의 발길에 채이고 있었던 것이다.

현재는 태조 때 만든 것은 덕수궁 궁중 유물 전시관에, 숙종 때 만든 것은 세종대왕 기념관에 있다. 영조 때 목판으로 인쇄해 배포한 천문도는 서울대 규장각, 성신여대, 국사편찬위원회, 숭실대, 경주 신라역사과학관 등에 보관되어 있다.

서운관

서운관은 천문, 기상, 지리 등의 일을 맡아 보던 관청으로, 천상열차분야지도도 서운관이 있었기에 탄생한 것이다. 서운관 관리들은 하늘과 땅에 일어나는 모든 기상 현상을 관측하고 기록하며, 절기와 시간을 측정하여 보고했다. 조선에서 서운관을 얼마나 중요한 기관으로 여겼는지는 그 직제를 통해 알 수 있다. 〈경국대전〉에 기록된 서운관의 직제를 보면 책임자인 정 1품 영사는 영의정이 겸직하도록 되어 있다.

조선의 로켓포

고려 말 최무선이 화약을 발명함으로써 우리나라의 전쟁 무기는 비약적인 발전을 했다. 조선 시대에는 각종 화포와 총통이 제작되어 외적을 물리치는 데 큰 도움을 주었다. 화약 무기 중에 우리의 주목을 끄는 것은 신기전이다. '귀신 같은 기계 화살'이란 뜻을 가진 신기전은 성능과 종류에 따라 대·중·소 세 종류가 있었는데, 가장 큰 대신기전은 길이가 무려 558cm에 사정거리가 1km를 넘는 대형 로켓이었다.

신기전의 가장 큰 장점은 화차라는 이동식 로켓 발사대에서 한 번에 100발을 발사할 수 있다는 것이다. 현대의 다련장 로켓포와 같은 것으로, 먼 거리에서 적이 밀집해 있는 곳을 효과적으로 공격할 수 있는 획기적인 무기였다. 권율이 임진왜란 때 행주산성에서 1만도 채 안 되는 병력으로 3만 왜군을 물리쳤을 때에도 신기전이 크게 활약했다.

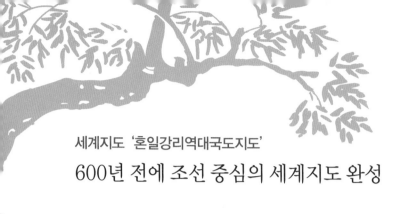

세계지도 '혼일강리역대국도지도'
600년 전에 조선 중심의 세계지도 완성

　조선은 건국 초기부터 대중국 외교에서 사대주의를 표방했다. 세계 관에 있어서도 중국이 세계의 중심이었고, 조선은 소중화 의식 아래 나름대로 독자적인 세계를 확립하고 있었다. 중국을 정점으로 한 조선의 세계관은 어떤 것이었을까?

　그 실체를 벗기기 위해 조선 전기에 그려진 세계지도를 살펴보자. 태종 2년(1402)에 '혼일강리역대국도지도'라는 우리나라 최초의 세계지도를 제작했다. 이는 세로 148cm, 가로 164cm의 대형 지도다. 아시아, 유럽, 아프리카를 포함하는 지도로서 현존하는 것으로는 동양에서 가장 오래된 세계지도이며, 당시로서는 동서양을 막론하고 가장 훌륭한 세계지도로 손꼽힌다. 이 지도로 우리는 조선 전기의 세계관을 가늠해 볼 수 있다. 지도 하단에 제작 책임자였던 권근이 쓴 발문을 보자.

"천하는 매우 넓어 중국에서 멀리 사해에 이르기까지 그 거리를 헤아릴 수가 없다. 그렇기 때문에 세계지도를 만들어, 가 보지 않아도 세계를 알 수 있도록 하였다. 지도를 통해 멀고 가까운 것을 알게 되면 나라를 다스리는 데 큰 도움이 될 것이다."

지도의 제작 목적은 간단명료하다. 나라를 다스리는 데 필요했기 때문이다. 지도를 통해 우리가 얻을 수 있는 것은 무궁무진하다.

혼일강리역대국도지도에는 중국과 우리나라를 포함한 아시아 대륙은 물론 유럽과 아프리카까지 그려져 있다. 당시에는 발견되지 않았던 아메리카 대륙을 제외하고는 세계에 알려진 대륙을 모두 담아낸 세계적으로 귀중한 지도다. 지도에 나타난 세계의 중심은 중국과 조선이다. 중국과 우리나라를 제외하면 다른 나라들은 실제보다 훨씬 작게 그려졌다. 소중화 의식에서 나온 세계관이다. 지도상에 표현된 국가의 크기는 곧 그 나라에 대한 관심을 반영한다. 조선 사람들에게는 외국과의 관계에서 중국이 차지하는 비중이 그만큼 크고 중요했음을 나타낸다. 반면 우리와 외교 관계가 있었던 일본이나 여진족 등은 그다지 관심의 대상이 아니었음을 알 수 있다.

흥미로운 사실은 중국의 지역명이 매우 상세하게 표현되어 있다는 점과, 우리와는 교역 관계가 없는 동남아시아의 태국, 말레이시아, 필리핀 등도 분명하게 표시되어 있다는 점이다. 국내 지도를 제작하는 것처럼 직접 답사해 보고 만들지는 않았을 텐데, 어떻게 만들었을까? 이 궁금증도 권근의 발문을 통해 확인할 수 있다.

"성교광피도와 혼일강리도를 참고하여 좌의정 김사형, 우의정 이무와 이회가 만들었다."

성교광피도와 혼일강리도는 모두 중국의 지도다. 두 지도에다 우리나라와 일본을 추가해 만든 것이다. 윤곽, 지명, 하천 등은 매우 상세한 지도인 성교광피도를 따랐고, 혼일강리도에서는 국가의 수도를 참고했다.

중국에서 제작한 옛 세계지도에는 우리나라와 일본이 자세히 그려지지 않았거나 빠진 것이 보통이다. 두 지도에 나와 있지 않은 우리나라와 일본은 박돈지가 1401년 일본에서 가져온 일본도와 조선 초에 있었다고 하는 이회의 팔도지도를 보고 추가한 것으로 여겨진다.

이렇게 해서 혼일강리역대국도지도가 완성되었다. 비록 중국에서 제작한 지도를 기초 자료로 삼았지만, 그 중심에는 건국 초기에 자주 국가의 위상을 드높이기 위한 노력이 담겨 있다. 지도상에서 우리나라를 실제 크기보다 3~4배 크게 만든 것이 바로 그 증거라 할 수 있다.

지도에는 100여 개에 달하는 유럽의 지명과 아프리카의 지명 30여 개가 보인다. 지중해는 바다가 아닌 호수로 기록되어 있으며, 아프리카 사하라 사막은 황사라고 표시되어 있다. 아라비아는 상대적으로 크게 그려져 있다. 태종 대에 아라비아 인 도로가 귀화해 온 것으로 비추어 아라비아 인의 조선 방문이 잦았기 때문으로 풀이된다.

현재 혼일강리역대국도지도의 원본은 국내에 전하지 않으며, 필사본이 일본 류코쿠대학에 소장되어 있다. 지도에 고무창, 고여연, 고우예 등의 우리나라 지명이 표기된 것으로 보아 군이나 고을이 폐지된 세조 1년(1455) 이후의 지도임을 알 수 있다. 같은 폐군이면서도 1459년에 폐군된 자성이 그대로 있어 적어도 1459년 이전에 모사한 것으로 보인다.

류코쿠대학 지도와 거의 같은 지도가 1988년에 일본 규슈의 혼코사에서 발견되었다. 지도의 크기는 류코쿠대학 본보다 약간 큰 세로 147cm, 가로 163cm이며, 류코쿠대학 본이 견지인 데 비해 혼코사 본은 한지에 그려져 있다. 우리나라에 전해져야 할 소중한 문화유산이 임진왜란이나 일제강점기에 건너간 듯한데 참으로 안타까운 일이다.

지도 제작 방법

조선 시대에 지도 제작이 본격화된 것은 세종 때부터다. 천체를 관측하기 위해 제작된 간의는 위도 측정에, 천문용 시계인 혼천의는 경도 측정에 사용되었다. 삼각 측량 기구인 인지의와 10리마다 자동적으로 북을 치도록 제작된 기리고차는 방위와 거리를 측량하는 데 도움을 주었다. 이들 도구를 바탕으로 조선은 보다 정밀한 지도를 제작했고, 철종 2년(1851)에 김정호는 대동여지도라는 정밀도를 탄생시켰다. 김정호는 지도 제작을 위해 30여 년간 전국 각지를 두루 답사하며 실측했는데 백두산만 열일곱 번을 올랐다고 한다.

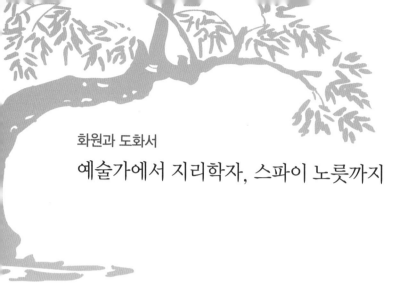

화원과 도화서
예술가에서 지리학자, 스파이 노릇까지

고미술품을 감정하는 TV 프로그램에 오래된 초상화가 종종 등장한다. 대개의 초상화는 뛰어난 작품성 외에도 높은 감정가로 사람들의 이목을 끈다. 영조 때 영의정을 지낸 김재로의 초상화가 등장해 2억 5,000만 원이라는 감정가를 받아 화제가 된 적이 있다. 이 초상화는 도화서 화원을 지낸 변상벽과 한종유가 공동으로 그린 것으로 얼굴에 난 수염한 올 한 올을 사진처럼 세밀하게 묘사하여 시청자들을 놀라게 했다. 이처럼 세밀한 그림을 그릴 수 있었던 도화서의 화원들은 누구일까?

조선 시대에는 예조 아래 도화서라는 관청을 두고 국가에서 필요한 그림을 그리는 화원을 양성했다. 〈경국대전〉에 따르면 도화서는 국가에서 필요한 일체의 그림 그리는 일을 관장하는 기관이다. 조선 초기에는 도화원이라 했는데, 성종 때 도화서로 명칭이 바뀌었다.

도화서에는 20명 정도의 화원이 소속되어 있었다. 그러나 화원들이 모두 품계를 받지는 못했다. 품계를 받을 수 있는 화원은 종 6품 1인, 종 7품 1인, 종 8품 1인, 종 9품 2인 등 5명에 불과했다. 품계를 받아야만 녹봉을 받을 수 있기 때문에 화원들의 생활은 매우 어려웠다. 녹봉을 받지 못하는 화원들은 시간을 쪼개 가며 사대부를 상대로 그림을 그려 주고 생계를 유지했다.

나라에서는 임금과 왕비의 초상화, 공신의 초상화 등 수많은 그림을 필요로 했기 때문에 화원이 많이 필요했다. 하지만 화가를 양성하는 것은 쉬운 일이 아니었다. 소질이 있어도 10년 정도 익혀야만 비로소 화원으로서 제 몫을 할 수 있었다. 사정이 이렇다 보니 조정에서는 그림에 소질이 있는 사람을 미리 도화서에 입학시켜서 그림을 익히도록 하는 생도를 두었다. 다른 방법으로는 시험을 통해 화원을 선발했다.

어렵게 화원이 되었다 하더라도 품계를 받기 위해서는 국가에서 실시하는 승진 시험을 치러야 했다. 시험에 통과하지 못하면 도화서 화원으로서 오랫동안 그림을 그렸다고 해도 진급을 할 수가 없었다. 시험 과목은 대나무, 산수, 인물, 동물, 화초 등 다섯 가지였다. 화원들로 하여금 이 중 두 가지를 선택해 그리도록 한 뒤 모두 4등급으로 나누었다. 대나무와 산수 과목의 배점이 가장 높았는데, 당시 지배층이었던 사대부들이 절개를 상징하는 대나무를 사군자의 으뜸으로 여기고, 문인화를 숭상하는 유교적 정신의 회화관이 반영된 것이다.

도화서에 소속된 화원들은 국가에서 필요로 하는 그림이라면 무엇이든지 그렸다. 그림의 종류도 왕의 초상화, 왕실 의궤를 비롯해 병사,

농사, 의학, 건축, 지리, 천문 등에 이르기까지 매우 다양했다. 이 중에서 화원들이 가장 많이 그려야 했던 것은 의궤에 포함된 의궤도다. 의궤란 국가의 공식적인 행사를 기록으로 남겨 두기 위해 편찬된 책을 말한다. 유교를 통치 이념으로 내세운 조선 왕실의 의식은 복잡한 유교의 예법을 기준으로 치러졌는데, 복잡한 의식 절차를 기록과 그림으로 상세히 작성하여 왕에게 보여 주기 위해 의궤를 만들었다.

의궤 중에서 궁중의 각종 행사 장면을 그린 반차도가 화원들의 몫이었다. 반차도는 왕이 의식을 거행하기 전에 그림으로 미리 예습을 하여 실수를 하지 않으려는 의도에서 제작했다. 의식의 장면을 화폭에 담기 위해 위에서 아래로 내려다보는 부감법을 사용하는 것이 일반적이었다. 반차도는 의식에 참여하는 인원들의 복장이나 구성을 매우 꼼꼼히 그렸기 때문에 당시의 의복, 장신구, 의례 용품 등의 연구에 필요한 자료가 된다.

무엇보다도 세밀하고 공들여 그린 그림은 왕의 초상화인 어진이다. 어진은 선왕의 은혜에 보답하고 기리기 위한 추모 의식으로 그려졌지만, 왕실이나 국가를 상징하는 의미도 함께 가지고 있었다. 어진 제작은 국가적 차원에서 행해진 작업이었다. 왕의 초상화를 그리는 어진 화사는 대신들이 가장 뛰어난 1급 화원들 중에서 선발했다. 화원으로서 어진을 그리는 것은 최고의 영광이었으며, 잘 그리면 큰 상은 물론 출세하는 기회가 되기도 했다.

우리에게 가장 잘 알려진 김홍도는 영조와 동궁(훗날 정조)의 어진을 제작하여 벼슬길에 들어섰고, 정조가 즉위해서는 영조 초상의 모사와 정조의 초상 초본을 제작하고 찰방이란 직책을 제수받아 당대 최고의

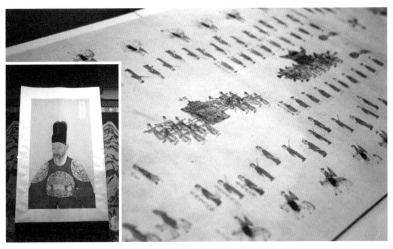

▲ 영조의 어진과 순정효황후의 가례 행렬을 그린 그림. 도화서 화원은 나라에서 필요로 하는 모든 그림을 그려야 했다.

화원으로 이름을 떨쳤다.

화원들은 물질적 혜택이나 승진보다도 어진 화사라는 명예를 매우 중시하여 스스로 자부심이 대단했다. 숙종 어진을 그린 진재해는 목호룡이라는 관리가 초상화를 그려 달라고 하자, 어진을 그린 손으로는 공신이나 사대부의 초상화를 그릴 수 없다고 완강히 거부했다.

지도를 제작하는 것도 화원들이 해야 하는 중요한 임무였다. 문종은 즉위한 해 12월에 각 도의 군과 읍의 거리가 멀고 가까움을 알지 못해 군사를 징발하는 데 문제가 있다고 하여 상세한 지도를 만들도록 도화서에 넝했다.

화원들은 지도뿐만 아니라 사신단의 일원이 되어 외국의 지형이나 풍속 등을 그리기도 했다. 성종 10년 일본에 보내는 통신사의 임무를 논하는 글을 보면 화원의 역할에 대한 기록이 있다.

"수로의 멀고 가까움, 산천의 험준하고 평탄함, 정박한 배의 모양 및 풍속을 보고 듣는 대로 기록하기도 하고 그림 그리기도 할 것."

오늘날로 치자면 스파이 같은 역할을 화원들이 수행한 셈이다.

도화서는 전문적인 화원들이 모인 곳으로 국가가 필요로 하는 그림, 왕족과 사대부의 기호를 반영한 그림을 그렸지만, 화원 개개인의 개성과 능력을 어느 정도 보장해 주었다. 이런 분위기 속에서 조선 초기에 안견은 〈몽유도원도〉를 그려 조선 산수화의 독특한 경지를 개척했으며, 조선 후기에 김홍도와 신윤복은 풍속 화가로 한국 미술사에 뚜렷한 족적을 남길 수 있었다.

이름 없이 사라져 간 화원들의 공을 무시해서는 안 된다. 그들이 그린 수많은 의궤 그림이나 왕의 초상화, 지도 등에서 우리는 미처 알지 못했던 조선 문화를 생생하게 복원해 낼 수 있기 때문이다. 도화서의 화원들은 비록 관청에 소속된 화가였으나 회화적 재능을 유감없이 발휘해 한국적 화풍을 형성하고 발전시키는 중심적 구실을 했다.

조선의 물감

왕의 초상화인 어진은 제작 이후 진전에 봉안되어 오랫동안 보관해야 하기 때문에 색이 쉽게 변해서는 안 된다. 일반적인 회화 작품에는 치자, 과하 등의 식물 연료가 사용된 데 반해 어진에는 건물의 단청과 같이 광물에서 추출한 안료를 사용했다. 천연산 색암석에서 추출한 석채는 색이 선명하고 변하지 않으며, 불투명하고 진하게 사용되어 진채라고 한다.

어진 제작 방법

왕의 어진을 그리는 방법에는 도사, 추사, 모사의 세 종류가 있다.

도사 : 왕이 살아 있을 때 직접 얼굴을 보면서 그리는 것.

추사 : 왕이 살아 있을 때 그리지 못하고 죽은 뒤에 어진을 그리는 것. 왕의 생존 시 모습과 흡사하게 그려야 하므로 가장 어려운 제작법이다.

모사 : 이미 그려진 어진이 훼손되었거나 혹은 새로운 진전에 봉안하게 될 경우, 기존의 어진을 기본으로 하여 새로운 어진을 그리는 것.

어진은 조선 시대 역대 임금의 초상을 보관하던 전각인 진전에 봉안되었다.

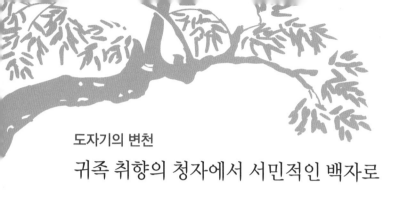

도자기의 변천
귀족 취향의 청자에서 서민적인 백자로

"청자는 굽은 발목이 드러나지 아니한 어여쁜 여자의 발 맵시이며, 분청사기는 발목이 드러난 순박한 농부의 발 맵시이다."

천하 제일품으로 손꼽히는 고려청자가 문벌 귀족의 고고한 정신세계를 표현한 것이라면, 조선의 자기는 소탈하고 진취적인 기상을 담았다. 조선 시대의 자기는 고려자기의 가냘픈 곡선에서 둔하고 중후한 직선의 형태로 변모했다.

고려에서 조선으로 시대적 상황이 변하면서 도자기도 다른 경향이 나타난다. 일반적으로 조선의 도자기는 크게 분청사기와 백자로 나뉜다. 고려 말에서 조선 초기의 대표적인 도자기는 분청사기다. 도자기의 흐름이 바뀐 것은 시대적인 상황과 밀접한 관련이 있다. 고려 말의 혼란을 틈타 왜구의 해안 침입이 빈번해 강진, 부안 등 전남 해안 지방에 산재한 고려청자 가마터들이 문을 닫게 되었다. 가마를 잃고 떠돌던 사기장들을 거둬들인 것은 성리학으로 무장한 지방의 신진 사대부들이었다.

사대부의 지원으로 새로이 청자를 굽는 과정에서 고려청자의 영롱한 푸른빛 대신에 회청색이 도는 분청사기가 탄생했다. 분청사기는 회색 또는 회흑색의 태토를 쓰는 것은 청자와 같다. 태토로 빚은 그릇을 백토 물에 담갔다가 회청색 유약을 발라 구웠다는 데에서 분청이라는 이름이 붙게 되었다. 이렇게 된 배경에는 유약의 원료 등 기술적인 문제도 있었지만, 새로운 지배 계층으로 떠오른 신진 사대부의 미적 인식이 반영되어 있었다.

신진 사대부는 개혁적 성향을 가졌던 만큼 귀족 취향의 인위적인 기교보다는 소박한 자연미를 숭상했다. 또한 백성과 좀 더 가까이 호흡할 수 있는 대중화된 미적 감각을 지닐 필요도 있었다. 이러한 미적 인식은 사기장들의 분청사기 제작에 자연스레 영향을 미쳤다.

고려청자는 부드럽고 세련된 선의 흐름에 정제되고 아름다운 문양이 새겨진 반면, 분청사기는 활력 있고 대담한 조형미를 보여 준다. 잔재주를 최대한 억누르면서 친근한 느낌의 문양을 선보이는데, 귀족 중심의 미술에서 벗어나 대중도 미술에 참여할 수 있는 바탕을 마련한 것이다. 이는 이전 시기에 비해 보다 진보된 역사 발전을 의미하는 것이었다.

신진 사대부들이 조선 왕조를 개국하면서 분청사기는 조선 초기를 대표하는 자기로 정착되었다. 개국 초기에는 전국적으로 산재한 자기

가마가 139곳에 달했다. 왕실과 관청에서 필요로 하던 양질의 분청사기와 백자는 전국에서 공물 형태로 진상되었다.

분청사기는 1480년을 기점으로 이전에는 상감분청, 인화분청이 주를 이뤘다. 상감분청은 그릇 표면에 연당초, 모란, 물고기, 용 등의 문양을 새겨 넣고 거기에 백토 등을 메워 구워 낸 것을 말한다. 반면에 인화분청은 연꽃 문양 등을 도장에 새겨 그릇 표면에 찍은 뒤 백토를 칠해구워 낸 분청사기를 가리킨다. 두 가지 분청 이후에는 태토와 유약에잡물이 많이 섞이는 귀얄분청, 덤벙분청 등으로 바뀌었다가 임진왜란을 기점으로 사라지게 되었다.

신진 사대부가 개혁 세력으로서의 위치에서 지배자로서의 위치로 굳어진 시점인 15세기 중반부터는 새로운 도자기인 백자가 자리 잡기 시작했다. 명과의 교류를 통해 들어온 백자의 영향도 컸지만 개국공신들이 훈구 세력으로 자리 잡으면서 미의식도 변모했음을 보여 준다.

백자는 청화백자와 순백자로 나뉘어 발전했다. 청화백자는 청색 코발트 안료로 문양을 그린 뒤 철분이 적은 순백의 유약을 발라 구운 백자다. 고가의 페르시아산 코발트를 중국을 통해 수입하면서 세종 때를 전후로 만들어지기 시작했다. 예종 때는 전남 강진, 순천 등지에서 페르시아산 코발트와 유사한 도료를 찾아내는 데 성공했다. 그 뒤부터 청화백자의 생산량이 점차 늘어나게 되었다.

청화백자에는 도화서의 화원들이 직접 그림을 그려 넣기도 했다. 사대부들 사이에서는 인기 있는 사치품이었는데, 한때 왕실에서는 양반사대부와 민가에서 청화백자를 사용하는 것을 제한하기도 했다.

조선 시대의 백자는 1470년 국가가 필요로 하는 도자기를 관청에서

▲ 조선 백자. 최고급 백자는 입자가 곱고 밀도가 강한 백토에 푸르스름한 유약을 입혔다. 백자는 중국의 영향을 받아 제작되었지만, 세종 이후에는 중국에서 요청할 정도로 매우 뛰어난 작품이 만들어졌다.

직접 제작하는 관영 도자기 가마를 경기도 광주 일대에 설치하면서부터 급속히 발달하기 시작했다. 광주 가마에서는 날로 늘어나는 사대부와 평민들의 수요에 부응하기 위해 청화백자와 순백자의 생산량을 늘리면서 조선 도자기의 전성기를 이루었다.

임진왜란과 병자호란 등 양대 전쟁은 도자기 산업에 큰 타격을 주었다. 전국적으로 가마가 파괴되고 수많은 유능한 사기장들이 일본으로 끌려가게 되었다. 일본에서 임진왜란을 도자기 전쟁이라고 부른 것은 바로 이 때문이다. 피해가 얼마나 심각했는지 광해군 때는 궁중 잔치에 사용할 청화백자가 없어서 부랴부랴 전국에 백자 수배령을 내렸을 정도다.

효종 대 이후에는 초기의 분청사기가 자취를 감추고 순백자와 청화백자가 여러 변형을 만들어 나가며 새로운 국면을 맞게 되었다. 백자의 색이 전기보다 더 희고 청순한 느낌을 주며, 문양은 더욱 단순 간결하게 처리했다. 전기보다 푸른 색깔이 줄어든 맑고 투명한 유약이 선호되어 눈빛처럼 희고 고운 설백자(설백)가 인기를 끌었다. 조선 사대부들의 정신세계를 표현해 청초하고 간결하면서도 기품 있는 개성적 멋을 선호했다. 흔히 달항아리라고 부르는 풍만한 백자가 이 시기를 대표한다. 한편 청화백자는 간결하고 기품 있는 산수문, 화조문, 초화문의 문양이 등장하면서 독특한 아름다움을 발산했다. 넓은 어깨가 아래로 내려와 전체적으로는 항아리형에 가까운 넉넉함을 안겨 주었다.

세도정치와 민란이 특징인 19세기에 들어 서양으로부터 코발트가 수입되면서 대량 생산이 가능해져 일반인들도 청화백자를 소유할 수 있게 되었다. 백자도 설백자보다는 담청을 머금은 유약을 선호해 전기 때보다는 푸른빛이 감도는 형태로 바뀌었다. 대량 생산의 여파로 질이 떨어지고 그릇 모양에도 큰 변화가 나타나기 시작했다. 간결하고 기품 있는 문양 대신 그릇 표면에 여러 가지 문양을 가득 늘어놓는 양식이 많아졌다. 문방구, 제기, 화장 용기 등 여러 가지 형태로 제작되면서 민간에서도 폭넓게 사용되었다.

19세기 말에 이르면 일본 규슈 등에서 대량 생산된 백자가 홍수처럼 밀려 들어오고 일본에 공장이 속속 세워지면서 조선의 도자기는 설 땅을 잃고 말았다. 관청이 운영하는 가마는 물론 민간의 가마도 문을 닫게 되었고, 질그릇을 만드는 옹기 가마들만이 간신히 명맥을 유지했다.

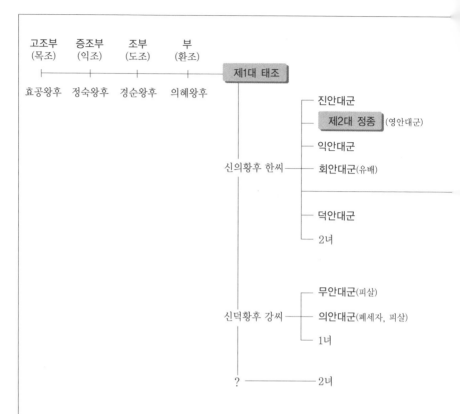

고조부　　증조부　　조부　　　부
(목조)　　(익조)　　(도조)　　(환조)

　　　　　　　　　　　　　　　　　　　제1대 태조

효공왕후　정숙왕후　경순왕후　의혜왕후

　　　　　　　　　　　　　　　　　　　　　　　진안대군

　　　　　　　　　　　　　　　　　　　　　　　제2대 정종 (영안대군)

　　　　　　　　　　　　　　　　　　　　　　　익안대군

　　　　　　　　신의황후 한씨 ─────── 회안대군(유배)

　　　　　　　　　　　　　　　　　　　　　　　덕안대군

　　　　　　　　　　　　　　　　　　　　　　　2녀

　　　　　　　　　　　　　　　　　　　　　　　무안대군(피살)

　　　　　　　　신덕황후 강씨 ─────── 의안대군(폐세자, 피살)

　　　　　　　　　　　　　　　　　　　　　　　1녀

　　　　　　　　? ─────── 2녀

❶ **1차 왕자의 난** : 태조가 의안대군(방석)을 세자로 책봉하자, 방원을 위시한 신의왕후의 아들들이 이복형제들과 반대파인 정도전·남은 세력을 습격하여 죽였다. 이로 인해 둘째인 영안대군(방과)이 세자로 책봉되고 왕위에 올랐다.
　2차 왕자의 난 : 왕위 계승과 권력 다툼에서 밀려난 회안대군(방간)이 일으킨 사건. 정안대군(방원)이 자신을 죽이려 한다는 소문을 듣고 사병을 일으켰으나 정안대군에게 진압당했다. 정안대군의 왕위 계승권을 확고하게 만드는 계기가 되었다.

❷ 1404년 왕세자에 책봉된 양녕대군은 궁중 법도를 잘 지키지 않고 학문을 게을리하였다. 게다가 궁궐을 몰래 빠져나가 풍류를 즐기는 행위를 그치지 않아 태종의 미움을 사서 결국 폐위되었다. 대신 셋째 아들인 충녕대군이 왕위에 올랐다.

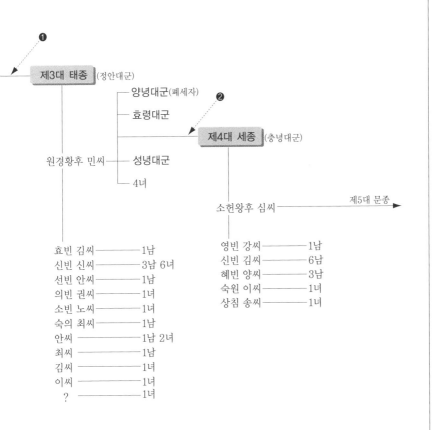

❶

제3대 태종 (정안대군)

❷

┌ 양녕대군(폐세자)

├ 효령대군

제4대 세종 (충녕대군)

원경황후 민씨 ─┤ 성녕대군

└ 4녀

소헌왕후 심씨 ─────────→ 제5대 문종

효빈 김씨────────1남
신빈 신씨────────3남 6녀
선빈 안씨────────1남
의빈 권씨────────1녀
소빈 노씨────────1녀
숙의 최씨────────1남
안씨 ────────1남 2녀
최씨 ────────1남
김씨 ────────1녀
이씨 ────────1녀
? ────────1녀

영빈 강씨────────1남
신빈 김씨────────6남
혜빈 양씨────────3남
숙원 이씨────────1녀
상침 송씨────────1녀

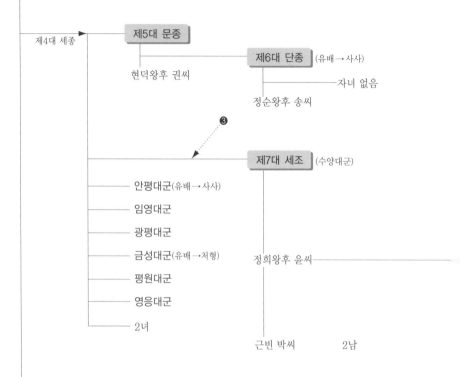

제4대 세종

제5대 문종

현덕왕후 권씨

제6대 단종 (유배→사사)

자녀 없음

정순왕후 송씨

❸

제7대 세조 (수양대군)

안평대군(유배→사사)

임영대군

광평대군

금성대군(유배→처형)

평원대군

영응대군

2녀

정희왕후 윤씨

근빈 박씨   2남

❸ **계유정난** : 단종 원년(1453) 숙부인 수양대군이 어린 단종을 보좌한다는 명목으로 김종서·황보인·
안평대군 등을 죽이고 정치적 실권을 잡았다. 1455년 수양대군은 단종에게 왕위를 물려받고 단종을
상왕이라 하였다. 2년 후 단종을 노산군으로 강등하여 영월에 유배시키고 사약을 내려 죽였다.

❹ 예종의 아들인 제안대군이나 덕종의 장자인 월산대군을 제치고 자을산군이 왕위를 계승하게 된 것
은 세조의 비 정희왕후 윤씨의 정치적 욕망 때문이었다. 정희왕후는 예종에 이어 수렴청정을 계속하
기 위해 당대 최고의 권력가이자 자을산군의 장인인 한명회와 정치적 결탁을 했던 것이다.

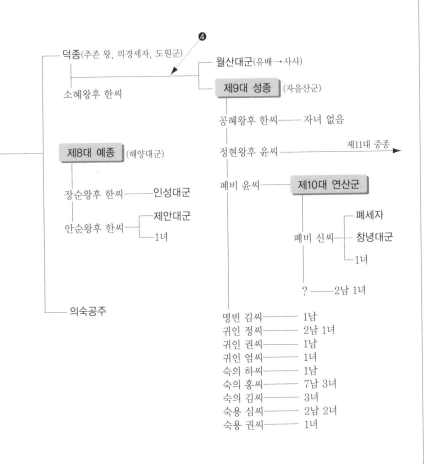

❹

덕종(추존 왕, 의경세자, 도원군)

소혜왕후 한씨

월산대군(유배→사사)

제9대 성종 (자을산군)

공혜왕후 한씨——— 자녀 없음

정현왕후 윤씨 ——————→ 제11대 중종

폐비 윤씨 ——— 제10대 연산군

제8대 예종 (해양대군)

장순왕후 한씨——인성대군

안순왕후 한씨┬제안대군
　　　　　　└1녀

폐비 신씨┬폐세자
　　　　 ├창녕대군
　　　　 └1녀

? ———2남 1녀

의숙공주

명빈 김씨——— 1남
귀인 정씨——— 2남 1녀
귀인 권씨——— 1남
귀인 엄씨——— 1녀
숙의 하씨——— 1남
숙의 홍씨——— 7남 3녀
숙의 김씨——— 3녀
숙용 심씨——— 2남 2녀
숙용 권씨——— 1녀

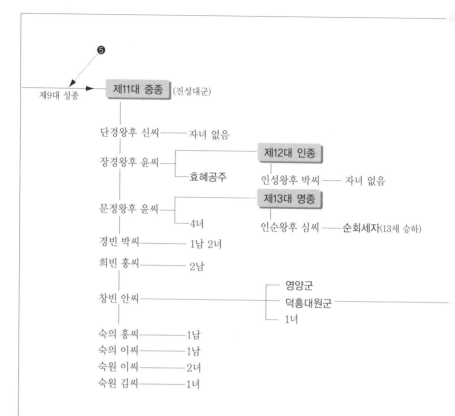

❺

제9대 성종 ┄┄▶ **제11대 중종** (진성대군)

　　단경왕후 신씨 ── 자녀 없음

　　장경왕후 윤씨 ┬──── **제12대 인종**
　　　　　　　　　└─효혜공주　　 인성왕후 박씨 ── 자녀 없음

　　문정왕후 윤씨 ┬──── **제13대 명종**
　　　　　　　　　└─4녀　　　 인순왕후 심씨 ── 순회세자(13세 승하)

　　경빈 박씨 ──── 1남 2녀

　　희빈 홍씨 ──── 2남

　　창빈 안씨 ──────┬─ 영양군
　　　　　　　　　　　├─ 덕흥대원군 ────────
　　　　　　　　　　　└─ 1녀

　　숙의 홍씨 ──── 1남
　　숙의 이씨 ──── 1남
　　숙원 이씨 ──── 2녀
　　숙원 김씨 ──── 1녀

❺ **중종반정** : 연산군의 폭정이 극에 달하자 성희안·박원종 등 연산군에게 불만을 품은 대신들이 성종의 셋째 부인인 정현왕후 윤씨의 아들 진성대군(중종)을 내세워 반란군은 이끌고 연산군을 폐위시켰다.

❻ 중종은 인종·명종을 비롯해서 모두 9명의 아들이 있었다. 막내인 덕흥군에게는 3명의 아들이 있었는데, 중종은 셋째 아들인 하성군(선조)을 특별히 사랑했다. 명종이 후사를 잇지 못하고 죽자, 인순왕후 심씨는 명종의 유언에 따라 하성군을 양자로 삼아 왕위를 계승하게 했다.

❼ 40세가 넘도록 적자를 보지 못했던 선조는 임진왜란이라는 변란 속에서 광해군을 세자로 책봉했다. 장자인 임해군은 왕의 자질이 없다는 이유로 세자로 책봉되지 못했다. 1606년 선조의 계비인 인목왕후가 영창대군을 낳자 조정은 영창대군파(소북)와 광해군파(대북)로 분리되었다. 결국 광해군이 왕으로 즉위하고 영창대군은 강화도에 유배되어 강화부사 정항에게 살해되니, 당시 나이 9세였다.

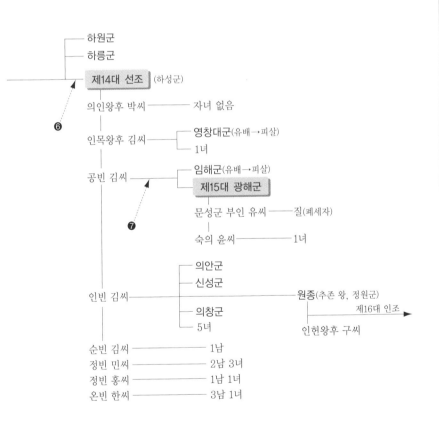

─ 하원군

─ 하릉군

제14대 선조 (하성군)

의인왕후 박씨 ───── 자녀 없음

❻

인목왕후 김씨 ─┬─ **영창대군**(유배→피살)
              └─ 1녀

공빈 김씨 ─┬─ **임해군**(유배→피살)
           └─ **제15대 광해군**

                문성군 부인 유씨 ───── 질(폐세자)

                숙의 윤씨 ───── 1녀

❼

인빈 김씨 ─┬─ 의안군
           ├─ 신성군
           │   원종(추존 왕, 정원군) ── 제16대 인조 ▶
           ├─ 의창군
           └─ 5녀   인헌왕후 구씨

순빈 김씨 ───── 1남
정빈 민씨 ───── 2남 3녀
정빈 홍씨 ───── 1남 1녀
온빈 한씨 ───── 3남 1녀

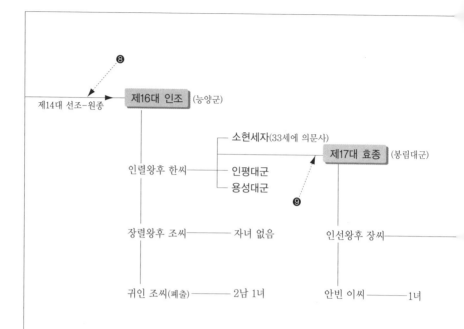

제14대 선조-원종 → 제16대 인조 (능양군) ❽

제16대 인조
- 인렬왕후 한씨
  - 소현세자(33세에 의문사)
  - 인평대군
  - 용성대군
  - ❾ → 제17대 효종 (봉림대군)
- 장렬왕후 조씨 ——— 자녀 없음
- 귀인 조씨(폐출) ——— 2남 1녀

제17대 효종
- 인선왕후 장씨 ———
- 안빈 이씨 ——— 1녀

❽ **인조반정** : 인목대비를 폐하고 서궁에 유폐시킨 일을 계기로 광해군과 대북 세력에 불만을 품은 서인과 광해군의 이복형제인 정원군의 장남 능양군(인조)이 무력으로 정변을 일으켜 광해군을 폐위시켰다.

❾ 병자호란 뒤 볼모로 잡혀갔던 소현세자가 청에서 서양 문물을 접하고 새로운 사상을 익히면서 친청주의자가 되어 돌아왔다. 청에 당한 굴욕으로 감정이 좋지 않았던 인조는 소현세자를 반기지 않았다. 반면 철저한 반청주의자가 되어 돌아온 봉림대군(효종)은 인조와 조정으로부터 총애를 받았다. 조선으로 돌아온 소현세자는 열병을 앓아 급작스럽게 의문사했고, 아우인 봉림대군이 왕위를 계승했다.

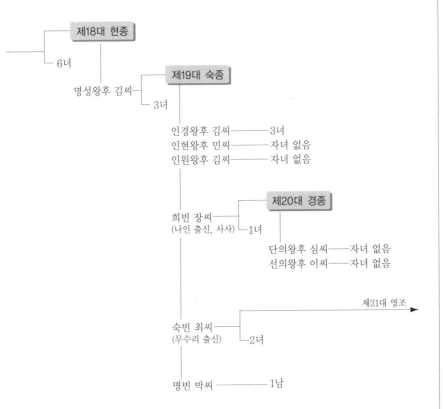

제18대 현종
└6녀
명성왕후 김씨─
└3녀

제19대 숙종

인경왕후 김씨────3녀
인현왕후 민씨────자녀 없음
인원왕후 김씨────자녀 없음

희빈 장씨─
(나인 출신, 사사)
└1녀

제20대 경종

단의왕후 심씨──자녀 없음
선의왕후 이씨──자녀 없음

제21대 영조

숙빈 최씨─
(무수리 출신)
└2녀

명빈 박씨────1남

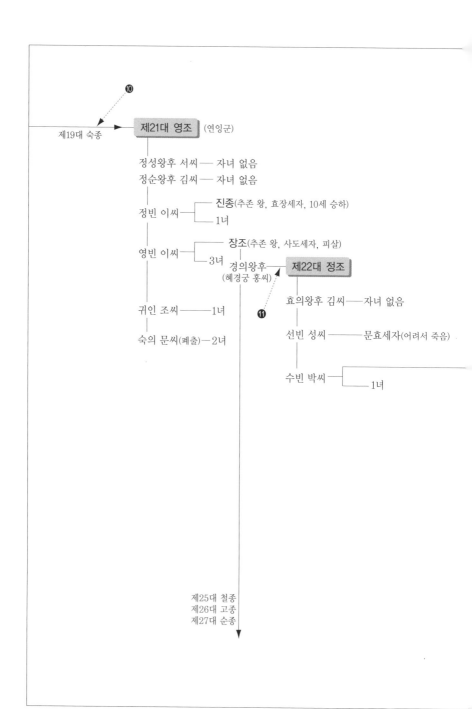

제19대 숙종 ➓ ➡ 제21대 영조 (연잉군)

정성왕후 서씨 ── 자녀 없음

정순왕후 김씨 ── 자녀 없음

정빈 이씨 ┬── **진종**(추존 왕, 효장세자, 10세 승하)
         └── 1녀

영빈 이씨 ┬── **장조**(추존 왕, 사도세자, 피살)
         └── 3녀   경의왕후 ➡ 제22대 정조
                    (혜경궁 홍씨) ⓫

귀인 조씨 ── 1녀   효의왕후 김씨 ── 자녀 없음

숙의 문씨(폐출) ── 2녀   선빈 성씨 ─── 문효세자(어려서 죽음)

                              수빈 박씨 ┬
                                       └── 1녀

제25대 철종
제26대 고종
제27대 순종

❿ 숙종은 왕비에게 아들을 얻지 못하고, 나인 출신의 희빈 장씨와 무수리 출신의 숙빈 최씨에게서 각각 세자 균(경종)과 연잉군(영조)을 얻었다. 숙종에 이어 왕이 된 경종은 병약하여 정치를 제대로 하지 못했고, 더구나 후사를 잇지 못했다. 노론의 지지 아래 이복동생인 연잉군이 왕세자로 책봉되었고, 경종이 죽자 왕으로 즉위했다.

⓫ 영조의 장남인 효장세자가 10세의 어린 나이에 병으로 죽자 둘째 아들인 사도세자가 왕세자로 책봉되었다. 그러나 사도세자는 당쟁에 휘말려 뒤주에 갇혀 굶어 죽는다. 아버지 사도세자가 죽자, 정조는 효장세자의 양자로 입적되어 왕세손으로 교육을 받고, 영조의 뒤를 이어 왕으로 즉위했다.

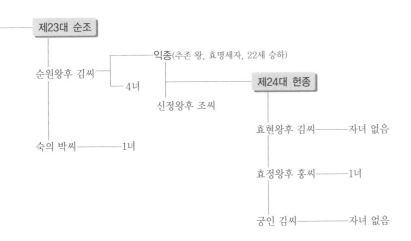

제23대 순조

순원왕후 김씨 ─── 익종(추존 왕, 효명세자, 22세 승하)
              └ 4녀
                      제24대 헌종
              신정왕후 조씨

              효현왕후 김씨 ─── 자녀 없음

              효정왕후 홍씨 ─── 1녀

숙의 박씨 ─── 1녀

              궁인 김씨 ─── 자녀 없음

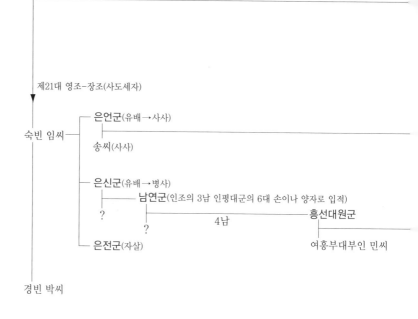

제21대 영조-장조(사도세자)

숙빈 임씨 ─ 은언군(유배→사사)

송씨(사사)

은신군(유배→병사)
    남연군(인조의 3남 인평대군의 6대 손이나 양자로 입적)
   ?
      ?   4남   흥선대원군
은전군(자살)   여흥부대부인 민씨

경빈 박씨

❷ 헌종이 딸 하나만을 낳고 죽자, 뒤를 이어 왕위를 계승한 사람은 사도세자의 증손자이자 헌종의 아저씨뻘이 되는 철종이었다. 조선에서는 항렬이 높은 자가 낮은 자의 왕위를 계승하지 않는다는 원칙이 있었지만, 세도정치를 행하던 안동 김씨가 권력 유지를 위해 철종을 왕으로 추대했다. 안동 김씨인 순조의 비 순원왕후의 명으로 철종이 왕위에 올랐다.

❸ 헌종의 어머니인 조대비는 안동 김씨의 권력 구도를 깨뜨리기 위해 자신과 뜻이 같은 흥선군과 힘을 합친다. 흥선군은 남연군의 아들로 사도세자의 증손이었다. 조대비는 흥선군의 둘째 아들 명복(고종)을 양자로 삼아 익성군으로 봉하고, 철종이 죽자 왕으로 등극시켰다. 흥선군은 아들이 왕이 됨으로써 대원군이 되었다.

❹ 대한제국의 마지막 황태자 이은, 이방자(일본명 마사코) 부부는 진과 구, 두 아들을 두었다. 맏아들 진은 어려서 죽었다. 이구는 1931년 일본에서 태어나 미국에 유학한 뒤 미국인과 결혼했다. 1963년 귀국해 부모와 함께 낙선재에 기거하다 이혼한 뒤 1979년 일본으로 이주했다. 1996년 11월 영구 귀국해 서울에서 살다가 2005년 도쿄 아카사카 프린스 호텔에서 사망했다.

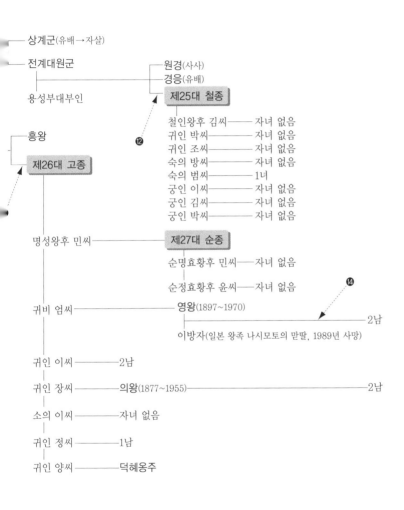

상계군(유배→자살)

전계대원군 ┬ 원경(사사)
          └ 경응(유배)

용성부대부인

제25대 철종 ⓬

철인왕후 김씨———— 자녀 없음
귀인 박씨———— 자녀 없음
귀인 조씨———— 자녀 없음
숙의 방씨———— 자녀 없음
숙의 범씨———— 1녀
궁인 이씨———— 자녀 없음
궁인 김씨———— 자녀 없음
궁인 박씨———— 자녀 없음

흥왕

제26대 고종

명성왕후 민씨———— 제27대 순종

순명효황후 민씨——자녀 없음

순정효황후 윤씨——자녀 없음 ⓮

귀비 엄씨———————— 영왕(1897~1970)
                                    2남
이방자(일본 왕족 나시모토의 맏딸, 1989년 사망)

귀인 이씨————2남

귀인 장씨————의왕(1877~1955)————————2남

소의 이씨————자녀 없음

귀인 정씨————1남

귀인 양씨————덕혜옹주

부모와 함께하는

조선시대 역사문화 여행

초판인쇄 2013년 7월 20일
초판발행 2013년 7월 25일

지은이 최정훈 · 오주환
펴낸이 박찬후
편집 박민정
디자인 김은정

펴낸곳 북허브
등록일 2008. 9. 1

주소 서울시 구로구 구로2동 453-9
전화 02-3281-2778
팩스 02-3281-2768
e-mail book_herb@naver.com
　　　　 http://cafe.naver.com/book_herb

＊잘못된 책은 구입하신 서점에서 바꾸어 드립니다.

값 15,000원
ISBN 978-89-94938-12-7(43910)